建立宏观经济学的里程碑式著作

深刻影响20世纪的经济格局

战后的繁荣之父
寻找解除经济危机的有效方式

【彩图珍藏本】

# 就业、利息和货币通论

## THE GENERAL THEORY OF
## EMPLOYMENT, INTEREST AND MONEY

［英］凯恩斯／著

John Maynard Keynes

李欣全／译

北京联合出版公司
Beijing United Publishing Co.,Ltd.

# 目录

## 第 1 篇　引论 /18

《通论》中的就业理论不仅适用于传统经济学中的充分就业情况，而且还适用于各种非充分就业的事例。

传统经济学中误认为的失业其实是分为自愿性失业和摩擦性失业两种情况的。它们存在下的劳动市场体系也是由需求曲线和使用曲线组成。但他们却忽视了第三种类型的失业。

由总需求和总供给函数和有效需求原理同时说明的充分就业和非充分就业才是符合实际状况的理论。

### 第 1 章　正名 / 19

### 第 2 章　古典学派的前提 / 21

### 第 3 章　有效需求原则 /40

## 第 2 篇　定义与观念 /50

对经济概念的模糊不清是造成我们不理解经济理论的主要原因之一。就衡量单位问题而论，单位的不同，直接导致经济总量只能用价格的总和加以表示。

在《通论》出版以前，西方并没有系统的国民收入的概念和统计数字，所以明确、清晰地说明国民收入的概念和引起的问题对分析整个经济体系具有深远的意义。

### 第 4 章　单位的选择 /51

### 第 5 章　预期与就业 /61

### 第 6 章　收入、储蓄及投资的定义 /68

### 附　录　论使用者成本 /80

## 第 3 篇 消费倾向 /102

社会需求是由消费需求和投资需求两部分决定的，而最终决定有效需求规模的心理因素之一就是所谓的"消费倾向"。

不但如此，而且，不论从人性角度来看，还是基于经验中的具体事例，消费倾向都是一条极具影响的心理规律。

## 第 4 篇 投资引诱 /144

投资量的多寡取决于对投资的诱导，实际上也就是取决于资本边际效率和利息率相对的高低。资本边际效率代表投资带来的利益，利息率代表投资的代价。如果利益高于代价，资本家就会加大投资力度，反之则会对投资的去向进行斟酌。

## 第 5 篇 货币工资与物价 /260

解决资本主义失业和经济萧条的对策是货币政策和财政政策，这两个办法的目的都是为了给社会注入更多的购买力，使过剩产品越来越少，企业从而变得趋向正常运营。资本主义也可以走出失业和生产过剩的危机。

在本篇中对价格论和工资论系统的理论和传统意义上的理论加以比较，能更好地说明它的合理性。

## 第 19 章 货币工资的改变 /261

## 附录 论庇古教授之《失业论》/274

## 第 6 篇 通论引起的社会问题的分析 /312

经济周期是指一个国家的经济活动交替性地经历繁荣和萧条的经济状态。繁荣时期，经济活动就兴旺，消费和投资高涨，就业量接近充分；而经济萧条时期，经济活动就萎缩，甚至恶化。

流行于 15 世纪到 17 世纪的重商主义，实际上是资本主义的原始积累时期，但却受到西方经济学的否定。其实，它还是发挥了自己重要的作用。

节俭是美德还是弊端？这对促进资本主义形成作出巨大贡献的清教徒来说，当然是美德，但在许多贵族和思想偏激的经济学家看来，则不一定是如此。

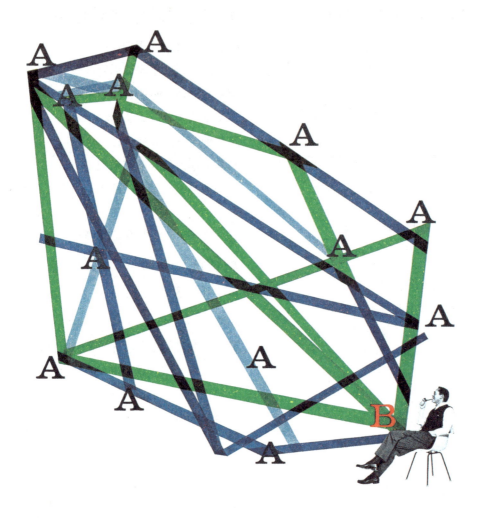

# 西方经济学派源流简表

**图表说明：**

① 本图表有助于读者快速认识17世纪至20世纪西方经济学流派的发展脉络。

② 经济学家的流派划定，依据其理论观点、所采纳的分析方法以及所推行的政策主张这三个方面进行综合评考。

③ 本图表介绍了各个经济学流派的地位与特点，同时也提供了每一位经济学家的国籍、代表作、所作贡献、获奖情况等相关信息。

④ 本图表中的红框代表该经济学家是经济学历史上影响深远的代表人物。

⑤ 本图表中的"诺"字标识代表该经济学家曾获诺贝尔经济学奖。

# 序 言

本书主要是为我的同行经济学家们写的，但我希望普通人也能看得懂。本书的主旨在于讨论一些经济学理论上的疑难问题，而并不在于讨论如何在实际中应用它们。

如果假设正统的经济学存在任何错误，这些错误不会存在于其上层建筑，而是在于其经济学的前提不够明白，也不够普遍——上层建筑在逻辑上总是极少可加以非议的。为了使更多经济学家以批判的态度重新考虑正统经济学的若干基本假定，在本书中，我必须要借用极度抽象的论据，且不得不有许多争辩。而我的本意总是希望后者可以少一些。我认为我不仅必须说明自己的观点，还必须指出我的观点在哪些方面和当前通行的理论不符。我相信一些对"经典学派理论"深信不疑的人，可能认为我的理论完全错误，也可能认为它们毫无新意。而谁是谁非，只能由大家来判断。书中的辩论部分，目的就在提供若干事实，使旁人在做出判断时能有所依据。为了使各家学说清晰有别，我所做的争辩可能会过于尖锐；如果确实有这种情形出现，我在这里请求原谅。实际上，我在本书中攻击的一些理论，连我自己也深信了好多年，我想我还不至于忽视它们的优点。

在经济学领域之中，没有什么会比我们所争执的对象更加重要。如果我的观点是对的，那么我必须先说服我的同行，然后才向大众推广。而在这个辩论孰是孰非的阶段里，我们只能先要求大众作为旁听，听取这场辩论中的一方，由他明白地提出经济学家之间的各种意见分歧。这种意见分歧，使得经济理论在当前几乎失去了其实际的重要性，而只要这些意见分歧不能消除，经济理论实际的重要性就绝没有可能恢复。

恐怕只有我自己最清楚本书与我五年前所出版的《货币论》之间存在什么联系。这些联系，对于我而言，只是在多年思索后自然演化的结论，但在读者看来，也许会觉得像是观点的改换，因而无所适从，而且类似的困难并不会因为我设法改换名词而减轻。我将在下文中指出为什么一些名词必须换名。本书与《货币论》之间的关系，可以简述如下：

当我开始写作《货币论》时，我还遵循着传统路线，把货币看作是供求通论以外的一种力量。在它完成时，我的思想已经产生了一些变化，更倾向于把货币理论扩展为社会总产量论。不过当时因为受前人理论的影响很深，不易摆脱，所以对于产量改变引起的后果，并没有加以充分讨论。现在看来，这是《货币论》理论部分（即第三编及第四编）的显著缺点。其中所谓的"基本公式"是在一定产量这一假定之下得到的瞬间图像。在这个假定下，那些公式试图指出：为什么存在一些造成利润失衡的力量，迫使产量必须改变。至于动态的发展——与瞬间图像相区别——反而很不完全，非常模糊。本书的着重点则恰恰相反，在于研究哪些决定性的力量会引起总产量与总就业量的改变，至于货币的技术细节，虽然货币在经济结构中占有重要且特殊的地位，却略而不论。货币经济的特征，在于处于这一经济体系之中的人们对于未来看法的改变，它不仅可以影响就业的方向，还可能改变就业的数量。当前的经济行为，虽然常常被人们对于未来的看法所影响，而且这些看法也时常在改变，但我们分析当前经济行为的方法，却不会超出供求交互影响的范畴。

如此一来，我们的分析方法就与价值论衔接了起来，并由此得出一个通论：我们所熟悉的经典学派理论，不过是这一通论的特例之一而已。

写作这样的一本书，作者不得不靠自己开辟一条新的道路。由于时间仓促，为了使其中错误不致太多，作者极其希望能够获得旁观者的批评与讨论。如果一个人单独构思的时间太久，那么，即使极其荒谬的事情，也有可能在一时间深信不疑。各种社会科学都是如此，而经济学就更不会例外，因为我们很难以逻辑或实验的方法，对于自己的思想作出试炼。本书比起《货币论》来，更加得益于卡恩（R. F. Kahn）先生的建议与批评，书中有大量地方都是根据他的建议而改定的。本书还承蒙罗宾逊（Joan Robinson）夫人、哈特雷（R. G. Hawtrey）先生及哈罗德（R. F. Harrod）先生的校阅，从中获益颇多。

书末索引由剑桥皇家学院本 - 苏珊 - 布特（D. H. Ben-Susan-Butt）先生编制。本书的创作，对于作者自身是一次长期的挣扎，希望能从此摆脱传统的想法与说法。作者的努力不会荒废，大部分读者在阅读本书时，想必也会有同感。书中的思想，虽然表达方式颇为复杂，实际上却是异常简单，应当人人都能理解。我们大多数人都深受传统经济学说的熏陶。它们已深入人心，因此，阅读本书的困难不在于我提出的新的学说本身，而在于如何摆脱传统学说。

凯恩斯

1935 年 12 月 13 日

# 第1篇

# 引论

《就业、利息和货币通论》（以下简称《通论》）中的就业理论不仅适用于传统经济学中的充分就业情况，而且还适用于各种非充分就业的事例。

传统经济学中误认为的失业其实是分为自愿性失业和摩擦性失业两种情况的。它们存在下的劳动市场体系也是由需求曲线和使用曲线组成的。但他们却忽视了第三种类型的失业。

由总需求和总供给函数和有效需求原理同时说明的充分就业和非充分就业才是符合实际状况的理论。

# 第 1 章

# 正名

## 本章要点

《通论》中"通"字的使用目的；
古典学派的地位及它的特殊使用性；
古典学派错误的理论给实际生活带来的影响。

### 古典经济学的观点

古典经济学的种种观点像一扇大门一样长时间地隔断了我们的视线，使我们看不清资本家资产积累背后的真相及相互关系。那么，要了解实际经济生活中种种投资及消费等问题的症结所在，就迫切地需要我们用新的视角撞开封锁的大门。图为 1898 年，特恩·霍克斯在他的《风景》中的一个关于透视关系的新视角。

---

本书命名为《就业、利息和货币通论》，其目的在于把我的想法和结论与古典学派的想法和结论对照起来。在过去的一百多年里，古典学派无论在理论方面还是在政策方面都一直支配着统治阶级和学术界的经济思想。在这种传统中，我自己也受到了教育和熏陶。接下来我要指出的是古典学派理论的适用情况。古典学派的理论并不是任何通常情况都适用，它只适用于一种特例—古典学派所规定的特例，它所假定的情况只是各种可能均衡位置的极限点，而且恰恰不是实际经济社会所具有的。所以，如果我们试图将它应用到实践中，结果势必会导致理论与事实不符，应用起来会感觉非常地不适应。

**5**
秒钟经济学

#### 古典学派

古典学派是马克思最早使用的名词，用来指包括李嘉图、詹姆斯·穆勒和他们以前的经济学家，也是指在李嘉图时期达到顶峰的那派理论集大成的经济学创建者们。

#### 经济理论

在资产阶级经济学术中，理论经济学一般称为经济理论，分为宏观经济学与微观经济学两个分支。宏观经济学以整个国民经济为范围，以经济活动总过程为对象，考察国民收入、物价水平等总量的决定和波动，而微观经济学则是研究市场经济中的单个经济单位，即生产者和消费者的经济行为，包括供求价格平衡理论、消费者行为理论、在不同市场类型下厂商成本分析与产量、价格决定理论、生产要素收入决定即分配理论等。

# 第 2 章

# 古典学派的前提

## 本章要点

古典学派分析失业现象的两个前提及与现实之间的偏差；
货币工资与实际工资之间的区别和联系；
劳资双方关于货币和就业之间的冲突和矛盾；
古典学派代表们对于失业的种种观察与解释。

大多数讨论关于价值与生产方面的作品，一般主要讨论的两个问题是：（一）怎样将定量（Given Volume）资源分配于各种用途；（二）在雇用的资源为此量的情况下，如何决定各资源的相对报酬以及产品的相对价值。就像可就业人口的多少，天然财富（Natural Wealth）的丰瘠，资本设备的大小，都属于可用资源（Available）数量。这些作品一向只对叙述的方法加以说明。至于在这一可用数量之中，实际就业者的数量究竟有多少，取决于何种力量，就很少有详细明确的理论。可我们并不能说对于这种理论全无研究，因为这么说多少有些偏颇。其实讨论就业数量变动的人还是非常多的，不过一旦讨论到就业变动，这种理论便很自然地出现了。我本意并不是说这个问题被人忽略了，就我个人而言，关于这个问题的基本理论一向被人们看得太简单和太容易，认为只要提一下就够了。

# Ⅰ 古典学派就业理论的两个错误假定

古典学派的就业理论，表面上看起来简单明白，但其实是主要基于两大基本前提的，虽然几乎并不存在对它们的讨论。这两大基本前提是：

1. 工资等于劳动力的边际产物。

即某一就业人员的工资，等于每减少一个就业人数所引起的价值的净损失。由于产量的减少，避免了一些其他成本的开支，所以我们把在总损失中减除的这一部分，称为"净损失"。即使市场与竞争不完全，工资与劳动力的边际产物不相等，但仍有相应的原则可循。

2. 当就业量不变时，工资的效用等于该就业量的边际负效用。

即在就业人员自身估计的范围内，每一个就业人员的真实工资，应该足够适

**5**
秒钟经济学

### 失业

失业作为资本主义社会中不可避免的灾难，被资产阶级的经济学家分成下列几种：

①因生产结构失调而引起的结构性失业；②由于技术改革，不同职业或不同地域间的重新分配劳动力及各种新技术的变革引起的与就业者的冲突的摩擦性失业；③由于气候或季节（如冬季）停止施工等引起的季节性失业；④由于不愿意接受较低工资而发生的所谓"自愿失业"，等等。

### 实物工资

实物工资不同于货币工资，它是指以实物形式支付劳动者的工资。工资是劳动力价值或价格的转化形式。随着资本主义的发展，各国普遍流行货币工资制。

宜使实际就业人数能够继续工作下去。若将所有就业人员组织到一起，那么第二个等式也未必适用于每一劳工，因为会出现与第一前提相同的结果。所谓负效用，是指个人或团体宁愿不工作，也不愿接受比某种最低效用还要低的工资。

所谓"摩擦性"失业并不与第二前提相冲突。原因是如果把这个前提应用到实际生活当中，就要顾虑到它实际上并不能尽善尽美地适用到实际生活中去，因为在它身上并不能发生连续性的充分就业。例如：当估计产生错误，或需求时断时续时，各种专业化资

**无足轻重的劳动力**

像图中被雇主们称为"工作机器"，却在生产中占主力军的劳动者们并没有像古典经济学家们说的一样获得与自己工作价值相等的报酬，而是拿着微薄的薪水度日。这用他们的理论来说不过是单纯市场和竞争不完善的结果，与其他无关。

源的相对数量就会暂时失调，或由于对若干变化未曾考虑周全，所以导致无法在时间上保持连续；或者由于职业之间的调换，中间就必须空闲若干天，因此在这样的一个动态的社会中，总有这样一部分资源，由于职业调换而暂时没有职业。凡此种种都可以成为引起失业的原因。当然，除"摩擦性"失业以外，还有"自愿性"失业，也不与第二前提相冲突。所谓"自愿性"失业，是指当地立法、社会习俗、集体议价、适应新环境较慢、冥顽固执等种种关系的影响下，工人拒绝接受实际上只相当于其边际生产力的产物价值的工资，因此导致失业。但"摩擦性"与"自愿性"两种失业的总范畴，包括一切失业。所以在古典学派的前提之下，不可能再出现第

**失业中的家庭**

凡有劳动能力的人都不得不为养家糊口而拼命工作，就连救济院的病人也要做些零工来换取少量的工资以摆脱绝望的困境。图中这位可怜的失业父亲正无助地守着自己奄奄一息的孩子。他所要求的仅仅是一个可以满足温饱的任何辛苦的工作，根本不敢想自己可以拒绝一份哪怕薪水十分低的工作。

三种范畴——即我下文所说的"非自愿性"失业。

古典学派用这两个前提，来决定就业资源数量上的问题，两种前提的例外与修正的地方已在上述中说明。其推论如下：由第一前提产生的就业需求表格，等于第二前提产生的就业供给表格。在决定就业数量的一点上，边际产物的效用恰好等于边际就业的负效用。

由此推论可知，增加就业人数的方法有以下四种：

（一）调整并改善管理及产业结构，把眼光放远，以减少"摩擦性"失业。

（二）可以通过增加一名雇用人员所须提供的真实工资来表示劳动力的边际负效用。降低劳动力的边际负效用，可以减少"自愿性"失业。

（三）增加工资品（Wage-Goods）工业中劳动力的边际生产力（用实物计算）。"工资品"是庇古教授所创名词，其优点是应用起来很方便，而且货币工资的效用是由工资品的价格而定。

（四）使非工资品价格的上涨程度大于工资品价格的上涨程度，并用非工资品代替工资品来支付非工资品劳动者的开支。

据我了解，这正是庇古教授所著《失业论》一书中的主旨—该书是古典学派唯一现存的就业理论的详细说明。

# II 真实工资、货币工资对劳动力就业情况的影响

古典学派的"摩擦性"与"自愿性"两种失业范畴，能够概括一切的失业现象吗？事实上，并不是所有的人都不愿接受只相当于其边际生产力的产物价值的工资，总有一部分人愿意接受现行工资而继续工作，但常常却连这样的工作都没有。就一般情况而言，只要有这种需求，即使是现行工资下，工作人数也可以大

**等待救济的"非自愿性"失业人员**

古典经济学家用"摩擦性"和"自愿性"失业两个简单的名词就概括了所有的失业现象，其实这是不完善的，因为他们忽略了边际负效用与真实工资制度之间的冲突，所以就出现了第三种类型的失业，即"非自愿性"失业。图为1933年，美国大批的失业人员拥挤在救济站门口等待发放面包的情景。没有工作机会的他们只能依靠这种被救济的方式勉强度日。但古典经济学家们却认为这种现象非常容易避免。他们的方案是：让失业人员不再抵制低工资的工作，或停止商议达成集体不工作的协议。显然这是不切实际的，因为失业人员根本没有这种机会。

增。古典学派认为这与他们的第二前提并不冲突。其理由是在以现行货币工资为支付标准的情况下，劳动力的供给量固然可能超过劳动力的需求量，然而只有在劳工间有公开的协定或默契，或不愿接受较低工资而工作的情形下，才会出现上述可能。劳工们愿意将货币工资降低，就业量自然会增大，所以由此看来这种失业似乎可以看成是"非自愿性"的，但实际上并非如此，它应当被列入由于集体议价等原因所引起的"自愿性"失业的范畴中。

这引起我的两点观察。第一点涉及到劳工对真实工资与货币工资的实际态度问题，从理论上分析，这一点并不重要；但第二点却非常重要。

### 被当作玩具的钱币

上世纪二三十年代，一场毁灭性的经济风暴改变了德国钱币——马克的命运。它在一夜之间变成一堆废纸，成为孩子们手中的玩具。面对昂贵的货物，人们只能望洋兴叹。市场用这场实实在在的灾难告诉劳动者们，他们需要的是与货物价格相匹配的货币工资，而不是经不起考验的实质工资。

让我们暂时做这样一个假设：劳工们一定不愿意接受较低货币工资的工作，如果将现行货币工资降低，势必会出现罢工等现象，导致一部分在职人员退出劳工市场。但是我们是否可以因为这样，就说现行真实工资率确实是以劳动力的负效用来准确衡量的呢？当然不一定。因为，如果工资品的价格提高，导致现行货币工资收入的工资品较以往有所减少，就不一定会产生上述假设所出现的现象。也许在某些时候或某些范围内，劳工们想要的并不是一个最低限度的真实工资，而是一个最低限度的货币工资。古典学派一向假定这点与他们的理论并没有多大关系。实际上却并非如此。因为，如果劳动力供给函数的自变数并不只是真实工资，那么他们的论证就会完全失去支点，随之实际就业量也必将变得不确定。但古典学派却似乎并没有察觉到这一点。除非劳动力的供给函数只以真实工资为自变数，否则其函数曲线，将随每一次价格的变动而变动。因此，他们的方法必须以他们的特殊假定为前提，并不能用以处理通常情况。

并且我们从日常经验中也能领悟到，在一定限度内，货币工资才是劳工所要求规定的。这种情形，不仅是一种可能性，也是一种通则。工人自然不愿接受其货币工资的降低，但并不是每当工资品价格上涨时，就会出现罢工的现象。所以如果有人说，工人只关心其货币工资是否降低，而不关心其真实工资是否降低，这实在是不合乎常理的。我们将在本章第三节举出理由，说明这其实并不像看上去那样不合逻辑，而且还幸亏如此。就算不合乎逻辑，但工人的实际行为确是如此。

而且，将不景气的失业现象归因于工人不愿降低货币工资，显然有些背离事实。如果说发生在 1932 年美国的失业，是因为劳工们坚持不让降低其货币工资，或坚持要求一个经济机构生产能力所无法负担的真实工资率，听起来是不是有点难以置信呢？因为当就业量变动很大时，劳工的生产力或劳工的最低要求（以实物表示），却都无明显变化。工人在经济不景气时，也不比繁荣时更为顽强—甚至远非如此，因为劳动力的物质生产力，也并不在不景气时变小。这些从经验中得来的事实已足以使人初步怀疑古典学派的分析是否合适。

货币工资与真实工资的改变之间究竟有什么关系呢？这个问题经统计研究收入得出的结果，想必会非常吸引大家。如果变动的范围只限于一种工业，则真实工资的改变与货币工资的改变方向大致相同。如果改变基于一般工资水平，则货币工资与真实工资的改变方向不仅不相同，而且常常相反。货币工资上涨时，真实工资下降；货币工资下降时，真实工资上涨。这是因为货币工资的下降与真实工资的上涨，在短时期内常与就业量的减少有关。其相关的理由是：当就业量下降时，工人比较容易接受减薪；而当资本设备不随产量减少而改变时，劳动力的边际生产力增大，所以真实工资上涨。

如果现行真实工资已达到一个最低限度，无论如何都不会出现愿意就业人数大于现实就业人数的现象，那么除了"摩擦性"失业以外，就不会有"非自愿性"的失业。不过如果说得太肯定，也有点儿不近情理。因为，在真实工资下降的同时，工资品价格也随之

### 渴望工作的廉价劳动力

　　20世纪初期的日本，已经依赖西方的先进科技，飞速建立起了自己强大的工业基地，并快速地实现了自动化和经济上的自给自足。此时廉价的劳动力正时刻准备着填补繁忙工厂的需求。图中这些辛苦工作的人们，在就业量越来越低的情况下，往往渴求于一份安定的工作，对薪水的要求自然不会太高，也比较容易接受降薪。

上涨，愿意接受现行货币工资的就业者常常还是比现在实际就业人数要多。如果是这样，那么就不能用现行货币工资所购得的工资品，来准确衡量劳动力的边际负效用，因此第二前提不能成立。

　　不过紧接着又出现了下一个更基本的困难——古典学派的第二前提。它产生了以下的观念：即真实工资是劳资双方通过协商所达成的一种工资议价。其实他们心里也非常清楚，实际所议的只是货币工资而已。他们也承认，劳方所接受的真实工资，会受到当时货币工资高低的影响。不过他们认为，劳资者决定货币工资，货币工资决定真实工资。因此他们认为，只要劳方肯接受货币工资的降低，真实工资也会随之降低。虽然他们不能决定在此工资下的就业人数，但他们明白，只有当劳工愿意接受他们认为能够让他愿意继续工作的真实工资时，才可以说真实工资常与劳动力的边际负效用趋于相等。

总之，传统观点认为真实工资是由劳资双方决定的工资议价。因此如果雇主间有自由竞争，劳工间不存在各种组合，并设立种种限制，那么只要劳工们愿意这样做，他们就可以使真实工资率等于在此工资下雇主愿雇人数的边际负效用。

如果不这样，则真实工资与劳动力的边际负效用，就不会存在相等的理由。要特别注意的是，古典学派的结论并不只适用于个人，他们是要把他们的结论应用在全体劳工身上。如果一个人愿意接受他同伴所不愿接受的工资削减，那么这个人就可以获得就业机会。而且他们的结论还被认为，同样适用于闭关的经济体系（Closed System）或国际经济体系中的一员身上。它之所以能够适用于经济体系中的一员，不是因为它有什么特征，也不是因为如果某国降低其货币工资时，就会影响它的对外贸易。当然，这些也不是本书所要讨论的内容。当货币工资总支出（Total Wage Bill）减少时，银行制度以及信用状况就会间接地受到某些影响。但他们结论的真实性与其并无大的联系。这些将会在本书第19章中加以详细讨论。他们现在的结论主要是基于以下这一观点：在一闭关经济体系中，当货币工资的一般水平

**失业者的艰难岁月**

传统理论坚持的观点，实际上就是把艰苦的环境、低廉的工资甚至失业的全部原因都推卸给雇主和劳动者，尤其是劳动者。图中贫穷的木匠面对床上饥饿的妻儿没有一点办法，绝望的表情似乎预示着他们的生活撑不到明天。而传统学派可能对此的解释是：他们只不过是在忍受自己种下的苦果。

### 随时涌入市场的劳动者

工资物品价格的上涨，使得劳动者用相同的钱购买来的货币物品越来越少，这也就在某种程度上等于降低劳动者的实际工资。可就在这种情况下，仍然有大批的劳动者想要涌入市场，而且劳动者的人数往往不低于涨价前的人数。图为日本东京早晨上班时间的一处街景。涌动的人群充斥着整个街道，他们无形之中增加了彼此的就业压力和工资市场水平。

降低时，那么真实工资势必会在短时期内有所降低，且各个货币工资与真实工资之间的降幅也不一定成同一比例。这种观点也许会有例外，但例外并不重要。

认为真实工资的一般水平是由劳资双方决定的，这一结论并不能从表面上辨别其真假。但向来却很少有人设法去证明或否定这一结论，实在是令人意想不到。这种假定与古典学派的一般论调也不相符。古典学派告诉我们，价格由边际直接成本（Marginal Prime Cost）决定，而大部分边际直接成本又取决于货币工资。那么让我们试想一下，当货币工资降低时，古典学派会怎么说呢？他们会说，价格的改变几乎是同比例的，而真实工资与就业水平却几乎没有改变。劳

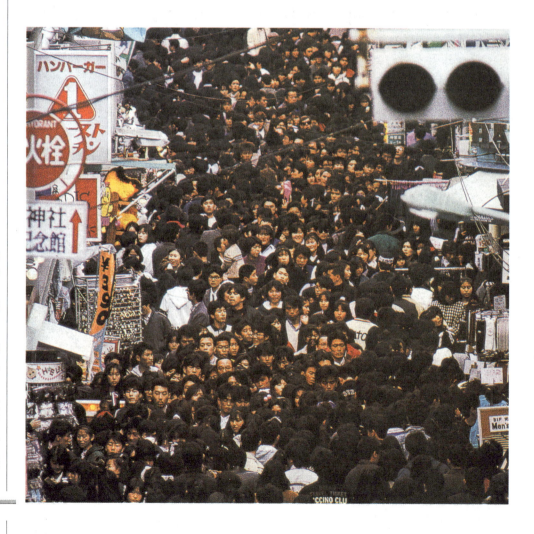

工们为什么会蒙受损失或获得利益呢？那是因为边际成本中的若干因素并没有发生变动。古典学派之所以没有按这样的思路追究下去，一方面是因为他们深信劳工可以自己决定自己的真实工资；另一方面也许是因为他们有先见之明，认为物价是由货币数量决定的。而且，如果劳工自己决定自己真实工资的论断成立的话，就会和另一个真命题混在一起，以至分辨不出真假是非。那么这所谓的后一个命题就是，达到充分就业（Full Employment）的程度，是由劳工们根据其对真实工资率的满意程度来自己决定。充分就业指的是在某一特定真实工资率之下，所能达到的最大就业量。

对于古典学派的第二前提，总结起来我们有两点需要指责的地方。第一点与劳工的实际行为有关。在货币工资不变的情况下，物价却上涨，这必将导致真实工资的下降。一般来说，现行货币工资下的劳动力供给量，都不会低于物价未上涨前的实际就业量。但如果说一定会低，也是因为，实际并未就业的人们在现行货币工资下愿意工作，但却会因为生活支出稍微高一些，就不再愿意工作。然而庇古教授《失业论》全书之中却似乎一直贯彻着这种古怪的假定，并且被全体正统学派所认同。

关于第二点指责，将会在以后的数章中得到充分的讲解。这点指责，主要是因为我们不同意古典学派的假定：工资议价决定真实工资的一般水平。古典学派作出如此假定，实在是犯了一个很大的错误。因为，全体劳工也许并没有方法，使得货币工资的一般水平和所获取的工资品等于目前就业量的边际负效用。全体劳工也许没有途径，在工资议价时通过修改货币工资，使真实工资率降低至某一特定水平。那么，决定真实工资一般水平的人，究竟是有些什么样的力量呢？把这个问题弄清楚，也成为本书的主要目的之一。而且我们还将说明，我们对于自己生存在其中的经济制度，在这方面实际上是如何运行的，一向存在着误解。

## **Ⅲ** 货币工资争论影响下的真实工资

### 迫于无奈的罢工运动

　　实质工资随货币工资的变化而变化，但不是每次实质工资的变化都会引起劳动者的抵制活动。图中这种规模的罢工是因为他们长期拿不到薪水而且工作要求相对苛刻的条件下才会出现的。其实劳动者也明白，货币工资的降低并不会对他们的就业量产生多大影响。就算罢工也是他们的实质工资被降到忍无可忍的地步而走的下策路。图为1936年法国"静坐"罢工浪潮的一小部分。他们非常强烈地显示出了自己想得到优越工资待遇的热诚决心，但还是在社会各组织的约束下熄灭了罢工的火焰。

　　个人或团体间关于货币工资的争执，常被认为对决定真实工资的一般水平有一定作用，但实际争执对象却并非全是如此。因为劳工在从事各行业时并不都能使流动性趋于完美，所以工资与从事各业的净收益（Net Advantage）就不能趋于绝对相等。假设个人或团体的货币工资比别人的相对降低，那么他们的真实工资也会相对降低。这就使他们有足够的理由去抵抗前一变化。相反，当货币的购买力改变时，全体劳工都会受到影响，如果这时要对每一次由此引起的真实工资的降低都加以抵抗，实在是一件不大可能的事。事实上，除非由此引起的真实工资的降低已达到了极端程度，否则抵抗真的就不可能出现。而且，劳工的这种态度对增加总就业量所造成的阻碍，其严重性远不如抵抗每次真实工资降低的那样厉害。

换言之，货币工资的争执，其主要目的是影响真实工资的总额在各劳工团体之间的分配，而不是就业人员的平均真实工资。其中决定后者的力量，我们将在以后指出。劳工组织的效用，只是对劳工相对真实工资的保障，而真实工资的一般水平，则完全是依靠经济机构中的其他力量。

尽管现行工资所购得的工资品能够超过目前就业量的边际负效用，即使货币工资降低，也常常不能普及到全体劳工，劳工者还是会加以抵抗。反之，如果真实工资降低，相对货币工资不变，就可以使总就业量增加，那么劳工们就不会加以抵抗。但如果降低程度太大，就会使真实工资低于目前就业量的边际负效用。在这一点上，劳工们自己的经济常识，却要比经典学派的经济学更为到家。幸亏是如此，每个工会对货币工资的降低，不管降低程度如何小，都要做一定程度的抵抗。但是工会却并不想在每次生活费用稍微上涨时就进行罢工，因此工会并没有像经典学派指责的那样，阻挠总就业量的增加。

# IV　"非自愿性"失业

我们现在必须给严格意义上的第三类失业，即"非自愿性"失业下一个定义。在古典学派看来是不存在有这类失业的可能性的。

显然，我们所谓的"非自愿性"的失业，并不包括有工作能力但却并未利用的情况。例如，如果一个人可以每天工作十小时，我们就不能说每天工作八小时就是失业。对于不肯接受低于某种限度的真实工资而放弃工作的情况，我们也并不把它归于"非自愿性"失业。为方便起见，"摩擦性"失业也不归为"非自愿性"失业。因此我们将"非自愿性"失业定义为：当工资品的价格相对于货币工资有少许上涨时，劳动力总需求量与总供给量在现行货币工资下均增大，那么就认为有"非自愿性"失业存在。它的另一个定义将在下一章提到，不过二者虽然通过不同的路径解释，但却可得到同一个结果。

根据上述定义，我们就可以将在第二个前提中提到的"真实工资等于就业的边际负效用"这一句话解释为：在实际生活中，并不

The General Theory of Employment, Interest and Money

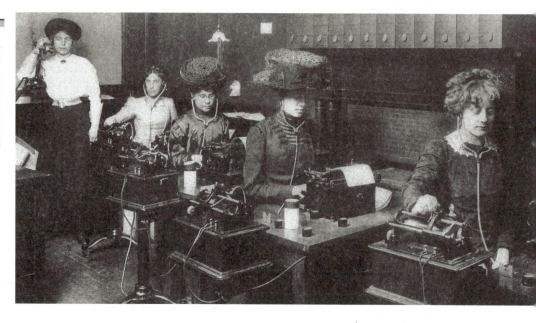

**低薪就业的女雇员**

1980年后的办公机械化，使得男雇员凭借一手工整书法就可谋到较高职位的时代结束了，取而代之的是效率更高，但工资却只有一半的女打字员。经典学家称这些在改革中失去工作，甚至不得不重新学习生存技术的男雇员的遭遇为"摩擦性失业"，而不属于"非自愿性"失业的范畴。

存在"非自愿性"失业的情况。我们将称之为充分就业。摩擦性与自愿性失业，都可以说是"充分"就业。这种解释与古典学派理论的其他特征颇为吻合。最好将古典学派理论看作是充分就业情形下的分配论。只要古典学派的两大前提能够成立，则此处所说的"非自愿性"失业，就没有理由发生。我们将所有失业的原因归纳为以下几类：（1）在调换工作过程中，暂时性地没有工作可做；（2）工作所需的专业化程度极深，因此需求时断时续；（3）工会不允许工会以外的工人就业，即所谓的排外（Closed Shop）政策。由于经典学派经济学家没有注意到支持其理论的特殊假定，因此必然会得出下列逻辑结论：一切失业（除上述例外之外），归根结底还是因为失业人员不愿接受一个与其边际生产力相应的工资率导致的。所以，我们不能认为，失业的病根只在于工人不让货币工资降低，因为如果当劳工们拒绝降低其货币工资时，一个经典学派经济学家承认自己对于削减货币工资一事，存在着同情和对局面的无奈，但最后由于他对学问的热衷，他还是会选择削减工资。

那么如果将只适用于充分就业情形的经典学派理论，应用在非自愿性失业的问题上，显然是错误的。但是，这个问题却是有存在的可能的。经典学派经济学家，就好像是生活在非欧世界里的欧氏几何学家。在日常经验中，当他们发现两条看来几乎平行的直线相交时，他们就抱怨直线为什么不直走。而且在他们看来，直线直走是唯一一个避免两条直线相交的方法，除非放弃平行公理，另外创造出一条非欧几何定理，否则实在没有其他的办法了。现在的经济学也需要如此改造一下。我们要推翻经典学派的第二个前提，承认非自愿失业是有可能存在的，而另外创造出一套经济体系。

# V 对古典学派第二个假设的批驳

一方面我们要强调与古典学派不同的地方，另一方面却一定不能忽视一个重要的共同点：我们还是同意他们的第一个前提的，并且我们对此前提所加的修正与古典学派所加的修正是同样的。让我们先来研究一下这个前提的含义。

这个前提的意思是说，假设组织、设备与技术

## ■ 没有贫穷和失业的乌托邦

在技术和设备等不变的情况下，就业量的减少固然可以使劳动者购买更多的工资物品。但就业量本身却与劳动者没什么太大的关系。可以保障就业量，而且真实工资和货币工资成比例的社会大概只有在欧文用来整治失业和贫穷的乌托邦式的国度里才能实现。

都不变，那么在真实工资与就业量之间有唯一的关系存在，因此在通常情况下，如果就业量增加，真实工资率一定会减少。这在古典学派和作者看来都是不可或缺的重要事实。可将此前提具体解释为：假设组织、设备与技术不变，那么某单位的劳动力（A Unit of Labour）所赚到的真实工资，与就业量之间有唯一的、相反的关系，因此当就业量增加时，某单位的劳动力得到的报酬（以工资品计算），在短时间内通常会减少，利润会增加。

其实这不过是我们都知道的另一命题的反面：由于组织、设备和技术在短时期内可以假设其不变，因此工业就经常受到报酬递减律的支配。所以当就业量增加时，工资品工业的边际产物一定会减少。又因为工资品工业的边际产物决定真实工资，所以真实工资也会降低。这个命题一旦成立，任何增加就业的办法，都一定会使边际产物同时减少。如果将此产物用以衡量工资，那么工资率也会降低。

如果经典学派的第二个前提被推翻，那么当就业量减少时，劳工就一定可以获得一个较高的工资率（以工资品计算）。然而就业量的减少，却不一定是因为劳工对工资率（以工资品计算）的要求提高而引起的。即使劳工们肯接受较低的工资率，也不一定能够对失业问题有所帮助，这里所涉及到的工资与就业的关系，将在第 19 章及其附录中详加说明。

# Ⅵ 经典学家们对总供给和总需求理论的讨论

从萨伊和李嘉图以来，经典学派都一直说：供给会自己创造自己的需求（Supply Creates Its Own Demand）。他们的意思大概是说，全部生产成本，必然直接、间接地用来购买该产物。不过这句话到底是什么意思呢？他们并没有说清楚。约翰·斯图亚特·穆勒在《政治经济学原理》中，对这个学说解释得很清楚：

商品是唯一用来购买商品的。每个人只能用他们自己的产品去购买别人的产品。就字面而言，所有卖者必然是买者。如果假设某国的生产力突然增加一倍，那么所有商品的供给量也会随之增加一倍，同

时购买力也增加一倍。每个人的供给量与需求量都比以往有所加倍。这样一来每个人用以交换的东西也增加了一倍，因此每个人的购买量就会增加一倍。

由此我们可以得到这样一个推论：假设某人有能力消费却不消费，那么这种行为必然使劳动力与商品不再用来供给消费，而是用来投资，去生产资本品。下列引文是从马歇尔著作的《国内价值纯理论》一书中选出的，可以用来说明这种传统的看法：

个人的全部收入，是用来购买劳动力与商品的。有些人常常会把他的收入用掉一部分，再存起来一部分；但从经济学的角度来看，大家都认为被存下来的一部分收入，最终目的也是为了购买劳动力与商品，其实质与他用掉的一部分的效果是完全一样的。如果他购买劳动力与商品的目的是用来获得现在的享受，则我们将之称为花费；如果他购买劳动力与商品的目的是用来获得财富，希望通过这样获得的财富来取得未来的享受，则我们将之称为储蓄。

从马歇尔后期的著作中，或从埃奇沃斯和庇古教授的著作中，很难找到类似语句。今日这种学说不再以如此简陋的形式出现，不过它仍然是整个经典学派理论的骨干。如果没有它，整个经典学派理论就会崩溃。当代经济学家在是否认同

**拥有丰厚存储的渔夫**

在以物物交换为主要需求方式的社会里，每个人都是同时兼需求者和供应者两种身份的，对于那些供大于求的人们来说，他们总是把自己剩余的劳动产品储存起来作为以后消费或享受的资本。图中所展现的就是渔夫把自己堆积如山的海产品尽情地储存起来的场景。

### 上层建筑的基础

经典学派的三个理论假设就像图中的柱子一样，共为一体地撑起令人赞叹的上层建筑。虽然，这些理论假设与实际经济体系存在偏差，也不再以当初简陋的形式出现了，不过它依然是经典学派的基础，经典学说没有它就像没有柱子的建筑一样，必然会崩溃瓦解。

穆勒的问题上，也许会有所犹豫，但是对于以穆勒学说为前提的许多结论，他们却毫不犹豫地接受。以庇古教授为例，在他绝大部分的著作中，他都认为没有货币，除了会引起一些摩擦阻力之外，在其他方面并没有多大影响。像穆勒一样，经济学可以通过实物交换，来完成生产论与就业论，然后对自己应负的责任采取敷衍了事的态度，即引入货币—这就是经典学派传统的现代说法。当代经济思想还是无法摆脱一个坚不可摧的观念，认为人总要花钱，只是花钱的途径不

同而已。在战后的经济学家中，很少有人能够始终保持这个观点，一方面是受了相反思潮的影响，另一方面是因为无论是从经验上还是事实上，都与旧学说不一致的现实。但是他们还没有做好充分接受由此所产生的后果的心理准备，所以并没有对其基本学说进行修改。

在鲁宾逊·克鲁索（Robinson Crusoe）经济体系中，没有交易的存在，个人收入全通过生产活动获得。他所消费的或所储蓄的，其实只是他自己生产的实物。古典学派没有察觉，自己用错误类比法把从鲁宾逊·克鲁索经济体系中得来的结论，搬到现实经济体系中来应用。这是错误产生的一种可能解释。除此以外，产品的售价常常足够用以抵补其全部成本——这个命题之所以很容易被人们相信，是因为在外表看起来与另外一个无可置疑的命题极其相似。这里所谓的另一个命题是，社会各成员在一种生产活动中的收入总数恰等于该产业产物的价值。

如果一个人在不损及他人的情况下，可以使自己致富，那么也一定会使社会中的全体成员致富，这也是很自然的想法，经典学派却由此推得以下命题：个人的储蓄行为，必然引起平行的投资行为。很巧合，这个命题貌似又和另一个无可置疑的命题相混，即：个人财富的净增量的总和，恰等于社会财富总量的净增量。

然而有这种想法的人，都把两种根本不同的活动混为一谈。他们错误地认为，现在不消费与留着以备将来消费之间，存在一种联系。其实后者与前者的动机，是完全不相同的。

这是经典学派经济理论中的一个假定：总产量的需求价格与供给价格恰好相等。如果这点被认可，例如节俭论（认为节俭是美德，造福社会）、利率论、失业论、货币数量说、国际贸易论（认为自由放任有利无弊）等，便会随之而来。这些我们以后都要提出疑问。

# Ⅶ 经典学派的三个相互依存的假设

在本章各节，我们会陆续指出，经典学派理论所赖以依存的三个假定：

（一）真实工资等于现行就业量的边际负效用；

（二）并不存在严格意义上的非自愿失业；

（三）供给会自己创造自己的需求，意思是说，不论产量与就业量处于何种水平，总需求价格都等于总供给价格。

以上三者共存亡，任何一个，在逻辑上必然蕴含其余两个。

# 第 3 章

# 有效需求原则

## 本章要点

与就业相关的术语的解释和总需求函数的分析；

关于就业函数的几个命题；

李嘉图关于就业学说的基本观点。

# Ⅰ 与就业相关的术语

假设技术、资源与成本都不变，那么当某一雇主雇用特定量劳工时，他一定有两种支出。第一种是他对其生产要素（不包括其他雇主）的支付，用以获得当前的（Current）劳动力，称为该就业量的要素成本（Factor Cost）。第二种是付给其他雇主的支出，用以购买产品，以及他因为不让机器设备闲置而做的一部分支出，统称为该就业量的使用者成本（User Cost）。我们将由此获得的一部分超过要素成本与使用者成本的产物的价值，称为利润，即雇主的收入（Income）。对雇主来说，要素成本显然是其支出；而对生产要素来说，要素成本则是其收入。因此，要素成本与雇主利润之和，就是雇主雇用该特定量劳工所产生的总收入（Total Income）。因此雇主常以达到最大利润为决策准绳，来决定到底应该雇用多少工人。为方便起见，我们不妨将"就业量的收益"从雇主的立场来下一个定义：雇用某一特定量劳工所产生的总收入（即要素成本与利润之和）。在雇主看来，每一个就业量都对应着一个最低预期收益，如果真实收益一旦低于这个最低值，那么提供该就业量就不值得了。我们将这个最低预期收益，称为该就业量收入产物的总供给价格（Aggregate Supply Price）。

因此，当技术、资源及要素成本三者都不变时，某个工厂、某个企业以及整个工业的就业量，就会由该相应产量所能获得的预期收益所决定。为使预期收益达到最大量，雇主们就一定会设法使就业量达到某一水平，在该水平上，使预期收益超过要素成本—即利润。

假设 Z 为雇用 N 人收入产品的总供给价格，Z 与 N 的关系，可用函数 Z =

**价格弹性**

价格弹性，即供给总量对价格上下波动的相对反应程度。需求价格弹性衡量的是在影响需求的其他因素不变的条件下，产品或劳务需求量对它的价格变动反应程度的指标。

**有效需求**

有效需求指的是保证投资者获得最大利润的社会总需求。它是由消费需求（消费支出）和投资需求（投资支出）两部分所构成的，也是雇主们决定他们的生产和提供就业量的重要依据。

**资本积累下的牺牲品**

摄影

以赚取利益为主要经营目的的雇主们，在发现自己赚得的利润远远大于自己预计的利益的时候，便不惜一切代价地增加雇佣人数，为自己牟取暴利。图中这位浑身沾满油渍的稚嫩小女孩正是被受金钱所诱惑的老板压榨下的牺牲品。

φ（N）表示，称为总供给函数（Aggregate Supply Function）。同理，假设 D 为雇用 N 人所能获得的预期收益，D 与 N 之关系，可用函数 D = f（N）表示，称为总需求函数（Aggregate Demand Function）。

现在假设当 N 取某一定值时，如果 D 大于 Z，即预期收益大于总供给价格，那么就会使雇主们看到利润，随即便会出现要增加雇用人数的想法。因此在必要时他便不惜抬高价格，以求提高对生产要素的竞争购买力，直至 N 的值能使 Z 与 D 相等后才会停止这种行为。因此，就业量是由总需求函数与总供给函数的交点所决定的，只有在此交点上，雇主们的预期利润才会达到最大量。总需求函数与总供给函数相交时的 D 值，称为有效需求（Effective Demand）。以上便是就业通论的主旨。以下各章，我们将用大部分文字来探讨决定这两个函数的因素。

经典学派所说的"供给会自己创造自己的需求"，这句话实在是为两函数之间的关系，做了一个特殊假定。因为，"供给会自己创造自己的需求"这句话，其意义一定是：不论 N 取何值，f(N) 与 φ(N) 总相等，故当 N 增加，Z(= φ(N)) 增加时，D(= f(N)) 一定与 Z 有相同数量的增加。换言之，由于经典学派有这样的假定，总需求价格（或收益）常与总供给价格相适应，所以不论当 N 取何值时，D 与 Z 都相等。也就是说，有效需求并不只有唯一的一个均衡值，而是有无穷多个，每个值的可能性都是相等的。因此就业量就是一个不确定的值，只有通过劳动力的边际负效用的调控，才会使就业量达到一个最高限度。

我们先认为它是正确的，那么雇主之间的竞争，必然会使就业量扩张到某一点，总产量（Output as a Whole）的供给在该点，将不再有弹性，即此时产量将不随有效需求的增加而增加。很显然，这就是所谓的充分就业。在上一章中，我们曾经从劳工的行为考虑，给充分就业下了一个定义。现在我们取得了另外一个定义（Equivalent）标准，充分就业就是当对劳动力产物的有效需求增加时，总就业量不再增加。所以萨伊定律认为，不论产量如何，总产量的总需求价格与其总供给价格总相等。实际上相当于说，社会上

**供求时刻变化的经济社会**

在就业量不确定的情况下，如果劳动边际负效用能给就业量确定一个最高值，那么雇主间的竞争必然会使就业量扩大到总产量供给不会有弹性的程度上。图为 1995 年，埃及北部村庄市场上人们在忙碌买卖的情景。这些生产者和消费者们的行为无不时时刻刻地影响着整个经济社会的供求和就业关系。

不存在阻挠充分就业的力量。但是，如果萨伊定律并不是关于总供需函数的真正定律，那么经济学就缺少了很重要的一部分，所有关于总就业量的讨论，都算得上是词语上的浪费。

# II 各种因素变动下的总需求和总供给函数

现在，为了帮助读者了解，我们先把以后各章所要详细说明的就业理论，做一个简单提要。现在涉及到的名词，将会在以后给予详细的定义。我们在此假设货币工资率及每雇用一人的其他要素成本均不变。为方便起见，我们才会列出这些假设，以后可以取消。这一理论的重要特征在于，它并不因货币工资率等的改变而产生丝毫影响。

这一理论可简述为真实收入随就业量的增加而增加。但社会心理往往倾向于，总消费量随总真实收入的增加而增加，但增加幅度不如真实收入。因此，如果为了满足消费需求的增量，而用上整个就业增量，那么雇主们就会受到损失。所以，为了将就业量维持在某一特定值上，就必须使超过社会消费量的部分消费量完全被当前（Current）的投资量所吸收。如果投资量小于此数，那么雇主们的收入，就不足以引诱他提供该数量的就业量。因此，如果社会的消费倾向（Propensity to Consume）不变，那么就业量的均衡水平就会由当前的投资量决定。此处的"均衡水平"，是指雇主们既不想扩张、也不想降低其雇用人数时的水平。当前投资量是由投资引诱（Inducement to Invest）决定的，投资引诱又是由两组势力的相互关系所决定的，第一组势力为资本的边际效率表，第二组势力则为各种期限、风险不同的贷款利率。

假设消费倾向与新投资量不变，则只有一个就业水平与均衡相符。在任何其他水平上，总产量的总供给价格，皆与其总需求价格不相等。这个均衡水平不能大于充分就业，即真实工资不能小于劳动力的边际负效用。但是一般说来，我们并没有理由，期望这个均衡水平必等于充分就业。与充分就业相吻合的有效需求，其实只是一个特例，只有在消费倾向与投资引诱之间，有一特殊关系存在时才能实现。经典学派假设此种特殊关系的存在是在某种意义上说的。这种特殊关系是最适度（Optimum）关系，只有在下列情形下才能存在，也就是由于偶然巧合，或由于有意设计，才致使当前投资量恰好等于在充分就业情形下，总产量的总供给价格与社会消费量的差。

这个理论可以由以下几个命题构成：

（一）当技术、资源、成本三者情况都不变时，货币收入与真实收入之和将由就业量 N 决定。

（二）社会的消费量（用 $D_1$ 表示）与该社会的收入之间的关系，则由该社会的心理特征决定，我们可以将这种关系称为消费倾向。换句话说，如果消费倾向不变，那么消费量就由总收入量决定或者由总就业量 N 决定。

（三）雇主们根据有效需求 D，即可以预期的社会消费量 $D_1$ 与社会新投资量 $D_2$ 之和来决定所雇用的劳工数 N。

（四）若用函数 x（N）表示 $D_1$ 与 N 的关系，该函数由消费倾向决定，又因为 D = $D_1$ + $D_2$ = φ（N），其中 φ 代表总供给函数，又因从以上（二）可知，$D_1$ 为 N 之函数，所以就会有：

$$φ（N）- x（N）= D_2。$$

（五）均衡就业量就由总供给函数 φ、消费倾向 x、社会新投资量 $D_2$ 三者共同决定。这就是就业通论的要点。

（六）随 N 的增加，工资品工业中劳动力的边际生产力会随之递减，而 N 又是由真实工资率决定的，因此命题（五）会受到以下限制：当真实工资率降低到与劳动力的边际负效用相等时，N 就会达到最大值。因此并不是无论 D 取任何值，货币工资都会保持不

**受雇主青睐的技工**

就业量的多少在很大程度上是由雇主们决定的。如果他们的投资能够吸收超过此就业量下社会消费量的那部分总和，那么赚得的利益将足以诱惑雇主们维持这些数量的就业量，从而达到均衡水平。图中这个正在制造玻璃器皿的工人，因为他拥有熟练的技术可以为雇主创造财富，才使自己拥有这份安稳的工作。

变。如果想掌握整个就业理论，就必须得撤销货币工资率不变这一假设。

（七）根据经典学派的理论，我们可以知道，不论 N 取何值，D 都与 φ（N）相等，因此，当 N 小于其最大值时，就业量都处于均衡状态。但由于雇主间的相互竞争，一定能使 N 达到最大值。所以在经典学派眼中，这一点才是稳定（Stable）的均衡点。

（八）当就业量增加时，$D_1$ 就会增加，但是不如 D 的增加量大。因为当我们的收入增加时，消费量也会随之增加，但消费量的增加量不如收入的增加量多。在这个心

理法则中，我们就可以找到解决实际问题的线索。若 $D_1$ 为雇主们可以预期从消费者身上收回的部分，那么就业量越大，与 Z 相应产量的总供给价格与 $D_1$ 的差别也就越大。如果消费倾向不变，Z 与 $D_1$ 间的距离就会逐渐增大，除非用 $D_2$ 的增加来弥补，否则就业量将不会增加。除非正如经典学派所假定的那样，就业量的增加，会促使一部分力量使 $D_2$ 增加，来弥补 Z 与 $D_1$ 之间逐渐扩大的距离，否则 N 可能还没达到充分就业的水平，经济体系就已经达到了稳定的均衡状态。此处 N 的实际标准是由总需求函数与总供给函数的交点所决定的。

因此，就业量就不能由劳动力的边际负效用（以真实工资衡量）来决定，即在某特定真实工资率下的劳动力供给量，只能决定就业量的最高水平。消费倾向与社会新投资量决定了就业量，而且就业量又决定了真实工资水平，这个结论不可以颠倒。如果社会新投资量与消费倾向所产生的有效需求不足，那么实际就业量将小于劳动力供给量（真实工资率之下的可能值），但均衡真实工资率却会比均衡就业量的边际负效用大。

我们可以通过这样的分析，来解释有可能富裕却没有富裕（Poverty in the Midst of Plenty）的矛盾现象。因为有效需求的不足一旦被允许，就业量就常常

### 有效需求不足的社会

仅仅是社会有效需求不足的存在，就足以经常会使就业量的增长在达到充分就业之前就停止。这也是一个国家或一个地区为什么可以富有但最终却不能富有的一个很大原因。最极端的情况出现在被殖民者抛弃的非洲。当西方殖民者对非洲的残酷掠夺式的有效需求突然降低时，这片大陆的动乱、贫穷和绝望便达到了顶峰。

可以在没有达到充分就业之前，就立即中止而不再增加。尽管劳动力的边际产物大于就业量的边际负效用，但有效需求的不足，还是常常会阻碍生产。

而且，社会经济实力越强，实际产量与可能产量的差别就越大，经济制度的弱点也越容易暴露，因此也就越会引起人们的愤怒和不满。一个贫穷的社会常常会将它的大部分产品用于消费，因此要产生充分就业，只需有小量投资即可。相反，如果是一个经济富裕的社会，假设富人的储蓄倾向与穷人的就业机会并不矛盾，那么比起贫穷的社会，投资机会就会多得多。如果在一个经济潜力极大的社会中，对于投资者的引诱力很小，那么即使这个社会的富裕潜力非常大，其实际产量也会被有效需求原则强迫性地减少，直至该社会的经济实力达到某种贫穷程度，即实际产量多出消费量的部分，恰好与其社会的微弱的投资引诱相适应。

但还有比这更为不幸的情况。在一个富裕的社会中，不仅倾向于边际消费的势力较弱，而且因其已经拥有较大的资本积聚量，所以除非利率可以在短时间内下降，否则对继续投资的吸引力也较小。在这里就会涉及到利息的相关理论，以及为何利率不可以自动降到适宜的水平。这些问题我们将在第四篇讨论。

所以对消费倾向的分析、对资本边际效率的定义和利率论，就成为我们现有知识中的三大缺陷，必须加以弥补。这点做好之后，价格论的地位也就可以确定了。在利率论中，我们会发现，货币占有非常重要的位置。我们也将设法弄明白，货币有别于其他物品的特征究竟是什么。

**需求不足延滞社会发展**

传统经济学家的乐观态度很大程度上源于他们简化的理论，他们甚至把阻碍经济繁荣的原因之一——有效需求不充足，给忽略掉了。在这片水产资源丰富、运输便捷的土地上，因为经济的闭塞、货币流通的缓慢，使得人们之间的经济交换非常有限，各方面的需求也受到很大限制，直接导致可供利用的资源并没有派上太大的用场，人们仍然生活在贫穷之中。所以，他们直到现在仍然是靠打鱼等简单的谋生手段来过活的。

**值得投资的城市经济**

社会的富有程度是丈量这个社会实际产量和预测产量之间差别的最好工具。在一个富裕的社会或城市里，如果储蓄倾向与穷人的就业机会不矛盾，那么富人还是有很大的投资空间的。这幅高楼林立、霓虹闪烁的照片拍摄的正是资本积累雄厚、投资饱和的纽约城。

# Ⅲ 被普遍接受的迷惑性学说

对于总需求函数的正确性，我们无需再讨论。因为，一百多年以来，我们所接触过的经济学，都是以李嘉图经济学中的相关观念为基础的。李嘉图认为有效需求的不足是不可能的，对此马尔萨斯虽然曾经强烈反对，但是却没有效果，因为马尔萨斯只是依靠日常观察收入来的事实去进行论述，却不能清楚地说明为什么有效需求会不足或过剩，以及其不足或过剩是如何产生的。因此李嘉图完全征服了英国，正如异教裁判所征服了西班牙一样。他的学说，不仅被金融界、政治界和学术界所接受，而且所有的争辩及不同的观点也从此销声匿迹了。有效需求这一大难题，也从此不再出现在经济学文献中。经典学派理论在马歇尔、埃奇沃斯以及庇古教授手中已经达到了登峰造极的地步。然而对于有效需求，在三人的著作中，却只字未提。有效需求这个概念，也只能在卡尔·马克思（Karl Marx）、西尔维奥·格塞尔（Silvio Gesell）或道格拉斯（Douglas）少校这些经济学家的著作中偷偷摸摸地存在着。

为什么李嘉图会得到如此绝对的胜利呢？这一问题的答案始终有点神秘。大概是因为他的学说很适合当时的社会环境。由这个学说得到的结论，与常人所预期的往往很不相同，我认为这反而增加了他在学术上的威望。这一学说虽然实施起来有些严苛，苦口难咽，反倒使人信以为是良药。以这一学说为基础，便可以建立起逻辑上广大的、无可非议的上层结构，同时也增加了它的美感。这一学说可以将社会上许多不公道和残酷的地方，解释为进步过程中所必然发生的意外事件，因此它非常受统治者的欢迎。这一学说还可以为资本家的自由企业进行辩护，因此又得到了统治者背后有支配力的社会人士的垂青。

直到最近，正统经济学家仍然不怀疑这个学说，但如果说用这个学说来做科学预测的话，确实非常失败，所以他们的声望就逐渐受到了影响。自马尔萨斯以来，职业经济学家并不因理论与事实不符就耿耿于怀，但常人却早已觉察到这种情况，结果导致他们渐渐地不愿像对其他科学家那样尊敬经济学家了。因为其他科学家的理论成果，应用在实际问题时常常可以通过观察来证实，而经济学却不是这样。

传统的经济学说一向以乐观著称，经济学家也被看作是甘迪德一样的人物。为了垦殖自己的小园地，他远离了现实的世界，然后对其他人说，只要顺其自然，一切都会在最好的世界中，踩在最好的路上走。就我个人的观点来讲，这种乐观态度的由来，是因为他们忽视了最重要的一点：有效需求的不足会阻碍经济的繁荣。如果一个社会的正常运行，确实就像经典学派所设定的那样，那么在该社会资源之下，就会出现就业量向最适度水平靠近的趋势。经典学派的理论也许是我们所希望的经济体系，不过，如果现实经济体系确实像假定的那样运行，我们所需研究的问题也就不存在了。

■ **误导人们的学说**

经典学派理论就像中世纪以前的"天圆地方"说一样，长期征服了大多数阶层的人们，使之奉其为经典。与其说是他们错误的理论使他们取得绝对的胜利，倒不如说是由于他们理论的艰涩难懂和受到统治者青睐的缘故。

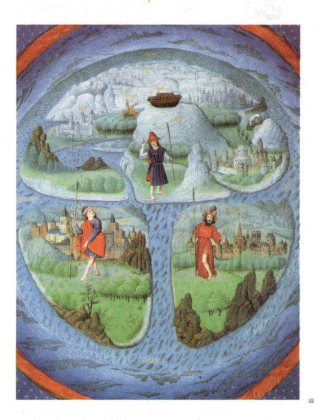

# 第2篇

# 定义与观念

　　对经济概念的模糊不清是造成我们不理解经济理论的主要原因之一。就衡量单位问题而论，单位的不同，直接导致经济总量只能用价格的总和加以表示。

　　在《通论》出版以前，西方并没有系统的国民收入的概念和统计数字，所以明确、清晰地说明国民收入的概念和引起的问题对分析整个经济体系具有深远的意义。

# 第 4 章

# 单位的选择

## 本章要点

经济学家常用的几个令人不满意的概念的解释；

货币量和就业量的关系；

总供给函数的解释。

The General Theory of Employment, Interest and Money

# Ⅰ 引论

在本章及以下三章中，我们想提及一些疑难问题。但是这些疑难问题，与我们现在要研究的问题并没有什么特殊的关系，所以，这几章只能算是暂时打断主要思路而另加的一些段落。我之所以在这里提出这些疑难问题来讨论，是因为对于我要研究的问题，别人的方法并不适用。在写这本书时，曾有三点疑难最妨碍我工作的进行，如果不能设法将它们解决，我就不能把自己的意见畅快地表达出来。这三点疑难分别是：第一，怎样选择合适的单位个数，使得在处理有关整个经济体系的许多问题时可以适用；第二，怎样确定预期在经济分析中的地位；第三，收入的定义是如何规定的。

# Ⅱ 重论古典经济学家未能清晰解释的经济概念

经济学家通常所用的单位都不能令人满意，对此我们可以用（一）国民收入，（二）真实资本的数量（Stock），以及（三）一般物价水平，这三个概念为例进行说明：

（一）根据马歇尔及庇古教授所下定义，国民收入（National Dividend）衡量的是本期（Current）产量或真实收入，而不是衡量本期产量的价值或货币收入。而且，因为国民收入必须是从本期产品中，减去本期开始时已有的资本设备在本

## 货币量

货币量是指商品流通过程中，市场上的商品总量、商品和各种商品价格的乘积。如果价格不变，流通的商品量越大，需要的货币量也越大。如果投入流通的商品量不变，则流通中所需要的货币量就取决于商品的价格水平。价格越高，所需要的货币量也就越多。

## 国民收入

国民收入是综合地反映一国的经济实力和社会生产力的发展水平的指标，即一个国家在特定时期内，物质资料生产部门新创造的价值的总和，也就是社会总产品的价值减掉用于补偿消耗掉的生产资料价值的余额。

■ **汇丰银行大厦**

  准确的国民收入值，是如实衡量国家昌盛、人民富裕的主要标准之一。那么其精确的计算方法不再是马歇尔所下的定义，而是从现期产品中减去现期开始时已有的资本设备在现期中所蒙受的损耗，这二者之差。银行作为国民货币储存的主要机构，也在一定程度上反应了国民的收入情况。图为香港的汇丰银行，它是香港地区最具实力的银行之一，同时也是港元的发钞行之一。

期中的耗损，所以说它是一个净概念，这才是真正的国民收入，是真正的社会资源的净增量，才可以用于消费，或留着作为资本。经济学家想以此为基础，建立起一个量的科学。不过，如果以此为目的下这个定义，那么就会有一个非常严重的问题摆在我们面前，即社会所产物品与劳役是一个不等齐的复杂体，严格说来，除非在若干特例下，否则是不能相互衡量的。所

### ■ 物价引导下的经济生活

物价虽说从来没有以任何方式妨碍过商业决策和决策者，也没与经济事态的因果程序发生过任何关系，但它却深远地影响着我们每个人的消费和生活。1886 年 10 月，矗立在纽约的自由女神像在人们的欢呼声中揭幕了，对于那些不堪忍受自己国家政治、经济的重负，早期移民美国的百万欧洲难民来说，无疑把改善生活和命运的希望寄托给了这尊神像。

有产品都以同一比例增加，便是其中的一个特例。

（二）假使我们为了计算净产量，而去衡量资本设备的净增量，困难就会更大。因为我们在此之前，必须先找出一个共同的基础，然后才能比较新产资本项目与本期内耗损掉的旧项目的数量。庇古教授为了计算净国民收入，减去了"可以视为正常的折旧（Obsolescence）；至于怎么样才算是正常，就要看这些耗损是否经常发生，至少当人们不能详细预料得到的时候，还可以约略计算"。但因为庇古教授并没有以货币作为计算单位，所以他假定物质没有改变，可物质的量却已经改变了。换言之，他还是在不知不觉中引进了价值改变（Changes in Value）这个观念。当新的资本设备不同于旧的设备且生产技术也发生改变时，庇古教授也想不出满意办法来比较新旧两种设备的价值。我相信在经济分析上，庇古教授所追求的概念是一个正当而合适的概念。但如果没有取得一组满意的单位，要想对这个概念下一个精确定义是不太可能的。要比较一个真实产量（Real Output）与另一个真实产量，然后再将新产的资本设备项目，用来抵销旧的、消耗了的项目，来计算净产量——就确实是个难题。而且这个难题确实也无法解决。

（三）正如我们大家都知道的，一般物价水平这

**■ 有待扩大规模的小加工厂**

　　用什么样的规模来运作已拥有的资本设备，是雇主们一直思索的问题。就算再次扩大就业量也是因为雇主们预期未来的产品需求和总收入量增长的结果。当然，这是针对像图中这种可以谈论产量增减的小型工厂或只生产一种产品的企业而言的。

一个概念，不但含义空泛，而且也无法达到精确。这一概念并不适用于因果分析（Causal Analysis），因为因果分析是精确的。

不过这也仅仅是理论上的难题而已！工商界在做业务决策时，就从来没有考虑过这个问题，而且它也根本没影响到经济事态（Economic Events）的因果程序。尽管概念不明确，但经济事态的因果程序，却是明确的。由此我们可以很肯定地说，这些概念不仅不精确，而且也不是必需的。显然，不能用数量不明的概念去进行数量分析（Quantity Analysis）。而且一旦开始从事数量分析，我们就会发现，如果没有这些概念反而更好。

在数量上无法比较的两堆东西，自然不能作为数量分析的材料，但我们仍然可以作若干约略的、统计的比较。约略的、统计的比较只需要大概不出错即可，不需做精确的计算，所以，统计比较（Statistical Comparisons）反而在某种限度以内是有意义的、健全的。为了更好地满足历史的、社会的好奇心，最好将净真实产量、一般物价水平等这些东西，放在历史的、统计的叙述里面。由于这个目的，绝对精确既可以不普通，又可以不必需。但是因果分析就需要绝对的精确—不论我们是否完全准确地知道有关数量的实际值。说今日的净产量比十年或一年以前的大，但物价水平却比它低，这句话与下面这句话的性质类似：如果以女王论，维多利亚女王比伊丽莎白女王好，但如果以女人论，就不见得比后者快乐。这句话并不是没有意义，但却不适用于做数量分析的材料。假设我们用来做数量分析的基础是如此空泛的、非量的（No Quantitative）概念，那么我们的精确性就是不真实的。

# Ⅲ 决定就业量的各种因素

我们要记得，无论在哪一个特定场合，雇主都需要决定究竟要以什么样的规模，来运用一定量的资本设备。当雇主预料需求增大（即总需求函数提高）时，我们如果说总产量将增大，其实是在说，厂商将雇用较多数量的劳动力在同量资本设备上。如果某厂或某企业只生产一种商品，那么产量的增减也就有其确切的意义。但是，我们如果把各厂的生产活动都加起来，那么除非用特定资本设备上的就业量为标准，否则我们就不能够准确地判断产量到底是增还是减。社会总产量以及一般物价水平在这里将会没有用处，因为我们不需要用当前总产量的绝对衡量，来比较当前产量与不同资本设备及不同就业量可能产量的大小。如果我们想用产量增减的说法，来实现叙述的方便和约略的比较，那么我们就必须依赖以下假定：将在某特定资本设备上所雇用的劳工人数，作为由此所产的产量的良好指数。也就是说，我们假设雇用的劳工人数与产量同时增减，尽管二者之间并没有固定的比例。

所以我只想用两种数量单位，即货币价值量（Quantities of Money Value）和就业量来讨论就业理论。货币价值量是绝对齐性的（Homogeneous），就业量也可以由非齐性变为齐性。因为，只要各种劳工的相对报酬相对稳定，那么为了计算就业量，我们可以一小时普通劳工的就业为单位，而相同时间内特种劳工的就业，就根据其报酬的情况增加或减少。例如：设一小时特种劳工的报酬，是普通劳工的两倍，那么一小时特种劳工的就业，就为两个单位。我们将用来衡量就业量的单位称为劳动力单位（Labour-Unit）；工资单位（Wage-Unit）即是一个劳动力单位收入的货币工资。因此，设 E 为支出的工资及薪金，W 为工资单位，N 为就业量，那么就会有：

$$E = N \cdot W_o$$

每个工人的特殊技能，以及对各种职业的适宜性，显然大不相同。但是我们的假定（即劳动力供给是齐性的）却不足以被这点事实所推翻。假设工人的报酬与其效率成比例，那么因为我们是根据其报酬在计算劳动力供给时加权的，所以这种效率的差别就已经计算在内了。又假设当产量增加时，某厂所增雇的工人对该厂业务逐渐开始不适应，因此雇主付出一样的工资，但得到的却是逐渐减退的工作效率。即使有这种情况存在，也只不过是许多因素中的一个，使得某特定资本设备的边际产量，随该资本设备下所雇劳动力的逐渐增加而递减。也就是说，我们将资本设备里包括了报酬相等、效率不等、劳动力不齐性这几点，把它们看作是资本设备的性能。所以当产量增加时，对于劳动力和一个齐性的资本设备，我们认为并不是劳动力逐渐不适于利用该生产设备，而是该资本设备逐渐不适于雇用劳动力。因此，如果专业技工没有剩余，就不得不雇用较次的劳工，这就导致产品的平均劳动力成本提高，这就表示当就业量

### 预测总产量

总产量的数据在经济的历史比较中会常常被用到，它的衡量，可以通过在现有资本设备上的工作时间来计算。也就是说，工人的工作时间越多，所创造的价值越多，而其产品又将通过满足消费或用于新资本品的生产这两种方式来影响下一轮的经济运转。在密歇根州迪尔伯恩市的一家工厂中，一名工人正在劳动，通过对这家工厂内生产设备利用率的计算，可以大致预测工厂的总产量。

增加时，该资本设备的报酬递减的速率，与有劳动力剩余时比较，增加得更大。设备劳工的专业化程度很大，那么各种劳动力间就毫无替代性。但即使在这种极端的情形下，也没有什么不方便的地方，因为这只不过说明，当使用某种资本设备的专业劳动力已经没有剩余，那么该种设备上的产品供给弹性，就会突降到零。

因此，除非各种劳工的相对报酬相当不稳定，否则假定劳动力齐性就不会有困难。即使相对报酬相当不稳定时，我们也会有处理的办法。只要劳动力供给以及总供给函数的形状都急剧改变，这样就可以解决问题。我认为，如果我们只用两个单位，即货币与劳动力来讨论整个经济体系的行为，那么我们就可以省去许多不必要的麻烦。但当对某厂或某企业的产量做单独分析时，为了衡量其产量和设备，就不妨采用特种单位。至于一些空泛的概念，例如总产量、资本总量、一般物价水平等，就留到做历史比较时再用。因为在某种很宽的限度以内，历史比较不需要非常精确，只要大致不出错就可以了。

由此，当前产量的变动将会由现有资本设备上的工作时间（Hours of Labour）的多少来衡量，这些工时可以用来满足消费，或是用于新资本品的生产。技工的工时则会根据他们的劳动收入来决定加权。我们没有必要将此产量与由另外一组工人以及资本设备所

**供给明确的纺纱工厂**

供给函数和我们指定的两个单位的优势在于，不论我们讨论的是一个工厂、一个行业甚至是整个经济体系，我们都可以不问产量，就可以表示出供给状况和供给弹性。图中展现的是英国工业革命时期纺纱厂女工在午餐间休息的情景。就算对于员工如此多、规模如此大的纺纱工厂，我们要计算其供给状况，也是件容易的事。

产的产量，进行量的比较。如果雇主们拥有某一特定设备，那么当总需求函数发生变化时，他们会有何反应呢？想要对此进行预测，我们也不一定非要知道这一设备所产的产量、生活水平和一般物价水平，在不同时期或国家的相应情况是如何做比较的。

# Ⅳ 用产量与就业量表达的供给函数

不论我们讨论的是一个工厂、一个企业还是整个经济体系的供给状况以及供给弹性，我们都可以不去理会产量，只需要知道总供给函数和我们所选定的两个单位。例如某工厂的总供给函数（某行业或工业全体的总供给函数也可同理进行类比），可以写作：

$$Z_r = \phi_r \ (N_r) \ ,$$

其中 $Z_r$ 为不包括使用者成本在内的预期收益，由此引诱雇主所雇用的人数为 $N_r$。如果就业量与产量的关系可以表示为 $O_r = \phi_r \ (N_r)$，即就业量为 $N_r$ 时，产量为 $O_r$，

那么

$$P = \frac{Z_r + U_r \ (N_r)}{O_r} = \frac{\phi_r \ (N_r) \ + U_r \ (N_r)}{\Psi_r \ (N_r)}$$

即通常我们所说的供给曲线，其中 $U_r \ (N_r)$ 表示的是当就业量为 $N_r$ 时，雇主预期的使用者成本。

因此，当 $O_r = \phi_r \ (N_r)$ 有具体意义时，即商品是齐性的，那就可以用常用的方法，来对 $Z_r = \phi_r \ (N_r)$ 进行估计。这样做有一个好处，因为 $\Sigma O_r$ 并不是一个数量，因此 $O_r$ 不能相加，但是许多的 $N_r$ 就可以相加。而且，一旦我们假定在特定的环境中，只有一个方法可以应用于特定总就业量下对各行业的分配，即令 $N_r$ 成为 $N$ 的函数，那么问题也可以得到进一步地简化。

# 第5章

# 预期与就业

## 本章要点

投资者商务决策的两类期望值及期望值的改变对投资的影响；
期望值和就业之间的关系。

# I 期望值对投资和就业量的影响

满足消费者才是一切生产的最终目的。不过从生产者付出生产成本开始，直到最终产品被消费者所购买，要经过很长的一段时间。在经历了这段时间之后，即等到生产者可以向消费者提供产品时，消费者愿意付出什么代价去换取产品，对于这一点，雇主们（包括生产者和投资者）却无从确切地获知，只是尽可能地对它作一些预测。如果雇主不进行生产还好，假使他要进行生产，而且这项生产又要占据一定时间，那么雇主除了以这些预期为依据之外，就再无其他办法了。

我们可以把以依赖于业务决策（Business Decisions）的预期分为两类。第一类预期是专为某一部分人或工厂作的。第二类预期则是针对另一部分人或工厂。第一类预期是关于价格的预期，即生产者在生产过程的一开始，在生产某种产品时，就对产品完成时（Finished）的价格进行预测。从生产者的角度来看，一件产品如果可以使用或出售时，就被看做是已经完成。第二类是关于未来报酬的预期，是雇主为了增加资本设备而购买或自行制造制成品时所作的预期。第一类预期可以称为短期预期（Shortterm Expectation），第二类预期可以称为长期预期（Longterm Expectation）。

在决定日（Daily）产量时，每个工厂的行为都由这个厂子的短期预期决定，即在不同的生产规模下，预测产品的成本与售价将会是多少。如果把产品卖出后的收入用于增加工厂的资本设备，那么在这里所提到的短期预期大部分都是由他人的长期或中期预期所决定的。这各种各样的预期，决定了雇主提供的就业量。除非售出这些产品的实际收入（Actually Realised）能影响或修改以后的预期，否则它将与就业量无关。当决定第二天的产量时，尽管当时的资本设备、半成品以

## 完全预期理论

完全预期理论为：未来短期利率的完全预期是长期利率的基础，如果预期未来短期利率趋于上升，则长期利率高于短期利率；反之也成立。

## 期望值的变化

不管是短期还是长期期望值的改变都要经过相当长的时间才会对就业量产生明显的影响，而且每天都会不同。

及未完工的原料等储存量，都要根据之前所作预期而进行准备，但之前的预期也与第二天的就业量没有任何关系。因此，雇主固然要在每次做决定之前，先周详考虑当时所有的设备与存货，但决策仍是依据当时对于未来成本与售价的预期而做出的。

无论是长期的或短期的预期发生改变，在一般情况下，这种改变对就业量的影响，要想完全发挥，必须经过一定的时间。尽管预期的改变只有一次，但预期改变后第一天的就业量就与第二天的有所不同，第二天与第三天的也不同，等等。如果短期预期开始向不好的方向发展，那么这个预期的改变，大体上不至于太强烈或太急剧，以至于雇主必须要将已经开始的生产过程停止而不再继续，尽管根据修正后的预期，这些生产过程在一开始就是不应当存在的；如果短期预期趋于好转的话，那么如果想让就业量达到某一个水准，而与修正后的预期相符合，就必须经过一个准备时期。

如果长期预期开始趋于不好的方向，那么虽然有些设备将不再重新购置，但在没有损坏之前，还是必须雇用人员利用它们工作。如果长期预期趋于好转，那么开始时的就业量，与资本设备已经与新环境相适应后的就业量相比，也许会更高些。

**预期高收益的商品**

虽说赚取利益是雇主们最关心的问题，可他们生产的产品是否能帮他们牟得财富还是得另当别论的。在经过从生产到消费的相当长一段时间里，消费方向的改变与否，市场需求量的多少，则完全看投资者的眼光和预见能力了。图中这些琳琅满目的商品足以证明投资者对自己远见的十足信心。

### 可观回报下的运作

当前的产量、就业量和市场动态是雇主们预期投资最主要的依据，可为了抢占市场的先机，他们往往热衷于投资一些未被人发掘、高科技而又有难度的项目。图中的两名加利福尼亚工人正在用机器装干草，虽然这个过程存在一定的危险，但可以提高效率以带来可观的回报，这使得企业乐于发明和生产这样的机器设备。

如果一种预期状态已经持续了很久，这种预期对就业的影响，就会充分地得到发挥（即在这种预期状态下该就业的人员都已经就业，不该就业的人员都已经离业），那么这种稳定的就业量，就可以被称为与这种预期状态相应的长期（Long Period）就业水准。

因此，即使预期的改变频频发生，以至于实际就业量一直没有充裕的时间来达到与现行预期状态相应的长期就业水准，但是每一个预期状态必然有一个具体的长期就业水准与其相对应。现在假设预期经过一次改变后，不再有与之相扰相混的新的改变出现，那么我们就会有这样一种疑问：在这种情形下，怎样才能达到长期的状态？首先我们假设新的长期就业水准大于旧的长期就业水准。那么一般来说，在开始时，只有进货（Input）速率受到严重的影响，也就是说，受到影响的仅是属于新生产过程中的初期工作。至于消费品的产量，以及在预期改变之前就已经开始了的生产过程中的后期工作，与前面大致相同。如果半成品在开始时就存在的话，那么以上结论也许必须要略加修改。不过就业量在一开始时的增加，大致上还是相当温和的。日子一天一天地过去，就业量也在逐渐增加。而且，我们很容易想到，就业量在某一阶段上可能超过新的长期就业水准。因为，在为了符合新的预期状态而建立资本这段过程中，就业量与当前消费量，都可以超出长期状态而达到以后的水准。因此预期的改变，就会使就业量逐渐上升，最终达到一个最高峰，然后再下降到一个新的长期水准。尽管这个新的长期水准与旧的一样，但如果预期的改变，归因于消费方向的改变，致使若干现有生产的过程和资本设备不符合当时的情况，那么类似的情形也能发生。而且如果新的长期就业量小于旧的，那么就业量在过渡时期中就可能一度低于新的长期水准，因此预期的改变这个事实本身，在其发展过程中，就会致使一种循环的波动产生。在《货币论》这本拙著中，当我讨论到由于情况改变，致使所运用（Working）资本及流动资本的数量有所增加或减少时，我所讨论的就指这种波动。

要达到一个新的长期状态的转变过程，即使如上所述，并没有什么阻碍或是干扰，但在细节上还是可以非常复杂。而实际的过程就会更加复杂。由

■ **期望值对就业量的调整**

就业量会随着期望值的改变而发生波动，而期望值的改变有时是因为消费方向的改变而引起的。为某个欧洲小镇餐厅配送食品的供应商一般是不会变化的，但一到旅游季节，对海鲜或蔬菜的需求会骤增，就势必需要更多的人加入到供应商的队伍里。

于预期状态会经常性地改变，在一个旧的改变的影响还没有充分展开以前，一个新的改变就早已经加上来了。因此在某一特定时间，经济机构中一定错综复杂地存在着许多活动，这些都是之前各种预期状态的产物。

# II 由期望值决定的就业量

究竟以上讨论的作用和目的是什么，在这里就会马上揭开这一问题的答案。由上面的叙述我们就可以清楚地看出，在某种意义上，任何时间的就业量，不仅由现在的预期状态所决定，还与过去某段时间以内的许多预期状态有关。尽管如此，还没有充分展开其影响的过去预期，已经在今日的资本设备中定形（Embodied）；而雇主在作今天的决策时，必须要首先详细考查今天的资本设备；而且，过去的预期，只有已经在今天的资本设备中定形后，才能够影响今天的决策。所以说今天的就业量，是考查今天的资本设备，并依据今天的预期而决定的，——这句话还是正确的。

当前的长期预期，往往必须要十分清楚地提及，但短期预期则常常可以忽略不论。因为修改短期预期的过程，往往在事实上是逐渐的、连续的，大部分都是依据实际结果而作的，因此预期结果与真实结果的影响会相互交错。产量与就业量，就一定是由生产者的短期预期所决定，而不是由过去的结果所决定，但最近的过去的真实结果，往往具有支配力量，对这些短期预期有决定作用。如果每次在开始某一生产过程时，都需要对短期预期进行重新制定，那么未免有些麻烦，而且也有些浪费时间，因为对一般情况来说，从一天到另一天，并没有太大的改变。因此除非生产者有具体理由，可以预料到未来将会有所改变，否则，如果他们预期最近的实际结果仍然会继续下去，也实在是很合理的。因为从事实上来讲，就影响就业量这一点来讨论，当前产量的预期售价，大概就是最近过去产量的真实售

价。生产者往往根据真实结果，并不经常依据没有真实根据的推测，而逐渐改变他们的预测。

尽管如此，我们不要忘记，假设所生产的商品具有持久性（Durability），那么生产者的短期预期，就会根据投资者当前的长期预期来决定。长期预期有一个特殊的性质，即不能每隔很短的一段时间，便根据真实结果加以校对核准。而且，长期预期会突然修改，这点我们在第 12 章比较详细地讨论长期预期时会再次提到。因此长期预期这个因素，我们既不能忽略不谈，更不能用真实结果来代替。

### ■ 期望值非常高的鸦片

短期期望值主要是依据产品在实际销售中的价格和数量来判定的，因为消费品的固定性，所以不需要每天都来判定和调整它的生产量和销量。除非雇主可以预料到市场会有较大变化。图为 19 世纪早期的一个鸦片仓库，这些鸦片正准备销售到中国，那些生产并销售它们的商人大概没有想到，在不久的将来，中国禁烟的成功使他们失去了赚取暴利的机会。

# 第 6 章

# 收入、储蓄及投资的定义

## 本章要点

投资者的使用成本及其净收入，
对于投资和储蓄相等的解释和分析。

# I 使用者成本的定义及相关因素

在任何一段时期内，某个雇主将他的成品出售给消费者或其他雇主，由此所收入的货款，用 A 来表示。将他又从其他的雇主那里购买若干成品的开支，用 $A_1$ 来表示。这段时期结束时，他就拥有了一个资本设备，包括半成品（或称运用资本）及成品的存货，其价值用 G 来表示。

在 $A + G - A_1$ 中，其中一部分并不是在本期生产活动中产生的结果，而是在本期开始时雇主就已拥有的资本设备。因此为了求出所谓的本期收入，必须将上期移交下来的资本设备的价值从 $A + G - A_1$ 中减去。只要我们能够找出一个圆满的方法来计算这个减数，那么收入的定义问题就可以说得到解决了。计算这个减数可以通过两个可能的原则来进行，每个都包含了若干意义，分别与生产和消费有关。现在我们将依次对其进行讨论：

（一）在一期结束时，资本设备的实际价值 G，是两种相反势力作用的净结果。从一方面讲，雇主或是从别的雇主那里添购，或是自己加工，来维持并改良其资本设备；从另一方面讲，由于此资本设备要用于生产产品，因此必将蒙受损耗或折旧，即使雇主不将其用于生产，雇主仍值得花费一笔维持改良费。假设此费用的最适度（Optimum）数目为 $B'$，这笔费用被支出后，资本设备在本期结束时的价值为 $G'$。由此，如果雇主不将其用于生产 A，那么 $G' - B'$ 就可能是从上期保存下来的最大净值。这个最大可能净值中超过 $G - A_1$ 的部分，即

$$(G' - B') - (G - A_1)$$

是衡量因生产 A 所损耗掉的价值，便可称为 A 的使用者成本（User Cost）。使用者成本用 U 来表示。雇主为了交换劳动力而付给其他生产要素的费用，被称

**投资者的收入**

投资者的收入，即为本期所售出产品的价值减去其直接成本。

**储蓄＝投资**

生产者与消费者，或资本设备购置者之间交易的双重性，决定了储蓄与投资的相等。

**使用成本极低的布料生意**

*油画　12世纪*

　　渴望分享一份城市荣华富贵的人们蜂拥而至，在教堂周边的街道上做起了纺织和染色的生意。但除掉他们已有资本设备的价值，再加上购买染料、线团、机器及其维护所用掉的资金，最后剩在他们手里微乎其微的钱根本就不能帮他们改变贫穷的命运。

之为 A 的要素成本。从要素的立场看来，要素成本即为要素的收入。用 F 来表示要素成本。U + F 的值，称之为产量 A 的直接成本（Prime Cost）。

　　现在我们终于可以给雇主的收入（Income）下定义了。雇主的收入等于其本期所售产品的价值与其直接成本之差。也就是说，雇主的收入就是我们通常所说的毛利（Gross Profit）。毛利要根据生产规模而定，也就是要根据雇主设法使其成为最大量的能力而定。这个定义与常识相符。又因为社会其他人员的收入与雇主的要素成本相等，故总收入为 Σ（A － U）。

　　通过这个定义之后，收入就成为一个毫不含混的概念。而且，雇主们要根据其预期决定雇用其他生产要素的数量，来设法使收入与要素成本之差成为最大量，因此在就业理论上，收入有其因果上的重要性。

当然，$G - A_1$ 有些情况下是可以超过 $G' - B'$ 的，致使使用者成本成为负数。例如（a）如果我们规定在某一时期，而且恰在此时期中，进货持续增加，但产品却还没有达到制成和出售的阶段；而且如果（b）工业的综合程度很高，各厂的大部分资本设备都由他们自行制造，而且投资量也是正数；以上两种情形之下，使用者成本都可能是负数。但是由于仅仅当雇主用自己的劳工增加其资本设备时，使用者成本才能为负数，因此在一个含各种行业的社会中，资本设备的使用者与制造者往往不属一厂，我们可以正常地将使用者成本视为正数。而且，我们很难想像，当 A 增加时，边际使用者成本，即

$$(G' - B') - (G - A_1)$$

可以不是正数。

我们不妨将本章下面要讲的东西在这里稍微提一下。就社会全体而论，一期的总消费（C）等于 $\Sigma(A - A_1)$，总投资（I）等于 $\Sigma(A_1 - U)$。而且，如果不将 $A_1$（从其他雇主手中买来的东西）计算在内，那么 U 就是雇主对自己资本设备的负投资，负 U 则是投资。因此如果所有工业都掌握在一个人手中，那么 $A_1$ 就为零，消费等于 A，投资等于负 U，也可说是等于 $G - (G' - B')$。以上引入 $A_1$，而使情况变得稍微复杂，其目的只是为了找出一个一般性的方法，在工业不是由一人掌握时，也可以适用。

而且，所谓的有效需求，只是雇主们由决定提供的当前就业量，而预期取得的总收入或总收益，其中包括其他生产要素的收入（即雇主的要素成本）。总需求函数表示的是二者之间的关系：其一是各种假想的就业量，其二是由这个假想的就业量所产产品的预期收益。有效需求是总需求函数上的一点，这一点之所以有效，是因为如果就业量在该水准上，那么供给与需求二者的情况，恰好就可以使雇主的预期利润成为最大量。

有些经济学家将使用者成本忽略，或视其为零，于是供给价格就与边际要素成本相等，由此就可以得到边际收益（或收入）就与边际要素成本相等这一类命题。我们的这组定义有一个好处：如果我们用他们的假定，那么也可以得到同类命题。

（二）现在进而讨论上面提到的第二个原则。在一期结束与一期开始时资本

The General Theory of Employment, Interest and Money

### 资金消耗的途径之一

雇主的收入是有效需求、就业量和生产要素成本共同作用的结果，如果此三者能达到最恰当的比例，就会滋生出最高的利益。图中这些用丈夫金钱奢华享受的夫人们，注意到的大概只有身上的服饰和眼下的菜单，而对供她们挥霍的这些大量资金的来源或赚取途径则漠不关心。

设备的价值是不同的。这种价值的改变，一部分是因为雇主为追求最大利润，而自愿决定的，这一部分已经在上面讨论过了。但另外的一部分却并不是由于雇主的自愿，而是由于不能由雇主控制的理由，例如由于市场价值的改变、折旧、时耗（Wastage by the Passage of Time）、战事、地震等天灾人祸——这种种原因，资本设备蒙受并不属于自愿性的增值或贬值。在这种非自愿损失中，有一部分固然是不可能避免的，但并不是不可以预料的，例如庇古教授所说的"正常的折旧经常发生，如果不能详细预料到的话，就会致使它经常被人们所忽略"。此外社会上还有其他一些损失，也经常发生，因此通常也被认为是"可保风险"（Insurable Risks）。这些预期损失的大小，当然必须要根据预期的形成时间而定。让我们暂时将这件事实忽略，而将非自愿但不是不可预料的资本设备的折旧（即预期折旧超过使用者成本部分），称之为补充成本（Supplementary Cost），用 V 来表示。我认为在这里用不着指出补充成本的定义，与马歇尔所下的定义不同。不过我们二人，都想对不在直接成本以内的那部分预期折旧进行处理，在这一点上，我们的基本观念还是相似的。

在计算雇主的净收入和净利润时，通常必须要将估计的补充成本从其收入和毛利（定义见上）中减去。因为在雇主考虑可以用掉或储蓄起来多少时，他已经想到将补充成本从毛利中减去了。当他以生产者的资格，来决定是否用此设备时，直接成本和毛利就成为一种重要的概念了；但当他以消费者的立场来考虑时，那么补充成本在其看来，恰恰就像是直接成本。因此如果在规定总净收入的定义时，将补充成本与使用者成本一起减去，使总净收入等于 $\Sigma$（A − U − V），那么总净收入这个概念不但与习俗用法最相符，还与消费量的多寡有关。

如果因为未曾预料到市场的变化，或有不同于

**■ 为雇主赚得大量财富的妇女们**

当雇主们在计算自己的净收入时，补充成本与直接成本在他们眼中就没有什么本质区别了。最低的成本，最高的利润是他们的最终追求。图为一战时期制造炮弹的妇女们。雇主们抓住了大发战争财的机会，他们搭建了极其简陋的临时兵工厂，雇佣大量不能上战场的妇女和老人从事繁重的生产。当时的兵工厂只需付给这些第一次走出家门从事工作的妇女极其微薄的工资。

平常的折旧损耗，或有天灾人祸的破坏，致使资本设备的价值蒙受损失，那么这种价值的改变，就不是自愿性的，一般说来也不是能够在事前预料到的。我们将这一项实际损失称之为未曾预料的损失（Windfall Loss），列入资本账，而不将其列入（净）收入账。

净收入之所以具有因果重要性，就是因为在决定当前消费量时，V 的大小在心理上很有影响力——净收入就是我们通常所说的可用收入（Available Income），它可被作为普通人决定其当前消费的多少时的准绳。当然，净收入并不是决定消费多少的唯一因素；它也与资本账上所不能被预料的得失的多少很有关系。但是补充成本和没有预料到的损失之间存在着这样一个差别：当补充成本改变时，它会影响消费，这就正如毛利的改变，因为与雇主的消费量有关，就可以认为它是当前产量的售价与直接成本及补充成本之和的差；相反，没有预料到的得失，虽然对雇主的消费决定有所影响，但程度却不同，如果没有预料到的损失与补充成本的数量相同，那么前者的影响就相对较小。

让我们再来谈一下补充成本与没有预料到的损失的划分问题，换句话说，什么样的不可避免的损失，应当记在收入帐上，哪种情况应作为没有预料到的损失，记在资本账上。关于这条分界线的划分，一部分只是惯例的（Conventional）或心理上的，常根据通用的估计补充成本的标准的变化而有所不同。估计补充成本，并不是没有可依循的原则，因此它的大小，也会根据所选的会计方法而定。在资本设备被生产出来的初始阶段，它的预期补充成本，就是一个具体的价值量，但在之后做重新估计时，该设备在剩余使用寿命中的补充成本，可以因为预期状态已经发生了若干改变，而与原估计不同。根据原来的预期，就会有一连串未来的 U + V，根据修正后的预期，就又会出现一连串新的未来的 U + V，这二串 U + V 的差，折合成现价，即为资本没有预料到的得或失。在商业会计上有一个普遍采用的原则，而且它也通过了英国内地税务机关的赞同，即在取得一资本设备时，便对该设备的补充成本与使用者成本之和规定一个数目，不论预期在今后是否改变，都要让这个数目维持不变。如果是这样的话，那么任何一个时期的补充成本，就是这个数目与实际使用者成本之差。这个方法有一个优点，就是在该设备的整个寿命之中，没有预料的得或失为零。但在某种情形下，每经过一个特定会计期间（例如一年），就要根据当前的市价和预期，重新估定补充成本，这也就不要过分地去指责了。事实上，两种方法都有人采用。在资本设备刚被购置时，原来预期的补充成本，可以称之为基本补充成本，以后根据当前市价和预期重新估定的补充成本，可以称之为当前补充成本。

补充成本的定义，只能精确到这种程度。补充成本，是一个很典型的雇主在以宣布股息

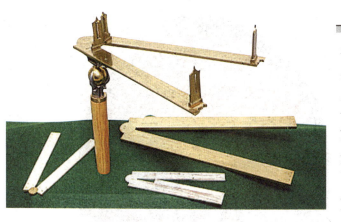

**■　补充成本的计算方法**

怎样计算补充成本，因衡量标准的不同而不同。不过，在商界有一个广为赞同的方法：对资本的补充成本和使用者成本计算出一个固定数目，作为比较的尺度。那么这个数目与实际使用者成本的差，就是补充成本。图为16世纪主要的计算工具，它使人们的计算水平在当时又上了一个新的台阶。

（设雇主代表一个公司）或决定其当前消费量（设为一私人）为目的，而计算其净收入时，应该从收入中减去的项目。因为我们不能将资本账上的没有预料到的得或失完全消除，所以如果一个项目有可疑之处，那么就应将该项目列入资本账；只有当其很明显是属于补充成本时，才可以说是在补充成本之内。如果资本账记得太多，那么也可以根据量的情形，加重资本账对于当前消费量的影响，从而设法使其得到矫正。

读者会看到，此处净收入的定义，与马歇尔的收入定义非常相似。马歇尔引用收入税司（Income Tax Commissioners）所用惯例，一般说来，凡是该司根据历来经验认为是收入的，马歇尔也会认为是收入。因为该司在对于通常所谓净收入是什么——这一个问题时所作的决定，可以说是经过了最审慎、最广泛的调查以后才下的判断。我所说的净收入，还相当于庇古教授最近所说的国民收入的货币价值。

尽管如此，净收入这个概念，因为根据一个不太肯定的标准，各家对此标准的解释也不相同，到底没有被刻画分明。例如，哈耶克（Hayek）教授曾经说过，一个资本品的所有者，也许会设法使他的投资收入保持不变，如果有任何理由能够使其投资收入有降低趋势，他就必然会首先提出一笔款项来抵消这种趋势，之后余下的收入，他才觉得可以自由地用于消费。我怀疑这种人是否存在。不过如果将其作为计算净收入时的一种可能的心理标准，在理论上也没有什么可指责的。哈耶克教授由此推论，认为储蓄和投资两个概念也因为它而变得含混。如果他指

的是净储蓄和净投资，那么他就是正确的。但和就业量有关的储蓄和投资，这两个概念没有这种缺陷，而且它们可以获得客观的定义。

净收入只取决于消费，且与影响消费的其他因素，也不容易划分界线；收入本身与当前生产决策有关。因为一直没有注意到收入这一个概念，反而把所有重点都放在了净收入这个概念上，这实在是一种错误。

以上对收入和净收入所下的定义，设法与通常用法相符。我要在这里提醒读者，拙著《货币论》中所说的收入，意义非常特殊。它之所以特殊，是因为当我对总收入中雇主的一部分收入下定义时，既没有取雇主当前生产活动的实得利润（不论是毛利还是净利），也没有取他们在决定从事当前生产活动时的预期利润，而是取了一种可以说是正常或均衡利润。现在回想起来，即使生产规模可以改变，则所谓的正常或均衡利润的意义，也没有充分的规定。根据《货币论》中所下

**极端的储蓄人**

拼命维持自己已有的资本收入，作为以后投资收入不稳定时的意外防护，当无后顾之忧时，才肯花掉剩余部分的资金。这一般是人们心理认同的理财方式。图中描绘的是15世纪，马上就要和死神同行的守财奴却依然不肯放弃自己的金币。只有大量的金币摆在眼前，他才能够获得心理上的安宁。

的定义，储蓄中超过投资的数额，即正常利润超过实际利润的数额。我恐怕我如此运用名词，会引起许多混乱，因为有许多结论，特别是关于储蓄和投资的差额者的结论，除非用我的特殊意义来解释我所用的名词，否则它们就是错误的；但由于都认为我所用名词的意义就是常人熟悉的意义，所以往往引用我的结论。因为这个理由，还因为现在我已经不需要借助我以前所用的名词来正确表达我的思想了，所以我决定从此将那些名词弃而不用。对于因此而已经引起的许多混乱，我表示非常抱歉。

# II 储蓄与投资

在名词用法的许多分歧之中，有一点倒是大家都同意的。据我所知，大家都认为储蓄就是收入减去消费开支。因此，如果对于储蓄的意义还有要怀疑的地方，其原因离不开两点，一是对于收入，二是对于消费的意义还有些疑虑。对于收入这个词，在前面我们已经下过定义。一期的消费支出，一定与该期中卖给消费者的货品价值相等。于是问题就出现了：什么样才算是消费购买者（Consumer Purchaser）？任何用来划分消费购买者和投资购买者（Investor Purchaser）的界限，只要合理，就都一样可用，但一经选定，就必须始终遵守。我们是否

**可供投资和消费的房屋**

房屋到底是消费品还是投资品，则完全取决于我们用什么样的界限来划分购买者的属性。但在今天经济发展如此迅捷的时代里，认识到房屋价格日新月异的人们，便让房屋首先充当消费品的角色，随后又会当投资品来卖掉。

可以将购买汽车认为是消费购买，将购买住宅认为是投资购买，常常会有人讨论这类问题，我就几乎没有什么可补充的了。这个问题的答案，当然要看在雇主与消费者之间我们要用哪种界线来划分。如果我们已经将 $A_1$ 规定为某一雇主从另一雇主手中所购货物的价值，那么我们就已经将这问题在暗中解决了。可以将消费支出毫不含混地规定为 $\Sigma \, (A - A_1)$，其中 $\Sigma A$ 表示一期中的总售价，$\Sigma A_1$ 表示该时期中雇主之间相互买卖的总值。为方便起见，我们将在以后省去 $\Sigma$ 这个符号，用 A 来表示所有总售价，$A_1$ 表示雇主之间相互买卖的总值。U 表示全体雇主的总使用者成本。

收入与消费的意义既然已经规定，储蓄又是收入与消费之差，因此储蓄的意义也就随之而定。因收入等于 $A - U$ 且消费等于 $A - A_1$，故储蓄等于 $A_1 - U$。同样，净储蓄是净收入与消费之差，因此它就等于 $A_1 - U - V$。

根据收入的定义，还可以得出本期（或当前）投资（Current Investment）的定义。所谓本期投资，一定与资本设备在本期中（且由于本期生产活动）的价值增益（Addition to the Value of the Capital Equipment）相等，这与我所说的储蓄显然也是相等的，因为储蓄是一期的收入，并没用于消费。上面提及过，在一期中，由于生产活动的结果，雇主获得货款 A，但为了生产而将 A 出售，其原有的资本设备蒙受的损失 U，那么 $U - A_1$ 就是资本设备的价值损失（Value Loss）。$U - A_1$ 的负数，即 $A_1 - U$，就是资本设备的价值增益，即投资。换句话说，在同一时期中，用于消费的产物，其价值为 $A - A_1$，$A - U$ 与 $A - A_1$ 的差，即 $A_1 - U$，就是资本设备因本期生产活动而获得的价值增益，即投资。同理，$A_1 - U - V$ 就是本期的净投资（Net Investment），换个说法，即资本设备的价值的净增益，不计在资本账上的未曾预料的得失，而只是将其正常的得失计算在内，包括因使用而引起的资本耗损。因此，尽管储蓄量是消费者消费行为的总结果，投资量是雇主投资行为的总结果，但二者必然相等，因为它们都等于收入与消费之差。而且这个结论的由来，并没有关系到收入的定义有什么特异，或有什么奥妙。只要大家认同：收入等于本期产品的价值，本期投资等于本期产品中没有用作消费的那一部分产品的价值，储蓄等于收入与消费的差。只要大家认可这些既不违背常识，又与传统相符的用法，那么投资与储蓄自然就是相等的。总之，

**收入＝产品价值＝消费＋投资**

**储蓄＝收入－消费**

**所以，储蓄＝投资**

因此，任何一组定义，只要同时满足上述条件，就会得到相同的结论。只有当至少其中的一个条件不满足时，结论才会不同。

储蓄与投资之所以相等，是因为生产者与消费者（或资本设备购置者）之间

的交易具有双重性质。上面说过，生产者的产品售价与使用者成本之差才称其是收入；但整个产品并未向消费者进行出售，而是售于其他雇主；每个雇主的本期投资，又等于他从其他雇主那里所购买的设备与自己的使用者成本之差。因此，就社会全体而言，收入中超过消费的部分（即我们所说的储蓄），必然与资本设备的价值增益（即我们所说的投资者）相同。净储蓄与纯投资的关系，也是如此。事实上，储蓄是一个余数。投资决策与消费决策二者共同决定了收入。如果投资决策获得了实现，那么不是消费遭到削减，就是收入获得增大，二者必有一个会发生。因此储蓄这个余数一定会由于投资行为本身的影响，得以作同量增加。

**■ 储蓄和投资均衡的市场**

生产者和消费者利益的双重性决定了储蓄量和投资量的相等。市场凭借各取所需的人们在贸易过程中使货币循环流动起来的独有特征验证了这一结论的正确性。图为 19 世纪时，在交易大厅中谈论布匹质量和价格的人们。生产和消费的相等，使这个市场日趋稳定。

当然，人们对于投资和储蓄所作的若干决定，可能会很不正常，致使一个均衡价格没办法产生，就会按此价格交易。在这种情形下，既然产品不再有一个特定的市场价值，而价格也无法在零与无穷大之间找到一个静止点，因此我们所用的名词就不再适用。我们通过经验可知，事实并非如此。社会上有各种各样的心理反应习惯，可以实现均衡，自愿卖和买的数量相等。产品有一个特定的市场价值，即货币收入有一个具体价值的必要条件，同时又是使储蓄者决定储蓄的总数等于投资者决定投资的总数的充分条件。

要想思路清楚，最好是从决定是否消费着想，而不是从决定是否储蓄着想，因为决定是否消费，或决定是否投资，的确是在个人的掌握之内。总收入与总储蓄都是人们自由选择的结果，即选择是否消费以及是否投资的结果，二者都不能离开消费及投资的决定而独立，而受另一组决策的支配。根据这个原则，我们以后要将储蓄倾向用消费倾向这个概念来替代。

# 论使用者成本

## 本章要点

使用者成本对古典学派价值埋论的重要性；
再论使用者成本和补充成本；
多余设备对就业和投资及生产的影响；
经典学派代表人物对额外设备的损耗的见解和认识。

# Ⅰ 再论使用者成本的概念和现实意义

在经典学派价值论中使用者成本的重要性，我认为是一直被人给忽略了。关于使用者成本，本来还有许多可以谈论的地方，但由于此处篇幅的限制，同时它与本书主题的关系也较浅，我们就不对它作过多的谈论。

作为题外的文字，本附录打算对使用者成本，作进一步的研讨。依照它的定义，某个雇主的使用者成本为

$$A_1 + (G' - B') - G$$

其中 $A_1$ 代表该雇主向其他雇主购买的货物价值，$G$ 代表资本设备

**被迫降价的商品**

由于使用成本的存在，所以雇主们在决定投资之前，必须仔细地预算出各种设备、薪水及管理等费用的总和，以验证自己的行为的理智性。图中在购物车中数量颇多的大幅度降价商品，势必会给它的生产者们带来严重的损失。

在该时期最终时的实际价值；如果雇主不使用这些资本设备，反而支出一笔最适度的维持改良费 B′，那么这些资本设备在该时期最终可能有的价值可用 G′ 代表。$A_1 - (G′ - B′)$ 就等于雇主的资本设备，在超过它由上一期移交下来的净价值以外，又增加的价值。这就是在这一时期内雇主对其资本设备的投资，可写作 I。因此，销售量 A 的使用者成本 U，等于 $A_1 - I$，其中 $A_1$ 是这位雇主向其他雇主购买的数量，I 则代表他在这一时期对其资本设备投资的数量。稍微想一想就会知道，这也只不过是常识而已：一个雇主向其他雇主购买的这部分将变为这一时期内对自己资本设备的投资；剩下的一部分，代表他因出售产量 A，在生产要素的开支以外所蒙受的损失。假使读者想要以其他方式来表达这种理论，他很快就会知道，这里使用的表达法的好处，在于可以避免许多无法解决的（而且是不必要的）会计问题。我想，没有别的方法，可以明晰地分析当前生产的收益。假如工业都集中在某一人的手上，或某个雇主并未向其他雇主购买任何货物，则 $A_1$ 等于零，使用者成本就等于因使用该设备而引起的本期负投资。在这种情形下，我们的分析方法还有一个好处，那就是我们从来不需要划分要素成本，哪些应归于产品（卖给他人的）负担，哪些应归于设备（保留自用的）负担，而可以把一个工厂——无论它的综合程度是怎样的——提供的就业量，看做是由一个总体决策决定的。事实上也是这样，因为在当前生产与整个生产之间，往往存在连锁的性质。

使用者成本这个概念，又可使我们对某个厂产品的短期供给价格，下一个比较清楚的定义。因为短期供给价格，就等于边际要素成本与边际使用者成本之和。在现代价值论中，往往就把边际要素成本当做短期供给价格。

显然，只有当边际使用者成本等于零，或供给价格的意义，被特别规定为不包括边际使用者成本在内时，这个办法才行得通。我在前面第三章对"收益"（Proceeds）及"总供给价格"下定义时，就没有把总使用者成本计算在内。这种用法，在讨论社会总产量时，偶尔使用一下固然很方便，但在讨论某一厂家或某一企业的产量时，如果经常不把使用者成本包括在"供给价格"之内，则经济分析就会完全与现实脱节，因为这种意义上的"供给价格"，与平常所谓"价格"的意义完全不同。这样的用法恐怕会引起误会。经济学上似乎一向假定"供给价格"一词，当用于某一厂家的产量时有明显的意义。然而工厂从其他工厂处购买的货物，以及工厂资本设备因生产边际产量而受到的损失，这两者应该如何处理？这个问题就会引起由收入定义问题所引起的一切困难。即使我们假定：当工厂的销售量增加一个单位时，为了获得这家工厂的供给价格，必须从这一产量的每单位售价中，减去由其他工厂处购买的边际成本；即使作出了这样的假定，我们还是要顾及到：工厂的资本设备，因生产这一边际产量，而出现了负投资。即使所有

有些商品的昂贵让我们觉得是生产者们在漫天要价，其实它的价格是有标准的制定方法的。一般来说，短期的供给价格，是在生产中所消耗的使用成本和工作人员薪水的总和。图为做工精美却价格昂贵的储物盒。本来实用的消费品在这里是以奢侈品的面目出现的。

的生产都集中于某一家工厂，我们还是不能假定边际使用者成本为零；换句话说，我们不能忽视资本设备因为生产边际产量所蒙受的边际负投资。

使用者成本及补充成本这两个概念，可以使我们在长期供给价格与短期供给价格之间，建立一个比较清晰的关系。长期成本中必须包括一笔数目，可以抵消基本补充成本以及预期直接成本；二者都可以用适当的方法，分摊于每一年中，总的年限就是资本设备的寿命。这就是说，某个产量的长期成本，就等于直接成本与补充成本二者的预期之和。而且，如果想要产生一个正常利润，则长期供给价格必须在长期成本之外再加上一项，等于当前放款利率乘以设备成本的数值；当然，这种贷款的时期及风险，必须与投资于这种设备的时期及风险相类似。如果我们喜欢用"纯"利率（Pure Rate of Interest）作为标准利率，则长期成本之中，必须包括第三项，可以暂时称之为风险成本（Risk Cost），用它来抵消实际报酬与预期报酬有所不同的种种可能。因此，长期供给价格就等于直接成本、补充成本、风险成本以及利息成本的和；也就是说，长期

**只适合短期供给的商人**

　　大资本投入和小资本投入，所赚得的利益是有本质差别的。越是长期的供给价格越能体现它们之间的巨大差距。因为这必须要经得起各种成本风险利息和时间的考验。从图中的雅典商人的穿着上，我们可以看出他们并不是大资本的所有者。

供给价格可以分解成以上这几种构成的分子。在另一方面，短期的供给价格就等于边际直接成本。因此，当雇主购买或建造资本设备时，在他的预期中，直接成本的边际值与其平均值的差，足以抵消补充成本、风险成本以及利息成本这三者。换句话说，在长期均衡中，边际直接成本超出平均直接成本的那一部分，刚好等于补充成本、风险成本及利息成本的和。

　　如果在某一产量上，边际直接成本恰好等于平均直接成本与补充成本的和，那么这一产量则具有特殊的重要性，因为在这一点上，雇主既不赚也不赔，或者说，在这一点的净利润为零；如果产量比它更低，雇主就会受到净损失。在直接成本以外，补充成本所须弥补的程度，因设备的类型而有所不同。以下的描述是其中的两种极端情形：

　　（一）有一部分设备维持费，必须与使用这些设备的行为同时发生，比如给机器加油。这种开支（除了由外面购买的以外），都应包括在要素成本之内。如果由于物质上的原因，这一阶段所有的折旧，必须用这种方法来弥补，那么使用者成本（除了由外面购买的以外）与补充成本相等，但符号刚好相反。在长期均衡中，边际要素成本超过平均要素成本的部分，则一定等于风险成本与利息成本的和。

（二）资本设备的价值损失，有一部分只有在使用设备时才能发生。如果这种损失没有在使用时立刻弥补，就应该算在使用者成本之内。如果资本设备的价值损失，只有这样才能发生，那么，补充成本等于零。

这里有一点值得提出，即雇主不会仅仅因为使用者成本很低，就先使用最旧、最坏的设备。因为，使用者成本虽然很低，但也许还比不上更低的效率，也即比不上要素成本的高程度。雇主愿意使用的设备，就是每单位产品的使用者成本与要素成本的和为最低的那一台设备。因此如果某种产品的产量已经确定，则一定有一个使用者成本与之相对应，但在总使用者成本与边际使用者成本之间，则并没有确定的（Uniform）关系。

# II　使用者成本的计算方法

现在与未来之间，可以建立许多联系，使用者成本就是其中之一。因为在决定生产规模时，雇主必须在现在使用这些设备，与保留这些设备以后再用，这二者之间有所抉择。使用者成本的大小，就由因现在使用，而牺牲掉的未来预期利益来决定。而边际使用者成本、边际要素成本，以及边际预期售价三者，将决定雇主的生产规模。那么，雇主会用什么方法，来

■ **改变投资价值和效率的新设备**

利润的获得是受资本家所投资资本的价值支配的，它的多少与资本大小恰成比例。所以资本家们不会用成本低廉、效率极差的设备使他们的投资作无用功的。19世纪采矿业开始采用蒸汽机作为动力，新技术使业主的利润大幅上升。

计算一种生产行为的使用者成本呢？

前面说过，使用者成本，就是使用状态与不使用状态相比，资本设备所受到的价值损失。至于不使用这些设备时，仍然要支出的维持改良费，以及向其他雇主购买的物品，皆要于各自对应的地方计算在内。因此使用者成本的计算方法，一定是先计算：如果现在不使用资本设备，则在未来某一时刻，预期收入可有多少增加；然后再把这个数字折算成现值。如果现在不使用资本设备，那么至少可把它们的重新购置（Replacement）的时间延迟；延迟购置的利益，折为现值，就是使用者成本的最低限度。

### 减少积压品的宣传海报

货品积压是让生产者们颇为头疼的问题，因为它关乎使用者成本的大大提高和永久积压的危险。这张啤酒商的海报就是为了大量销售啤酒以避开预期重置成本，补充成本及利息等问题，而进行的商业宣传。

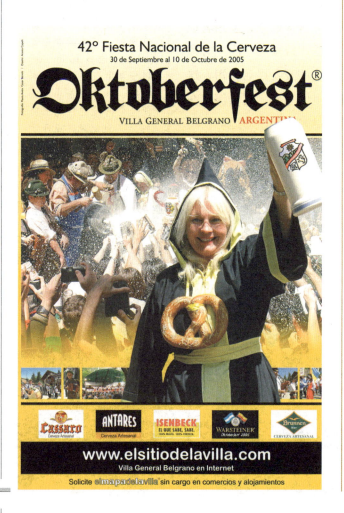

如果不存在过剩的存货，那么，每年都会有新出现的同类资本设备，作为增补之用，边际使用者成本可依据（a）因使用这些设备，而导致设备的寿命缩短或效率降低的数额，以及（b）现在重新购置新设备所需的成本，计算出来。如果资本设备有一定剩余，那么，使用者成本就要根据（a）从现在到剩余设备因折旧损失等原因而被吸收完毕——这一段时期中的利率，及（b）当前（即重估的）补充成本二者来决定。利息成本及当前补充成本，对使用者成本的计算方法有间接的影响。当要素成本等于零时，这种计算方法最简单易解。现以拙著《货币论》第2册第29章原料铜的剩余情形作为例子。先列举一吨铜在未来各个时期的预期价值。铜的剩余量逐渐减少，那么铜的价值也就逐渐接近它的正常生产成本，因此这一列数字的每一项都要受到剩余铜量的吸收速率的影响。从这列数字中的每一项中，减去当前补充成本以及从现在到当日每吨铜的利息成本，其中数额最大的，就是一吨剩余铜的现值或使用者成本。

同样，如果船只、工厂或机器存在一定的剩余，那么一艘船、一家工厂或一架机器的使用者成本，就等于这些设备在剩余量可以预期吸收完毕的时刻的预期重置成本，减去当前补充成本以及从现在到该时刻的利息成本。

以上的推论基于一个假定，即当资本设备无法继续使用时，立刻用同样的物品补足。如果用来替补的并非是同样的物品，那么在计算现在所用设备的使用者成本时，一定要根据旧有的设备废弃时，用来补充的新设备的使用者成本；其数值要根据两种设备的比较效率而确定。

# III 过剩设备对使用者成本的正面影响

读者想必会注意到，如果资本设备不是过时的，而只是存在暂时的过剩，那么，实际使用者成本与正常使用者成本（也就是设备不过剩时的使用者成本）之间的差别，要根据过剩设备预期吸收完毕的这段时期的长短来决定。如果资本设备的使用年限长短不一，每年都会有一部分设备不能再用，那么除非过剩的数量特别庞大，否则边际使用者成本不会出现大幅度的下降。在一般性的经济衰退时期，边际使用者成本的大小，要根据雇主们对不景气持续时间的预期而有所改变。因此，当经济情况开始好转时，供给价格的提高，也许一部分就是由于雇主们修改他们的预测，从而导致边际使用者成本的急剧增加。

有人说，如果雇主们联合起来销毁过剩设备，那么除非他们把全部过剩设备都销毁，否则就不能达到他们预想的结果——提高价格。雇主们的意见则恰好相反。使用者成本这一个概念可以说明：如果把剩余设备销毁一半，也许可以提高价格；因为这种政策可以缩短过剩设备吸收完毕的时间，和提高边际使用者成本，从而提高当前的供给价格。因此，雇主们的心目中，似乎隐隐存在着使用者成本这个观念，虽然并没有把它明白地说出来。

如果补充成本占据的比重很大，那么，资本设备若存在过剩，边际使用者成本的数值将很低。而当资本设备存在剩余时，使用者成本与要素成本的边际值，似乎也不会过多地超出其平均值。如果以上两个条件都能得到满足，那么过剩设备的存在，似乎很容易使雇主们赔本，并且数额颇大。实际上当过剩设备被吸收完毕时，净赔并不

**提高使用者成本的方法**

当销毁过剩的设备达到一定规模时，因在一定程度上缩短了消耗完毕的时间，提高了边际使用者的成本，增加了现行的供给价格，所以经营者们总是下意识的分批报废和销毁机器设备。图中的昔日村庄已经变成垃圾处理场，堆满了已经被销毁的商品，一名小男孩举起石头做着更进一步的"销毁"行为。

会立即变为正常的利润；而是随着过剩设备的逐渐减少，使用者成本也逐渐增加，边际要素成本与使用者成本两者之和，与平均要素成本与使用者成本的和，这二者之差，也在逐渐增加。

# Ⅳ 马歇尔对使用者成本的错误理解

马歇尔在《经济学原理》（第 6 版第 360 页）中，把一部分使用者成本，用"设备的额外折旧"这一个名词，计算在直接成本内。但他并没有指出这一项应该如何计算，以及它具有怎样的重要性。庇古教授在《失业论》中曾明白地假定：在通常的情形之下，边际产量引起的资本设备的负投资可以忽略。他说（第 24 页）"如果产量不同，则设备的折旧以及职员的开支也可能有所不同，但我们一般会忽视这些差异，因为它们只是次要的因素"。在生产边际上，资本设备的负投资为零，这样一种认识，是近来许多经济理论共同持有的。但如果想要说明，某个工厂的供给价格的具体含义，问题也便随之发生。

根据前面所述，如果资本设备被搁置不用，它的维持费用往往可以降低边际使用者成本；当雇主们预计不景气会长期持续时就更是如此。但是，数额非常低的边际使用者成本，并不是短时期一定具有的特征，而是（a）由于资本设备的性质特殊，如果搁置不用，其维持费用会很高；（b）由于这一短时期不是均衡的状态，因此资本设备很快过时，或者出现过剩。如果有一大部分设备还是非常新的，那么过剩就更加严重。

使用者成本必须将原料计算在内，这是人人都知道的。如果一吨铜在今日用完，明日就不可能再用，因此这吨铜留待明日使用所可能形成的价值，必须计算在边际成本之内。但铜只是一个特例，只要是使用资本设备从事生产，总是会有类似的情况发生。严格划分原料与固定资本，使用原料所引起的负投资必须加以计算，但使用固定资本所引起的负投资却可以加以忽略，这个假定显然与事实不符，特别是在正常情形下。因为在正常情形下，每年都有许多陈旧的、无法继续使用的设备，必须考虑重新置备。设备的使用就意味着缩短必须对它们加以重新置备的日期。

使用者成本与补充成本这两个概念有一个优点，就是两者同样适用于运用资本（Working Capital）、流动资本（Liquid Capital）与固定资本（Fixed Capital）。原料与固定资本的重要差别，不在于二者对使用者成本及补充成本有着不同的感应性，而在于以下事实：流动资本的收益只发生一次，而固定资本因为具有持久性，只能逐渐地用完，因此它的收益是一系列的数字，系列中的各项数字，分别由各期的使用者成本与所获得的利润构成。

### 一次性使用的石油

在使用者成本上，流动资本和固定资产的主要区别是是否考虑其负投资。流动资本使用的一次性决定了，它的收益是一系列时期的使用者成本和收入的利润。石油作为一次性使用资本，它的收益自然就是一系列时期的利润。图为石油钻井工人彻夜工作以提高石油产量。正是石油这种一次性使用的特征，使得它在21世纪这个自然资源越来越贫乏的世纪，愈发昂贵起来。

# 第 7 章

# 再论储蓄与投资的意义

## 本章要点

再论投资及其他经济学家对投资的观点；

投资与储蓄的差别；

强迫储蓄及其相关的概念；

银行制度下的信用和储蓄等问题，给人们造成的错觉。

# Ⅰ 对储蓄和投资不相等的分析

在上一章中，我们已经给储蓄和投资两个名词下了定义；根据我们的定义，它们两个必然相等，因为从社会全体的角度来看，二者只是同一事物的两面。但有些当代学者（包括写《货币论》时代的作者本人在内），对这两个名词下了个特殊的定义，根据他们的定义，这二者就不一定相等了。还有些人先假设二者可能不相等，但并没有在讨论之前对这两个名词下过定义。现在为了将以上讨论与他人对这两个名词的讨论联系起来，就将这两个名词的各种流行用法进行分类，或许对读者有所帮助。

据我所知，大家都同意储蓄就等于收入与消费的差。如果储蓄的意义不是这样，那么不但会很不方便，而且还容易引起误解。对于什么是消费支出这个问题，各家的意见也并没有什么太大的不同。因此各家名词的用法之所以不同，不是因为投资一词的意义不同，就是因为收入一词的意义不同。

# Ⅱ 投资的定义和它对资本的影响

先说投资。在通俗用法中，投资往往是指一个私人或一个法人购买一件新的或旧的资产。投资一词，偶尔也会专指在证券市场上购买一件资产，但是我们将购买房产、机器或购买一批制成品或半制成品，都同样称为投资。一般说来，新投资（不同于再投资）是指从收入之中，购买一件资本资产（Capital Asset）。如

**强迫储蓄的意义**

以充分就业状态下的储蓄量为标准，则强迫储蓄为实际储蓄减去长期均衡中充分就业状态下的储蓄量的差额。这如果在一个没有规定储蓄标准的制度下，根本没有任何意义。

**信用**

信用是经济主体之间的、有条件的一种让渡货币资金或商品的经济关系。在形式上，是一切借贷、赊销商品、预付货款的行为的统称，实质上就是在商品货币经济条件下，以偿还和支付利息为条件，让渡货币资金或商品物资的行为。

果我们将出售一件投资看做是负投资，那么我的定义就与通俗用法相符，因为旧有投资的交换，必然相互抵消。我们当然一定要考虑到债务的产生与清偿（包括信用或货币数量的改变），但从社会全体的角度来说，总债权的增加或减少一定与总债务的增加或减少恰好相等，因此在讨论总投资时，这个因素早就相互抵消掉了。由此，如果通常所说的收入相当于我所说的净收入，那么通常所说的总投资就相当于我所说的净投资，也就是说净投资是一切资本设备的净增益，凡在净收入的计算范围内的旧有设备的价值损失，都已经被扣除净了。

投资的意义，包括了一切资本设备的增益，不论增加的是固定资本、运用资本还是流动资本；因此除了投资与净投资的区别之外，如果投资的定义还存在着重大的差异，那么一定是由于某人所谓的投资，其中并不包括一切资本设备的增益。

现在以郝特雷为例。郝氏对流动资本的改变，即对还没有售出的存货量的意外的增减，非常重视。他提出了一个投资的定义，并把这种变

### 作为投资品的水果

经济的繁荣使得每一个人都拥有了剩余资产，而投资作为收入和消费的剩余部分，在不知不觉中已经渗入到我们生活中的每一个角落。就连我们经常吃的以为是自然生长的水果，绝大多数也都是由一些投资者们费心经营的结果。

动排除到投资以外。在这种情形之下，所谓的储蓄超过投资，实际上就是还没有出售的存货量的意外增加，也就是流动资本的增加。郝氏还没能说服我的原因是：我不明白他为什么要着重这个因素。郝特雷的说法，将所有的着重点都放在如何矫正不能预料的变化上了，而忽视了意料之中（不论预料到的正确与否）的变化。郝氏认为雇主在对其生产规模作出决定时，今天的产量之所以与前一天的不同，要参考其还没有出售的存货量的变动而决定。如果是消费品，那么还没有出售的存货量的变动，对雇主的决策，自然有重大影响。但是还有些其他因素影响着雇主的决策，我找不出任何目的来排斥后者。因此我宁愿将重点放在有效需求的全部改变上，而并不只是将重点放在有效需求的局部改变上，有效需求的局部改变反映了上期还没有出售的存货量的增减。而且，如果是固定资本，那么没有采取的能力（Unused Capacity）的增减，从其对生产决策的影响来看，其效果与未出售的存货量的增减相符。我在郝特雷的说法中，根本找不到处理至少是同样重要的因素的方法。

也许奥国学派所谓的资本形成与资本消费，其意义与以上所谓的投资与负投资，或净投资与净负投资的意义不同。在某种情形之下，如果依照我们的定义，那么资本设备的价值，显然并没有减少，但据说在奥国学派看来，会有资本消费的产生。无论如何，我还没有发现在什么地方能够清楚明白地说明这两个词的意义。例如，生产时期延长时，就有了资本形成的发生。这一句话，实在几乎没有把我们的知识向前推进。

# III 储蓄和投资的差别

如果收入的意义不同，那么储蓄（等于收入与消费之差）的意义也会因此而不同；现在进而讨论由于收入的定义不同，而引起的储蓄与投资的不等。我本人在《货币论》中对这些名词的用法，就是一个很好的例子。我在前面（第 6 章第 1 节末段）也已经解释过了，《货币论》中所提到的收入，与我现在所说的收入不同，因为在对前者进行计算时，我并没有将实得利润作为雇主的收入，而用某种意义上的"正常利润"作为他们的收入。因此《货币论》中提及的储蓄超过

### 里昂的丝绸工人

储蓄和投资总量的相等我们已经得到了充分的论证，但在资本主义社会里，由于雇主们利润的不稳定性，导致了他们为达到最高利润而调整的经营体制，会使得储蓄有时并不等于投资，这也是引起资本社会里失业、剥削、危机等弊病的根本原因。该图描绘的是丝绸工人向资本家缴纳产品时的情景。

投资，实际上是指：在其当前生产规模之下，雇主从资本设备的所有权上允许取得的利润，要比正常利润少。《货币论》中所说的储蓄中超过投资的数目扩大，如果是这样的话，意思就是说：实际利润正在降低，因此雇主们自然就会有缩小其产量的动机。

现在我认为：就业量（或者说是产量与真实收入）是由雇主决定的，雇主的动机，是在设法使其现在的和未来的利润达到一个最大量，这个最大量是指：雇主在拥有某种设备，在该设备寿命期限内，设法从该资本设备上取得的最大报酬，使用者成本就是通过它而决定的；能够满足雇主利润的最大量的就业量，则是由总需求函数决定的；后者又是由雇主在各种假设之下，预料从消费和投资中，可以取得的收益所决定。在《货币论》中，提到的投资与储蓄（二者都依照其他地方所下定义）的差额的改变，实际上是指利润的改变，但在该书中，我并没有将预期结果与实得结果明白地进行划分。

我在当时认为，如果投资和储蓄的差额改变了，那么产量也会随之改变，前者是后者的原动力。对于我的现在这个新的说法，尽管我自认为比较正确，比较具有启发性，但这实在只是源自旧说的自然演进。如果用我在《货币论》中所运用的语言来表达，那么我的新说法就是：如果已知以前的就业量与产量，并假设雇主预期，投资与储蓄的差额将增加，那么雇主将会增加其就业量和产量。旧说与新说的一个共同点就是都想指出，就业量是由雇主预期的有效需求决定的；在《货币论》中，投资与储蓄的差额扩大，也就是有效需求增加的一种前兆。有了新说以后，再回首旧说，就会觉得当时的那种说法很纷乱，很不完全。

根据罗伯森的定义，那么今天的收入就等于昨天的消费与昨天的投资的和，因此那个所谓的今天的储蓄，就等于昨天的投资，再加上昨天消费与今天消费的差。所以在他的定义之下的"储蓄超过投资"，按我的定义来讲，则是昨天的收入超过今天的收入。故他定义中的储蓄超过投资，和我定义中的收入正在降低，其意义是完全一样的；换句话说，他所说的储蓄过多，正好等于我所说的收入降低。假设今日的预期，常常由昨天的实得结果所决定，那么今天的有效需求，就会与昨天的收入相等。因此罗伯森所用的方法，虽然与我不同，但区别收入与有效需求，却是我们两个人共同的目的，且收入与有效需求的区别在因果分析上，也是异常重要的。

### 雇主预期决定就业量

凯恩斯认为就业量的主要决定因素在于雇主对有效需求的预期。投资与储蓄的差额增大的信号，往往会使雇主们扩大用人数量。图为面包商摆在路边的广告牌，如果被吸收来购物的顾客较多，面包商则很可能选择增加雇员数量。

# IV 强迫储蓄的局限性

现在我们要开始讨论另一个名词——强迫储蓄（Forced Saving），以及与之相联系的许多更空泛的观念。从这些观念中，是否可以发现哪些明确的意义呢？我在《货币论》中，曾经提到过这个名词的初期用法，并且认为这些用法，有些接近于我当时所说的投资与储蓄的差别。如今我不再确信地断言，两者的接近性是否如我当时设想的那么大。无论怎样，"强迫储蓄"以及近人（例如哈耶克教授或罗宾斯教授）所用的类似名词，和我在《货币论》中所提到的投资与储蓄之差，并不存在什么特定的关系，对于这一点我表示非常确定。尽管这些学人还没有认识到他们所用名词的意义，但我们能够知道，他们所谓的"强迫储蓄"，是由于货币数量或银行信用的改变，而直接产生的一种现象，并且就是用这种改变的大小，来衡量强迫储蓄的多少。

（a）当产量和就业量变化时，便会引起收入（以工资单位衡量）的改变；（b）当工资单位发生变化时，便会引起债务人与债权人之间收入的重新分配，还会引起总收入（以货币衡量）的改变；（a）（b）二者都能够使储蓄量改变。货币数量的改变，可以影响利率，从而引起收入的数量和分配（以后将加说明）的改变，因此货币数量的改变，能够间接引起储蓄量的改变。不过这种储蓄量的改变，并不与因其他环境的改变所引起的储蓄量的改变相比较，更具有"强迫"性。除非我们以某种情形下的储蓄量作为标准，否则我们就没有方法，来找出强迫储蓄与非强迫储蓄的区别。而且（我们以后会知道）当货币数量增加或减少一定数目时，总储蓄量也将有若干的增减，实在是不很确定，而且这还关系到许多其他的因素。

所以在标准储蓄量没有规定以前，"强迫储蓄"就不存在其意义。假设我们以充分就业状态下的储蓄量为标准（这似乎是合理的标准），那么就可以下如下的定义："如果实际储蓄量，大于长期均衡中充分就业状态下的储蓄量，那么就说存在强迫储蓄。"这个定义就有了意义，不过按照这个标准，那么强迫的储蓄过度，就是非常稀少，非常不稳固的现象，强迫的储蓄不足，反倒成为常态。

哈耶克教授在"强迫储蓄说的发展"一文中，指出了这是这个名词的本义。"强迫储蓄"或"强迫节俭"（Forced Frugality），原本是边沁（J.Bentham）的概念。边沁清楚地说明，他先假定"每个人都已经就业，并且所从事的职业，对于社会最有利"。然后设想：如果在这种状态下，对于可以出售的商品数量而言，货币数量会相对增加，那么会发生怎样的后果呢？边沁指出，在这种情形下，真实收入并不会增加，所以过渡时期中的额外投资，就会引起强迫节俭，"因此牺牲生活程度（National Comfort），违反正义（National Justice）"。19 世纪所有讨论此问题的学者，心目中都存在着同样的观念，尽管不一定能够明白地说出来。不过要把这个非常清楚的概念，推广到非充分就业状态，就会有些困难了。当然，如果就业量增加，而资本设备不增加，那么根据报酬递减律，已就业者的真实收入，会因此而减少；但是如果要将这种损失，与就业增加时可能有的投资的增加，联系在一起，恐怕不会收获到很好的结果。不管怎样，我还是不知道对"强迫储蓄"产生兴趣的近代学人，为什么要将这个概念，推广到就业渐增时情况。一般来说，他们好像忽略了一点：要想把边沁氏的强迫节俭概念，推广到非充分就业情况，就必须加以若干的说明或修正。

# V　再论储蓄和投资的现实意义

储蓄和投资的意义非常的直接，不过相信储蓄与投资可以不相等的人仍然还存在多数，这个道理我想

**鼓励大量储蓄的国王**

就业量、产量、国民收入等因素的改变会引起储蓄量的改变，但同一既定货币数量的变化同样也会造成总储蓄量的不同。所以说，所谓的强迫储蓄根本没有什么意义。图为 10 世纪大力推行重商主义的老国王的头像。对他而言最有意义的莫过于国库的资金储备。但事实证明重商主义与后来的强迫储蓄一样，并不能有效地推进经济的发展。

可以通过光学上的错视来解释：存款者与其银行的关系，本应该是一种两面的交易，却被误认为是一种一面的交易。一般人认为存款者与其银行，可以互相串通，改变其手法后，储蓄就会从银行体系中消失，也就不再被用于投资；或者认为银行体系可以使投资产生，但却没有储蓄与之相对应。不过，如果一个人要储蓄，那么他就必须取得一份资产，不论是现金、债权还是资本；一个人要取得一份他未曾有过的资产，也不外乎两种情形：一是社会上新生产了一件资产，其价值等于他的储蓄；二是有人将他原有的、价值相等的一件资产卖了出去。在第一种情形下，有储蓄就会有新投资与之相对应；在第二种情形下，有人储蓄，就会有人负储蓄，二者价值相等。第二人的财富之所以蒙受了损失，一定是因为他的消费超出了收入，并不是因为他的资本蒙受了资本账上的损失。因为现在重要的是，问题并不在于他资产的原有价值是否受了损失，而是在于他按当前价值出售其资产以后，并没有用来转购其他财富，却将其用于消费；也就是说，他的当前消费超过了他的当前收入。而且，如果银行体系把一件资产卖掉，那么就一定会有人将现金也给卖掉。所以第一人与他人的储蓄总量，必然一定等于本期的新投资。

如果认为银行制度可以创造信用，并能产生投资，但却没有真正的储蓄和投资与之相适应，那么这种说法，只是看到了因为银行信用增加而产生的一部分后果，却没有发现它的全部后果。如果银行体系对其现有信用量并不采取措施使其减少，倒是还在创造额外信用，用来授予某个雇主，该雇主则用它来增加其本期投资；而且如果没有此项额外信用，即没有此项额外投资的话，那么收入一定增加，在正常情形下，收入的增量常常会比投资的增量大。而且，如果不是在充分就业情形下，那么真实收入与货币收入都会同时增加。对于将收入的增量分配给储蓄与消费的方式，公众可以"自由选择"；雇主

### 可负储蓄的信用卡

有储蓄必然会有新投资或负储蓄与之相呼应。那些负储蓄的人们之所以失去了自己的财富，肯定是他们的消费超过了自己的收入，而不是原有的资本价值受到了损失。信用卡的发行使得负储蓄不但成为可能，还在一定程度上成为时尚。图为交流快捷、资金流动便利的信用卡。

实现其意旨（即通过举债来增加投资）的速度，也不能大于公众决定增加其储蓄的速度，除非该雇主的投资，仅是替代其他雇主的投资，故此方增加，另一方则减少，总投资实际并未增加。而且，这样产生的储蓄其真实性与其他的储蓄丝毫没有什么两样。如果银行体系增加其信用，那么货币数量就必然会增加，不过除非一个人自愿持有货币，而且不持有其他形式的财富，否则没有人能够强迫他持有这种新增货币。但就业量、收入和价格必须要改变，相互适应，所以在这种新情况下，自然有人愿意持有新增货币。我们承认，如果对某方面投资的增加，事先没有预料的话，那么在总储蓄与总投资方面，也许产生不规则的现象；然而如果事先就已做好了充分的准备的话，也就不会有此类现象出现。同时我们也承认，如果银行信用增加，还会引起三种趋势：(a) 产量增加；(b) 边际生产物的价值（以工资单位计算）增加（因为报酬递减律的存在，这也便是产量增加时的必有现象）；(c) 工资单位（以货币计算）增加（这常随就业情况的改善而同时发生）。这三种趋势，会对社会各集团间真实收入的分配产生影响。但是这各种趋势，都属于产量增加这件事实本身的特征，如果产

**借贷致富下的资本家**

　　银行信用的优异之处还表现在：在没有相应的"真正储蓄"的条件下实现了大量投资。在蒸汽机引发工业革命浪潮后，为迅速求得巨大产量，资本家们势必需要更多的资本投入生产中。像图中这位名叫查尔斯的大资本家，在开创事业的前期大多是借助银行的这种服务得到资金，进行周转的。

### 市场中的持有者

每个人想持有的银行新增货币数量，主要取决于他们的收入和物品的价格。图中是在16世纪，人们正在安特卫普市场购买红酒的场面，他们大概不会意识到自己小小的举动，也会使得经济市场中的收入和物品价格产生一定的变化。

量的增加，并不是由于银行信用的增加，而是由于其他类型的原动力，那么以上三种趋势仍然存在。要避免这些趋势，必须不能让就业状况得到改善。以上所涉及到的结论，有许多是在以后的讨论中得到的，在这里就提前应用了。

旧的学说认为储蓄往往能引起投资，而新的学说则认为可以有储蓄但却没有投资，或是有投资但却没有"真正的"（Genuine）储蓄，这两种说法比较起来，旧的学说虽然显得不完全，容易被误解，但比起新的学说，在形式上还是比较健全的。旧的学说的错误，在于由此推论，如果个人储蓄，则总投资也一定要有同量的增加。个人储蓄可以增加他自己的财富，这是

没错的，但由此推论，可以认为它也能够增加社会全体的财富，这样就忽视了一个可能性：即一个人的储蓄行为，能够影响到他人的储蓄，从而影响他人的财富。

储蓄与投资总是相等的，而个人却有似乎拥有"自由意志"，可以任意储蓄，不论他个人或别人投资与否，投资用来做什么。这两方面之所以可以调和，主要是因为储蓄与消费一样，同样是一件双面的事情。他自己的储蓄量，尽管对于他本人的收入，不会造成什么重大影响，但他的消费，一定会影响他人的收入，因此不能每个人都同时储蓄某一特定数目。如果每个人都想减少消费并增加储蓄的话，那么由于其收入一定会受到影响，所以这种企图必然会使他们尝到亲手摘下的失败苦果。同样，社会全体的储蓄量也不能少于当前的投资量，如果这种企图存在，则收入一定会攀升到一种水准，使得每个人愿意储蓄的数目加起来，恰好与投资量相等。

以上所述，与另一个命题非常相似，即每个人都有自由权，每个人都可以随时

改变其持有的货币量，但每个人持有的货币量，相加起来，其总数也恰好与银行体系所创造的现款数量相等。之所以相等，是因为每个人所愿意持有的货币量，与其收入的多少以及商品（主要是证券）的价格有关，购买商品就相当于不持有货币。因此收入与物价不能不改变，从而达到一个新的水准，使得每个人所愿意持有的货币量，收入相加的总数，恰好与银行体系所创造的货币数量相等。这是货币理论中的基本命题。

这两个命题都是由同一个事实推演而来，即有买的人就一定会有卖的人，或是有卖的人就一定会有买的人。个人自己的交易量，在市场上就会相当渺小，因此便可以忽视需求的双面性，从而就没有了障碍，但如果在讨论总需求时，也像这样忽略的话，那就犯了大错误了。社会全体行为的经济理论，与个人行为的经济理论，其最主要的区别就在这里，在个人行为的经济理论中，我们可以假定当个人改变其自己的需求时，其收入并不会受到影响。

# 第 3 篇

# 消费倾向

　　社会需求是由消费需求和投资需求两部分决定的，而最终决定有效需求规模的心理因素之一就是所谓的"消费倾向"。

　　不但如此，而且，不论从人性角度来看，还是基于经验中的具体事例，消费倾向都是一条极具影响的心理规律。

# 第8章

# 消费倾向：（一）客观因素

## 本章要点

决定社会消费量的三种因素；

影响消费倾向的客观因素；

收入与消费的关系；

预期消费与预期投资和就业量的关系。

The General Theory of Employment, Interest and Money

# Ⅰ 消费倾向和消费量

在第 1 篇结束时，因为要对若干方法与定义上的问题进行讨论，所以我们将主题打断了，现在让我们再回到那个主题上来。本书分析的最终目的，是要找出就业量的决定因素。但迄今为止，我们才仅仅建立了一个初步的结论，那就是就业量是由总供给函数与总需求函数的交点所决定的。然而总供给函数主要是取决于供给的物质情况，其中尚有一些至今我们也没弄清楚的道理。也许我们会对函数的形式感到生疏，但对函数的基本因素却不会感到新奇。在第 20 章中，我们还要回到总供给函数的探讨上来，我们要讨论总供给函数的反函数—就业函数（Employment Function）。不过就一般而言，我们却将总需求函数的地位给忽视了，所以本书第 3、第 4 两篇将专门讨论总需求函数。

总需求函数的自变数是就业量，因变数是就业量所能够预期获得的"收益"（Proceeds）。所谓"收益"就是该就业量下的消费量与投资量的和。这两个量的因素，大致划分得很清楚。本篇将专门对前者进行讨论，即当就业量处于某一特定水平时，决定消费量的因素是什么？第 4 篇则进而对决定投资量的因素进行讨论。

这里的问题是，如果就业量处于某一水平上，那么用于消费的量将会是多少？因此严格地说，我们所讨论的函数应当是把消费量（C）与就业量（N）联系起来。但为了方便起见，不妨用 $C_w$（以工资单位计算的消费量）代替 C，用 $Y_w$（相当于某就业水平 N 的收入

**5**
秒钟经济学

### 收入与消费的关系

一般情况下，人们的收入增多，消费也会增加，但消费的增加不会像收入增加的那样多，它们的比值同符号，且小于 1。

### 消费

消费是一切经济活动的最终目的和唯一对象。

量，也以工资单位计算）代替 N，从而讨论稍微有些不同的一个函数。后一种办法有一点不足，可以指出一下，即 $Y_w$ 不一定总是 N 的唯一函数。$Y_w$ 与 N 的关系，也许会因该就业量的性质而受到影响——尽管程度不深。换句话说，如果总就业量 N 相同，但对各行业的分配方法不同，所以各行业的就业函数的形状就会有所不同（这点在以后第 20 章中再讨论），而 $Y_w$ 的值也会随之有所不同。所以在某些特定情况下，我们一定要特别考虑这个因素。但一般而言，如果说 $Y_w$ 只受 N 决定，大概就差不多，因此可以得出以下定义：所谓消费倾向，就是 $Y_w$（以工资单位计算的收入水平）与 $C_w$（该收入中用于消费支出的那部分，也以工资单位计算）的函数关系 X，写作

$$C_w = X（Y_w）\text{ 或 }C = W \cdot X（Y_w）$$

所以一个社会的消费量，显然由下列因素所决定：（a）收入量；（b）客观环

**贫富悬殊的社会阶层**

在就业量一定的情况下，受行业性质或分配方式制约的个人收入将是决定消费量最重要的因素。因行业性质而产生的消费方面的贫富差距也尤为突出。在中世纪的欧洲，不同阶层收入的分配方式将会影响到他们各自的消费数量。图中表现的从穿着和装备来看，农民与有身份的贵族显然不属于同一消费层次。

境；(c) 社会居民的主观需要、心理倾向、个人习惯以及相互之间收入分配方法（产量增加时，分配办法也许略有变动）。由于消费的各种动机是互相影响的，所以要对它们进行分类，则不免会有强迫划分的嫌疑。但为了澄清思路，可以将其分为两大类并分别进行讨论。这两大类为主观因素和客观因素。主观因素包括人类本性的心理特征、社会习俗与社会制度，虽然后两者可以进行变动，但只要不是在反常的、革命的状态下，那么短时期内，就一般不会出现重大的改变。下一章我们将对主观因素做更为详细的讨论。如果想要做一个历史的研究，或将某个社会体系与另一个不同类型的社会体系相比较，就必须要考虑到，这些主观因素的改变，为何能够影响消费倾向。在下文中，我们将假定主观因素大致不变并假定消费倾向只随客观因素的改变而改变。

**具有消费局限性的小贩**

市场用商品价格这个真实的概念告诉我们，决定消费指数的不是货币收入，而是拿在消费者手中的实际收入。而工资单位作为实际收入的主要参照物，则随总产量的变化而变化。贩卖咸鱼的小贩的工作就是典型的依靠卖出产品数量来换取相应生活费用，这就局限了他的消费水平。

# II 影响消费倾向的客观因素

可以影响消费倾向的主要客观因素，如下：

（一）工资单位的改变很明显，消费量（C）与

其说是货币收入的函数，不如说是（某种意义上的）真实收入的函数更为恰当。如果技术、时尚以及决定收入分配的社会条件都不变，那么一个人的真实收入，将随他能够支配的劳动力单位（Labor－Units）的增减而增减。换句话说，就是随他收入（以工资单位计算）的增减而增减，尽管当总产量增加时，由于报酬递减律的存在，一个人的真实收入的增加，不如他收入（以工资单位计算）增加得多。因此大概说来，我们可以假定：如果工资单位改变，就业量不变，那么消费支出将同物价一样作同比例的改变。在某种情形下，我们必须考虑到某特定真实收入在雇主与劳工之间的分配，会随工资单位的改变而改变，因此可能会对消费产生影响。除此之外，我们已经考虑到了工资单位的改变因素，因为在规定消费倾向的意义时，消费和收入都是由工资单位来计算的。

（二）收入与净收入之间差额的改变。我们在上面已经指出了，消费量与其说是由收入决定，还不如说是由净收入决定。根据定义，当一个人决定其消费量的多少时，他主要考虑的是他的净收入。在某一特定情况下，收入与净收入之间或许存在着一种相当稳定的关系，即存在着一个唯一的函数。可情况如果不是这样，那么收入的改变就不会影响净收入，该部分收入的改变则与消费无关，必须进行忽略。同理，如果净收入的改变，并没有在收入中反映出来，那么该净收入的改变也必须计算在内。除非在例外状态下，我才会怀疑这个因素究竟有多少实际的重要性。在本章第4节中，我们还要回过来再详细讨论这个问题，收入与净收入的差别对于消费有什么样的影响呢？

（三）在计算净收入时并没有将资本价值中没有预料的改变计算在内，改变的消费倾向与收入和净收入之差比较起来，实在是要重要得多。因为在这些没有预料的改变与收入之间，并不存在稳定的或规则性的关系。资产阶级的消费量，也许对于在财富的货币价值中没有预料的改变非常敏感。这个应当算作是短时期内影响消费倾向改变的重要因素之一。

（四）时间贴现率是指现货与期货的交换比例，改变时间贴现率与改变利率并不完全一样，因为前者需要计算货币购买力的改变（只要能够预料得到），当然还要必须预料到各种风险，例如没收性的赋税，或寿命不长，不知道是否来得及享受未来物品等等。但作为第一接近值，我们可以用利率替代时间贴现率。

这个因素在特定收入量中的消费比例究竟有多少，实在很值得怀疑。经典学家们却认为储蓄的供需可以由利率的影响而达到相等，由此我们可以推出：如果其他情况不变，那么消费支出的变动方向与利率的变动方向恰好相反，也就是说，当利率增加时，消费便会明显减少。不过大家都承认，利率变动对于当前消费的影响是非常复杂且不确定的，所以我们必须根据几种相反力量的大小和强弱来进行判断。

The General Theory of Employment, Interest and Money

**可形成负投资的股票交易大厅**

利率对特定收入中的消费比例究竟有多少影响，实在很值得怀疑。当利率低到一定水平的时候，同比例增加的确会促使人们去购买年金或债券，所以这是促使负投资形成的一个重要原因。图为17世纪阿姆斯特丹的股票交易大厅。

例如当利率增加时，有些人的储蓄意愿就会加强，而有些人的储蓄意愿则会削弱。在很长的一段时间内，如果利率改变很大，那么社会的习惯就可能有很大的改变，从而就会影响主观的消费倾向。除非有实际经验，否则对影响消费的方向到底如何，则很难下断言。至于利率在短期内的变动，如果变动范围不大，那么就不至于直接影响消费——既不至于使其增加，也不至于使其减少。只要总收入仍然与前面的相同，或许就很少有人会因为利率从5厘降到4厘，而改变他原本的生活方式。从间接的角度来看，影响也许会多一些，但方向不一定都相同。对于特定收入的消费量，最重要的影响也许是利率改变时，证券及其他资产免不了会有增值或贬值的现象。如果一个人的资本出现了意外增值，那么就一定会有增大其当前消费的趋势；相反，如果他的资本遭受了损失，那么就会有缩减其当前消费的趋势——尽管从收入来看，其资本的价值仍与前面的相同。但这种间接影响，我们已经在（三）中提到过。除此之外，我认为实际经验可以告诉我们，如果个人的收入不变，那么在短期内利率的变动，大概对消费量的影响不会太大——除非利率有巨大的改变。如果利率降到一种极低的程度，那么一定量款项可购得的年金，与该款项所收取的利息（年息）的比例就会增大。因此一般人更愿意购买年金，以备养老之用。这也成为负储蓄的重要源泉之一。

但有时由于未来发展的极度不确定性，所以消费倾向会受到很大的影响，这种反常状态，也应被归入本类。

（五）财政政策的变化。个人的储蓄动机，确实会受到他所预期的未来收益的影响，但远不止如此，个人储蓄的因素还取决于政府的财政政策。收入税（特别是他们歧视"不劳而获"的收入）、资本利润税、遗产税等等都和利率一样，与储蓄有关。在一般人看来，财政政策变动的可能范围，至少要大于利率。如果政府有意将财政政策作为平均收入分配的工具，那么自然就会加大财政政策对消费倾向的影响。

如果政府从平时的赋税中，利用偿债基金（Sinking Fund）法偿付国债，那么一定要考虑到对总消费倾向的影响。因此政府的偿债基金，是集体储蓄的一种，所以在一特定情况中，大量的偿债基金必然会减少消费倾向。出于这个原因，如果政府将借债政策改为设置偿债基金政策，或将设置偿债基金政策改为借债政策，那么都会使有效需求剧烈缩减或显著增加。

（六）人们改变对现在和将来的收入水平的差距的预期。为完备起见，我们必须提到这个因素。虽然这个因素对于个

**奢华的宴请**

各国政府往往习惯于无休止的税收政策，并以此项收入作为偿还国债及各种用途的基金。这幅14世纪的绘画主要表现的是查理五世宴请罗马皇帝的奢华场面。如果政府采用的财政政策不能使民心安定，那么社会的消费倾向也将大受影响。

人的消费倾向会有重大的影响，但是如果从整个社会的角度来考虑，大概是可以互相抵消的。而且，一般而言，这个因素不容易确定，所以就不会产生多大的影响。

因此我们得到一个结论：在特定情况下，如果我们取消工资单位（以货币计算）的改变，那么消费倾向也许就会是一个相当稳定的函数。资本价值的意外变化将使消费倾向产生变化，利率与财政政策的重大改动也都可能改变消费倾向，但除此之外，其他对消费倾向有影响的客观因素，虽然不可忽视，但在通常情况下，或许就不会有那么大的重要性了。

如果一般经济情况不变，那么消费开支（以工资单位计算）主要是由产量与就业量所决定的。出于这个原因，可以用一个笼统的"消费倾向"函数来概括其他的因素。当然，其他因素是可以改变的（这点不能忘记），但在通常情形下，总需求函数中的消费部分，确实是将总收入（以工资单位计算）作为它的主要变数。

# III 对消费量和收入的研究

消费倾向是一个比较稳定的函数，因此一般来说，总消费量主要是由总收入量（二者都以工资单位计算）所决定的。如果我们承认消费倾向本身的改变是次要的影响因素，那么这个函数的正常形状是什么呢？

无论从先前人类的本性来看，还是从经验中的具体事实来看，都存在着一个基本的心理法则。这条规律也就是一般情况下，当人们的收入增加时，消费就会增加，但消费的增加，比不上收入增加得多。这就是说，如果用 $C_w$ 代表消费量，$Y_w$ 代表收入（两者都以工资单位计算）。那么，$\triangle C_w$ 与 $\triangle Y_w$ 会具有相等的正负号，但前者小于后者，即 $\dfrac{dC_w}{dY_w}$ 是正数，但比 1 小。

特别是在我们的研究对象为短时期时，情况更是如此。例如，在短时期内，人类习惯—与较持久的心理倾向不同—与客观环境还不存在充分的适应时间，因此以上所述的法则特别适用。个人常常会将维持自己习惯的生活标准放在首要位置，然后再将实际收入与用来维持该标准所需费用的差，储蓄起来。尽管消费开支会随收入的改变而进行相应的调整，但在短时期内，调整程度不会做得很适当。因此，当收入增加时，储蓄也会增加，收入减少时，储蓄也会减少，储蓄的增减程度，开始时大但后来就会变小。

除了收入水平在短期内会有变动外，还有一点也很明显。一般来说，收入的绝对值越大，收入和消费之间的缝隙（Gap）也会越大。所以满足个人及其家属

目前的基本需要，就成为最重要的任务。当生活达到相当舒适的程度时，才可能有余力积聚资本。因此一般来说，如果真实收入增加，那么储蓄在收入中占的比例（Proportion）也会增加。但不论储蓄所占的比例是否增大，下述基本心理法则大概在任何现代社会都适用，当一个社会的真实收入增加时，它的消费量并不会以相同的绝对量增加，所以绝对量增大的必定是储蓄，除非其他的因素同时也会有异常重大的变化。我们以后就会知道，就是因为有这个基本法则，经济制度才能够稳定。也就是说，当就业量—也就是总收入—增加时，不需要将所有的就业增量都用来满足消费的增量。

■ **消费的心理倾向**

人们持久的心理倾向一般都不同于他们的习惯，往往需要一定的时间来适应环境的变化。所以当他收入有所调整的时候，其储蓄和购买能力需要经过一个相对滞后的变化过程并逐步趋于稳定。图为在琳琅满目的商品前备感困惑的妇女。

相反，如果收入因就业量的降低而降低，而且降低的程度很大时，那么不仅仅是某些个人或某些机关可以动用其境况较好时所积聚下来的后备金（Financial Reserves）用于消费，使其消费超过收入，政府也应如此。因为政府也可以有意无意地造成超支（Budgetary Deficit），或是靠举债筹款等救济失业。

因此当就业量降到某一较低水平时，可能是由于个人的习惯性行为，也可能是由于政府采取的行动，不过总消费量的降低数量往往会小于真实收入减少的数量。这样就可以解释新的均衡位置为何在相当温和的变动范围内，就可以达到均衡状态。否则，一旦就业与收入开始下降，它们便会继续降低直到极端程度。

这个简单的原则还可以得出以前的结论：只要消费倾向不改变，就业量就只能随投资的增加而增加。因此当就业量增加时，消费者对消费的增加，就要小于总供给价格的增加，所以除非用投资的增加，来补足这个缝隙，否则增加就业量就不会得到任何好处。

**机器与人**

就业量固然是消费和投资共同作用下的结果，但当其他条件不变时，就业量就只受净投资的影响，也就是说扣除的折旧储蓄越多，投资对消费的促进也就越少，就业量也就越低。图为在庞大机器面前检查螺钉松紧以防机器损坏的气管装配工。有谁会想到设备维护情况的好坏也会间接影响到就业量呢？

# Ⅳ 决定消费量的诸多因素

我们千万不要低估了一个重要的事实，即就业量是预期消费与预期投资的函数，但如果其他情形不变，消费量却是净收入的函数，也就是净投资的函数（因为净收入等于消费与净投资之和）。换句话说，如果在计算净收入时，准备基金（Financial Provision）提供的越多，某一特定投资量对于消费的有利影响就会越小，也就是说，对就业量的有利影响就越小。

如果准备基金（或补充成本）的全部金额，在目前是被用于维持现有资本设备的维修，那么它的作用就不至于被人忽略。但如果基金要比当前实际维持费高，那么这种行为就会对就业量产生影响，而且往往不会被人充分了解。因为这个超过的部分，既不会直接引起当前的投资，也不会被用于当前的消费，所以这个超出的数必须由新投资来弥补。新投资的需求与当前旧设备的耗损几乎没有什么关系，而且准备基金是为后者而设立的，其结果就是使当前收入的新投资相应减少，如果想要维持某一特定就业量，新投资的需求就必须要加强。以上所述，也适用于使用者成本中的耗损，只要其损耗在实际上并没有被弥补。

如果有一所房子，在没有拆毁或放弃之前，还可以继续使用。房主从每年的租金中，提出一笔款项作为折旧基金，但他既不用于修缮房屋，又不把它当做净收入用于消费，那么这种基金，不论是属于 U 还是 V，在这所房屋的整个寿命中，对就业都是不利的。直到这所房屋需要重建时，之前的过失才能得到圆满的解决。

在静态经济体系中，这些都不值得一提。因为每年旧房子的折旧费，恰好等于新房子的建置费。旧房子消耗的速度，也恰好与新房子添建的速度相等。但在非静态经济体系中，尤其是在狂热追求长久耐用资产投资的时期内，这些因素就变得非常重要。在这种情形下，雇主就想提出较大一笔折旧基金对其现有的资本设备进行修补，但此时设备随时间的消逝并没有多大的损失，所以如果将其全部基金都用于修理补充，则没有必要。因为有很大一部分的新投资金额会被这种基金所吸收，于是收入就只能非常低了。为了能与总净投资相适应，收入就不能提高。所以在旧设备需要重置（提出折旧基金的目的就在于此）之前的很长一段时间之内，折旧基金就会将消费能力从消费者手中夺去。也就是说，折旧基金减少了当前的有效需求，只有在旧设备真正需要重置的那一年，才能增加有效需求。除此之外，如果再将所谓"财政稳健政策"（Financial Prudence）加进去，即折旧基金远远超过该设备的实际折旧率，那么加在一起的后果就可能非常严重。

以美国为例。在 1929 年，由于在过去五年中资本的急剧扩张，偿债基金和折旧基金的金额都非常大，而且设备也不需要重置，于是新投资中的很大一部分，都被其他各种基金所吸收。当时几乎毫无希望找到更多新的投资，为一个富裕社会在充分就业的情形下，所愿意提供的新储蓄谋求出路。仅仅这一个因素，也许就可以引起不景气。在这样的不景气时期，有许多大公司，只要是力所能及，还是会实行财政稳健政策的。这也成为阻碍国家或地区不能早日复兴的一个严重的障碍。

再以当今（1935 年）英国的情况为例。战后大量的住宅建筑以及其他新投资，使今天的所有偿债基金远远超过了当前实际所需的修理费和重置费。如果从

### 严重依赖投资量的城市经济

在非静态的经济社会里，由于对长期耐用资产的狂热投资，使得资本在迅速膨胀的同时还储存了大量可供新投资使用的偿债基金和折旧费用，但却因设备的完好无损而一再搁置，这将是引起经济萧条的显著因素。这座繁荣的城市正沉浸在圣诞节日的氛围里，然而对一个投资饱和、就业充分的城市来说，说不定明天就会上演经济泡沫的悲剧。

事投资的单位是当局或公共机关，由于拘泥于所谓"健全"的财政（Sound Finance）原则，常常会在重置那天还没有到来之前，就将原来的成本全部提清，所以这种情形就更会因此而加强，结果将引起，即使个人愿意将其全部净收入都用于消费，但因为此时在另一方面，这样的官方或半官方机关正在依法提出大量偿债基金（不论有无新投资与之相对应），所以充分就业就很难得到恢复。地方当局每年所提出的偿债基金，我想要比每年投资支出的一半还要多。不知如果当卫生部坚持必须要让地方当局呆板地提出偿债基金时，是否知道这种政策会使失业问题越来越严重？如果建筑协会（Building Societies）垫款给个人，帮助他建筑房屋，那么房主如果想要在房屋还没有彻底破旧之前，就将债务清偿，就会导致储蓄量较平常要多一些。不过，这个因素之所以能够减少消费的数量，很大程度上是因为它能直接减少消费倾向，而不是因为它减少净收入。在这里举几个实际的数字，建筑协会垫款偿还数在 1925 年为 2400 万镑，到了 1933 年增加为 6800 万镑；而在 1933 年的新垫款则为 1.03 亿镑，由此想来今天的垫款偿还数就会更大。

在产量统计数字中可以显示的是投资额而不是净投资额。这个事实在考

林·克拉克（Colin Clark）所著的《国民收入 1924—1931》一书中，已经说得很清楚了。他指出：折旧等这些项目的数值，经常在投资值中占有极大的比例。例如他估计 1928 年至 1931 年大不列颠的投资和净投资如下表（他所说的毛投资，大概包括了一部分使用者成本，所以比我所说的投资大，但他所说的净投资和我所说的净投资，到底相应到什么程度，到目前为止还不是很清楚）。

**居者有其屋**

贷款实现了人们想更早拥有住房和汽车的想法，这是美国"现代银行业之父"贾尼尼对银行服务改革的初衷，也由此引发了消费观的彻底革命。

库兹涅茨先生在计算美国从 1919 年至 1933 年的毛资本形成（Gross Capital Formation）（调用的就是我所谓投资）时，也得到了类似的结论（见下页表）。从产量统计中可以得到的，一定只是毛投资，而不是净投资。库兹涅茨氏也发现了

| | （单位：百万英镑） | | | |
|---|---|---|---|---|
| | 1928 年 | 1929 年 | 1930 年 | 1931 年 |
| 毛投资 | 791 | 731 | 620 | 482 |
| 原有资本设备的耗损额 | 433 | 435 | 437 | 439 |
| 净投资 | 358 | 296 | 183 | 43 |

将毛投资变为净投资的困难，他说："将毛资本改变为净资本时，最大的困难就在于如何矫正现有持久品的年耗蚀量。而这个困难的起因，不仅仅只是因为材料的缺乏，也是因为持久品的年耗蚀量——这一个概念本身不够明白。"因此他只能假设："商号簿籍中所记载的折旧与折耗，确实能正确地代表该商号现用持久品的耗蚀量。"但另一方面，对于个人手中的房屋及其他持久品，他并没有设法将耗蚀量减除。库氏的计算结果，可用下表来概括：

| | （单位：百万英镑） | | | | | | | | |
|---|---|---|---|---|---|---|---|---|---|
| | 1925年 | 1926年 | 1927年 | 1928年 | 1929年 | 1930年 | 1931年 | 1932年 | 1933年 |
| 毛资本形成（商业存货的净变化已考虑在内） | 30,706 | 33,571 | 31,157 | 33,934 | 34,491 | 27,385 | 18,721 | 7,780 | 14,879 |
| 雇主的常规维护、维修、保养、折旧与损耗 | 7,685 | 8,288 | 8,223 | 8,481 | 9,010 | 8,502 | 7,623 | 6,543 | 8,204 |
| 净资本形成（根据库兹涅茨先生的定义） | 23,021 | 25,283 | 22,934 | 25,453 | 25,481 | 19,036 | 11,098 | 1,237 | 6,675 |

由上表可以清楚地看出，在1925～1929年五年之内，净资本的形成非常稳定。即使在经济繁荣的后期，也只不过增加了10%。雇主的修理、维持、折旧、折耗等减数，即使是在最不景气的时期还是很高。库兹涅茨所使用的方法，大概太过于低估每年折旧等项目的增数了，因此增加的数额还不到每年净资本形成的11.2%。自1929年之后，净资本的形成就一落千丈，1932年的数字，较之1925-1929年五年的平均数字还要低95%以上。

以上所述，在某种限度内，确实算是题外话了。但我们必须强调一点，如果社会已有大量资本，那么在计算净收入时，必须先从收入中减去一大笔金额，余数才可以用于消费。所以即使群众愿意将其净收入的很大一部分用于消费，消费倾向还是免不了呈降低的趋势。

再重申一遍，消费是一切经济活动的唯一目的和唯一对象。就业机会一定会受到总需求量的限制，总需求只存在两种来源：(a) 当前消费；(b) 未来消费。为了有利可图，应现在着手准备未来消费，而且从社会观点看来，要供给未来消费，就不能从理财上打算，只能从现在开始实实在在地生产商品。所以如果当前社会的经济组织，可以允许财政上准备未来消费和物质上准备未来消费相互分离，那么前者的努力未必就能引起后者的努力，而且财政稳健政策就会使总需求减少，因而损害公共福利。这样的例子很多，举不胜举。而且，预先已经准备好的未来消费越大，就越难找到更多的未来消费来预先准备——尽管我们依赖现在消费，并把它当做未来需求的程度愈来愈深。

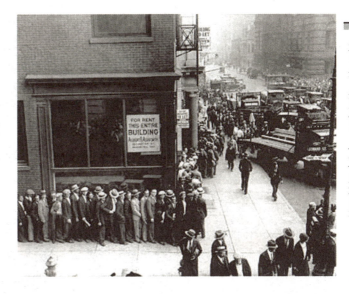

不幸的是如果收入也越来越大，那么它与消费量的差距更会加大。如果没有新的特别的策略，问题就无法得到解决，除非失业增加，社会贫穷到一种程度，使得收入与消费的差，恰好等于在目前有利可图这个条件之下，为准备未来消费而生产的产物价值。

这个问题也可以被看成是如下问题，一部分消费可以用当前所生产的物品来满足；另一部分可以用以往所生产的物品来满足，就是用负投资来满足。如果消费用后者来满足，那么消费需求也随之减少，所以当前的一部分支出，就不再重新成为净收入。相反，如果有一个物品是在本期生产的，而且这个物品的目的是用来满足未来消费，那么当前需求就会因此而增大。所有的资本投资，迟早都会变成负投资，所以如何使新的资本投资超过资本负投资，来弥补净收入与消费的缝隙，就成为了一个很大的问题——而且这个问题将随资本的增加而越来越难以解决。只有当人们预期未来消费支出会增加时，当前新投资才会超过原有资本的负投资。当我们每次以增加投资来取得今日的均衡时，就会使得取得明日的均衡变得困难。只有预料日后的消费倾向将降低，今天消费倾向的降低才符合公共利益。这让我们不禁会想到《蜜蜂寓言》这一故事——明日的欢乐，就是今日刻苦奋斗必不可少的动力。

还有件很奇怪的事情值得我提一下。如果投资者是政府机关，例如政府建筑道路或住宅，那么一般人似乎就会意识到有这道最后难关的存在。一般人之所以反对政府

**■ 注定失业的人**

当收入与消费的差距逐渐加大，而又没有更好的处理方法时，就势必需要牺牲一定数量的人来保持就业的平衡，使得差额与目前有利可图的，为准备未来消费所生产的产品价格相同。图为经济泡沫侵蚀后，在纽约街头排着长队的失业者，有些时候也不仅是他们自身的原因决定了他们失业的悲剧。

### 投资无法解决一切问题

众所周知，一切资本投资迟早总会以资本负投资的形式而告终。所以，当人们靠增加投资来维持今天的均衡时，明天的均衡就会变得困难。特别是对艺术品及奢侈品的投资，如果没有一定的消费需求作为支撑，很容易会引发更大的危机。图为墨西哥著名画家迪亚戈·里维拉的壁画被选择作为室内墙饰。

以投资的方式来增加就业，其常见的理由之一，就是因为这类计划将会给未来就业增加困难。他们经常会提出这样一个问题："如果你把一个一定数目的人口能够需要的住宅、道路、市政厅、水电站等等，都建造起来之后，你还能做什么呢？"不过一般人却不大容易了解，个人从事投资，或是个人从事扩张工业，也会存在同样的困难。尤其是后者，因为对于厂房设备等的需求，比起对于住宅的需求来说，要更容易满足些，而且只能将每个人很少的一点款项吸收过来。

在这些地方（其他关于资本的学术讨论，也都是如此），我们的思路之所以不十分清楚，就是因为我们并不是十分了解，资本不能离开消费而独立存在。相反，如果消费倾向一旦降低，就会成为永久的习惯，那么不仅消费需求会减少，资本需求也会减少。

# 第 9 章

# 消费倾向:(二) 主观因素

## 本章要点

导致人们不用于消费的 8 种主观动机和目的;

提高利率,储蓄与消费都要减少;

决定消费量变化的因素。

# Ⅰ 不利于消费的八种动机

假设总收入（以工资单位计算）不变，而且上述客观因素也不变，那么还存在第二类因素，也会影响消费量—这就是一些决定消费多少的主观的、社会的动机。对于这些因素的分析并没有什么新奇之处，因此只须列举出其中较重要的即可，不必再加以讨论。

一般说来，包括八种主要的动机或对象，每种都带有主观色彩，可以使人不将其收入用于消费。这八种动机是：

（一）建立准备金，来防止一些预料不到的变化。

（二）预防未来收入不如今日收入宽裕而储存一部分费用，如养老费用、子女教育费、亲属扶养费等等。

（三）享受利息及其增值，即有的人愿意现在不消费，而得到一个享受未来消费（两者都以实物计算）的机会。

（四）人类的本能就是使以后开支可以逐渐增加，而且总是希望生活程度能够逐渐提高，却不希望逐渐下降，尽管享受能力可能会逐渐降低。

（五）享受独立感及自力感，虽然也许没有什么特殊用途。

（六）获得从事投机或发展事业的本钱。

（七）遗留财产给后人。

（八）满足纯粹的吝啬欲望，即一贯遏制消费，节约到一种不合理的程度。

可以将以上八种动机，分别称为谨慎、远虑、计算、改善、独立、企业、自豪与贪婪。相应的消费动机，则是享受、短见、慷慨、失算、炫耀与奢侈。

除个人储蓄之外，大概占现代工业国家（如英美）总储蓄量的三分之一到三

**储蓄**

储蓄是指人们将暂时不会用到的货币存入银行或其他金融机构的一种行为。它的原意是积蓄备用，是在社会生产力发展到出现剩余产品后出现的。

**证券投机**

证券投机，是利用证券市场的价格起伏波动，在极短的时期内牟取暴利的一种交易行为。

The General Theory of Employment, Interest and Money

分之二的收入，由各级政府机关、各种社团及公司等储蓄起来，其动机与个人的储蓄动机相类似，但并不相同，其主要原因有四点：

（一）企业动机—不一定非要在市场募集资本或举债，就有能力从事更多的资本投资。

（二）流动动机—通过取得流动资源（Liquid Resources），来应付没有预料到的变数和不景气。

（三）改善动机—如果能够使得收入逐年增加，那么经理人就可以免受批评，因为很少有人能够分辨收入的增加，到底是由于过去的积蓄，还是由于当前效率的提高。

（四）谨慎动机—财政上持谨慎稳定的态度，所以储备基金（Financial Provision）就会大于使用者成本和补充成本，以便债务的清偿速度或原成本的划销（Write off）速度，超过资产的实际耗蚀率与折旧率。这个动机的强度，主要是由资本设备的数量和性质所决定的，还有生产技术的改变速率。

以上这些动机，都会使得一部分收入不被用于消费。与之相对应的是，有时

**原始人的"储蓄"行为**

不管是基于主观动机还是其心理因素，人们似乎都不会把自己的所有收入都消费掉，而是储存一定的收入以防未来之需。追根溯源，这种类似于"储蓄"的行为早在原始社会就已出现，上图是原始人正在试图保存火种。

### 易波动的短期消费倾向

短期内消费量的变化很大程度上取决于收入的变化，而不是特定收入量下消费倾向的变化。除非有人类无法控制的因素在起作用。1989年埃克森公司所属邮轮石油泄漏致使海洋里的鱼儿濒临灭亡，人们对海产品的消费也相应降为零。图为在这次灾难中因浑身粘满石油，不能飞起而哀号死去的候鸟。

也存在一些动机，使得消费超过收入。上面所举的个人储蓄的动机中，有些在以后便会有负储蓄与之相对应，其中出于防老或家庭需要的储蓄动机，就属于此类。通过借债来办理失业救济款项，也最好被认为是负储蓄。

所有这些动机的力度，将随我们所假定的经济制度和经济组织，随种族、教育、成规、宗教及流行道德观念等因素所形成的习惯，随现在的希望与过去的经验，随资本设备的多少与技术，随目前的财富分配办法，以及社会各阶层已经确立的生活水平的不同，而产生重大变化。但除了几处偶然的题外话之外，本书将不涉及重大社会改革所产生的后果，或是在长期进步中慢慢产生的影响，也就是说，

我们把主观储蓄动机和主观消费动机的主要背景当成是已知数。财富的分配办法，由于取决于社会结构，而被视为缓慢变化的一个因素，所以本书也将其当成是一个已知数。

# II 利息率改变对储蓄和投资的影响

主观、与社会的动机的主要背景，改变得很慢，而且在短时间内也不会对利率以及其他客观因素的变动有什么影响。那么我们就可以得到这样一个结论，短时间内消费量的改变，主要是与收入（以工资单位计算）的改变有关，跟某特定收入量下消费倾向的改变没有任何关系。

有这样一个误解，我们必须澄清。以上认为的相当温和的利率变动，对于消费倾向的影响不大，但并不是认为，利率变动对于实际储蓄量与实际消费量的影响很小。恰恰相反，利率变动对于实际储蓄量的影响是非常大的，但一般人所设想的方向却与此相反。即使提高利率确实有降低消费倾向的作用，但我们还是可以肯定地说，利率增高的结果，就是实际储蓄量减少。所以总储蓄是由总投资所决定的。通过提高利率来适当地减少投资，除非由于投资需求表的变动，抵消了利率上涨的影响。因此利率增高的结果，一定是将收入压到很低的水平，使得储蓄减到与投资相等。而且由于收入的减少程度（就绝对数量而言），一定会比投资的减少程度要大，因此提高利率可以减少消费—这句话同样正确。但是并不是就可以说，如果提高利率，就会扩大储蓄的数量；事实上恰恰相反，储蓄与消费都要减少。

从整个社会来说，即使提高利率的确可以增加某一特定收入量中的储蓄量，我们也仍可以很肯定地说，如果投资需求表不变，那么提高利率就一定会使实际总储蓄量减少。不仅如此，在其他情形不变的前提下，我们同时可以了解到，利率提高时，收入将降低的数量是多少。如果利率提高，而资本的边际效率不变，那么投资将会减少。与此同时，收入必须减少，从而使得现有消费倾向下的储蓄数量减少，并与减少后的投资数量相等，由此就可以算出收入应该减少的数目。对于这个问题将在下一章进行详细讨论。

如果有可能让我们的收入不变，那么提高利率，或许能够引诱我们的储蓄多一些。但如果提高利率会妨碍到投资，那么我们的收入就不可能不变。所以收入必须下降，才能使储蓄能力降低，以抵消高利率对于储蓄意愿的刺激。因此品德和言行越高尚，节俭的决心也就越强，个人与国家的财政越能坚守正统办法。当利率相对于资本的边际效率来说有些许相对增加时，收入的减少就会越大。这些结果是不得不面对的，糊涂顽固的人只会得到惩罚，不会得到奖赏。

如此说来，难道实际总储蓄量和总消费量，与谨慎、远见、计算、改善、独立、企业、自豪及贪婪等动机就毫无关系了吗？美德与邪恶都不相干，一切都只取决于利率与资本的边际效率对投资的有利程度吗？答案当然是否定的，这种说法也稍稍言重了点。如果利率与充分就业并不相互抵触，那么美德就又恢复了它的地位。在充分就业的情况下，资本的积聚速率，由消费倾向的降低速率决定。我们还可以知道，经典学派之所以把节俭的人称为是有美德的人，是因为他们暗中假定利率与充分就业确实不相互抵触。

**回报更高的股票交易**

国家财政政策是不会让利息率高得足以刺激人们放弃投资选择储蓄，从而影响到国民经济整体收入的。因此许多梦想拥有家财万贯的人们更愿意把希望寄托到投资或股票交易中。图为在伦敦证券交易所中炒股炒得热火朝天的人们。

# 第10章

# 边际消费倾向与乘数

## 本章要点

边际消费倾向及投资乘数；

投资量与就业量之间的关系；

现代社会中，不容忽视的对投资造成影响的因素；

人们过去未曾考虑到的影响投机和就业的因素；

关于一个社会贫穷和富裕原因的分析；

黄金对一个国家的影响。

在第 8 章中，我们已经明确了一点：只要消费倾向不改变，就业量就只随投资的增加而增加。现在我们可以将这个思路再推进一些。在某种特定情况下，收入与投资之间，我们可以确立一个特定比例，称之为乘数（Multiplier）。如果为了使问题简单化，我们可以再加上一些假定，可以在总就业量与直接用于投资的就业量（称为第一级就业量，Primary Employment）之间，建立这样一个比例。在我们整个就业理论中这一步是绝对不可或缺的一步。有了这一步，如果消费倾向不变，那么我们就可以在总就业量、总收入与投资量之间，建立一个确切的关系。乘数这一概念是由卡恩（R.F.Kahn）首先创用的，见卡氏所著《国内投资与失业之关系》一文（载于《经济学杂志》[Economic Journal]1931 年 6 月号）。卡氏的主要论点如下：在各种假设情况下，消费倾向以及其他条件都不变，而且金融机关或其他政府机关将设法刺激或阻挠投资，那么就业量就会随投资数量的净增减而增减。讨论这些的目的，就是在于建立几个一般原则，用来估计投资净增量与由此引起的总就业增量之间的实际数量关系。但在没有讨论乘数之前，最好先来讨论一下边际消费倾向的问题。

# I 边际消费倾向和乘数对就业量的影响

就本书来讲，真实收入的变动原因，仅仅是因为特定量资本设备上就业人数的增减，所以真实收入随就业人数的增减而增减。假设在某一特定资本设备上增加劳动力的数量时，出现了报酬递减的现象，则用工资单位计算的收入，其增加的比例，将大于就业量增加的比例。而后者又大于用产物计算（假设有这个可能）的真实收入的增加比例。但在短时间内，因为资本设备的改变很微不足道，所以用产物计算的真实收入与用工资单位计算的收入，会同时增加或同时减少。由于

**5** 秒钟经济学

### 消费、物价、经济稳定的联系

如果人们试图把所有的收入增量都用于消费，那么，物价将会无休止地增长，经济将很难维持稳定。

### 公 债

公债是指中央当局和地方当局举借的各项债务。一个国家的债务称为国家公债或国债，其使用的是国家信用。

真实收入是靠产物来计算的，所以精确的数字也许也不太可能出现，因此最好用 $Y_w$（以工资单位计算的收入）的变动，来表示真实收入的变动，一般来说，$Y_w$ 的增减比例要比真实收入的增减比例大。在某种场合，尽管这个事实是绝对不能忽视的，但因为二者常常同时增减，所以可以互相替换。

在前面我们曾说过，当社会的真实收入增加或减少时，其消费量也会随之增加或减少。但后者的增减常小于前者。$Y_w$ 既然能替代真实收入，就可以将这个正常心理法则译为下列命题（这种译法并不是绝对的正确，还需有一些修正，但修正点非常明显，如果是为了求得形式上的完备，要将这些修正点列入也不是难事）：$\triangle C_w$ 与 $\triangle Y_w$ 同号，但 $\triangle Y_w > \triangle C_w$，其中 $\triangle C_w$ 表示以工资单位计算的消费量。这只是把之前已经建立好的命题（第 3 章第 2 节命题 8），再重复了一次而已。$\dfrac{dC_w}{dY_w}$ 被称为边际消费倾向。

这个数量的地位相当重要，当产量再增加一些时，它可以指出这个增量是如何分配到消费与投资那里去的。因为 $\triangle Y_w = \triangle C_w + \triangle I_w$，其中 $\triangle C_w$ 表示消费增量，$\triangle I_w$ 表示投资增量，所以就有 $\triangle Y_w = K \triangle I_w$，其中 $1 - \dfrac{1}{K}$ 即为边际消费倾向。我们将 K 称为投资乘数（Investment Multiplier）。这个乘数告诉我们，当总投资量增加时，收入的增量将是投资增量的 K 倍。

# II 乘数对就业量的重要作用

卡恩先生的乘数与这个乘数稍微有些不同，我们可以用 K′ 来表示就业乘数（Employment Multiplier）。因为卡恩先生的乘数，是用来衡量投资品工业中第一级就业量的增量与由此引起的总就业的增量二者的比例的。也就是说，如果投资的增量为 $\triangle l_w$，投资品工业第一级就业量的增量为 $\triangle N$，那么总就业量的增加为 $\triangle N = K' \triangle N_2$。

一般来说，我们假定 K=K′ 并没有什么根据，因为我们并不一定能够假定各业的总供给函数，在其有关部分中恰存在以下特征：需求增量与由此引起的就业增量所成的比例，在各行业中都相同。我们很容易想像，如果边际消费倾向与平均消费倾向相差很多，那么 $\dfrac{\triangle Y_w}{\triangle N}$ 和 $\dfrac{\triangle I_w}{\triangle N_2}$ w 大概就不相等，所以在这时，消费品需求比例的改变，与投资品需求比例的改变，就会有很大的不同。两组工业的总

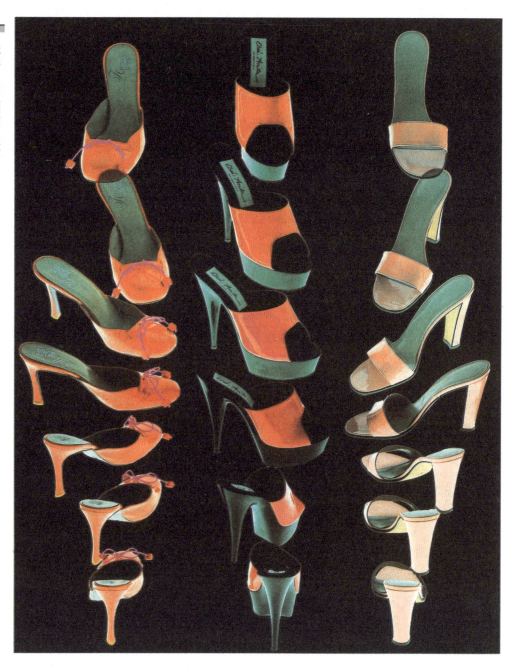

### 边际消费倾向决定商品的批量生产

产量如何在消费和投资之间分配一直是一个难以把握的问题，而边际消费倾向的适时出现不但帮我们解决了这个矛盾，还让我们对总投资和总收入有一个很好地估计。所以，每一种可以批量生产的商品，如图中的鞋子，只有经过详细而又严格地预算才能更好地协调市场与消费的关系。

供给函数，在有关系部分，其形状可能不同。如果我们将这点考虑进去，并且把以下论证写成更普通的形式，那么困难就不会存在。为了阐明基本观念，最好先对一个简单的情况进行讨论，从而令 K = K′。

所以如果社会的消费心理占社会消费收入增量的十分之九，那么 K 等于 10。由此，如果其他方面的投资并没有减少，且政府在公共投资（Public Works）方面也加大了投入，那么由此引起的总就业量的增加，将是该公共投资本身所提供的第一级就业量的十倍。如果当就业量和真实收入都增加到一定程度，但社会还维持着原来的消费量不变，那么在这种情形下，且只有在这种情形下，总就业量的增加就仅由该公共投资本身所提供的第一级就业量所决定。相反，如果社会将其收入增量的全部数额都消费掉，那么物价就会无限制地增高而无法达到稳定点。因此，在正常社会心理状态下，只有当就业量增加，同时消费倾向发生改变时，就业量的增加和消费量的减少，才会同时发生，例如战争时期，人民受宣传的影响而约束自己的消费。只有这样，投资工业的就业量增加，才会对消费工业的就业量产生不利影响。

以下所说的，实在只是用简单的语句将读者应该已经明了的东西再总结起来而已。除非

### 影响就业量的消费心理

只有就业量和消费倾向同时改变，就业量的增加和消费量的减少才会同时并存。这是正常消费心理的普遍推断，在战时尤为突出。图为被美军空袭过后的利比亚首都黎波里。要恢复到战前的经济生产和消费状况将是迫在眉睫的事情，大规模的新的建设工作，必然会引起就业量的上升。

### 和谐世界

消费倾向数值只有在介于极端之间时，才能摆脱接近"1"时的敏感和接近"0"时的迟缓，才能使充分就业和保证充分就业的投资不至于走到难以筹措的地步。尽管无法达成像18世纪美国画家希克斯笔下表现的印第安人与美洲殖民者亲切交谈，野兽与人类和平共处，这样处处和谐的社会，但这种举措至少可以尽可能将危机减至最少。

公众愿意增加其储蓄，否则投资不能增加（二者都以工资单位计算）。一般说来，也只有当总收入增加时，群众才会增加其储蓄。群众想将其收入增量的一部分用于消费，因此刺激了产量，使收入增加，改变了收入的分配情况，使得储蓄的增加恰与投资的增加相符。通过乘数我们还可以知道，就业量必须有所增加，才可以使真实收入增加，足以引诱公众进行额外储蓄。因此，乘数就成为群众心理倾向的函数。如果把储蓄比作药丸，消费比作果酱，那么额外果酱的多少，必须与额外药丸的大小成比例。所以只要公众的心理倾向与我们设想的相同，我们就已经建立了一个法则，增加投资品工业中的就业量，就一定可以刺激消费品工业，使得就业的总增量大于投资品工业中就业的增量。

因为以上这些原因，如果边际消费倾向的值不接

近1，那么投资的微小变动就可以引起就业量很大的变动，所以只要投资量再增加一点，便可实现充分就业。相反，如果边际消费倾向的值只是稍微大于0，那么投资的微小变动也只是引起就业量的微小变动而已。所以为了实现充分就业，投资就必须增加很多。在前者情形下，如果任由非自愿性失业发展，结果会很麻烦，但也是容易补救的。在后者情形之下，就业量的变动虽然很小，但很容易停留在一个低的水平上，如果不下猛剂补救，处理起来就会感到很棘手。实际上边际消费倾向的值，似乎存在于这两个极端之间。接近1的程度大或接近0的程度小，都会导致我们同时得到这两种极端的坏处——就业量的变动相当大。但如果是为达到充分就业而增加投资量，则变动的需要又太大，因此不易办到。很不幸，如此大的变动，使得我们对弊端的性质就不那么容易明白了，而其危害的严重性，又使我们在没有了解弊端以前，没办法下药。

如果在充分就业已经达到之后，再增加投资量，那么不论消费倾向的值为多少，物价都会无限制地上涨。也就是说，我们已经进入了真正的通货膨胀状态。但在该点以前，总真实收入总会随物价的上涨而增加。

# Ⅲ　投资数量改变所导致的变化

以上是专门对投资净增量进行的讨论。如果应用以上论述，而且不加修正的话，那么我们在讨论政府增加公共投资的影响时，就必须做两点假设：（a）其他方面的投资不能减少；（b）消费倾向也没有变动。上文引用卡恩论文的主旨，目的是在探讨什么样的抵消因素比较重要，且不容忽视，并设法作一些数量上的估计。所以在实际情形之中，决定最后结果的，除了某种投资量的增加以外，还有其他因素。如果政府在公共投资上，增雇10万人，并假设乘数为4，但我们却不能因为这样就贸然说，总就业量将增加40万人。这主要是因为这个新政策对其他方面的投资或许存在一些不利的影响。

卡恩认为，在现代社会中，最不容忽视的因素大致有以下这些（第一、二个因素在还没有阅读本书第4篇之前，也许想要完全了解不是很容易）：

（一）如果政府想要实施政策，就必须要筹款。当就业量增加时，物价会随之上涨，因此周转资金（Working Cash）的需求也会增加。二者都可以提高利率，所以如果金融机构不设法将利率压低，那么就将妨碍其他方面的投资。同时因为资本品的成本增加，所以从私人投资者来看，资本的边际效率会降低，如果想要抵消这个因素，利率就必须低于之前——政府没有实施公共投资政策之前——的利息率。

（二）社会心理往往深不可测，因此当政府实施公共投资政策时，也许会对公众的"信心"造成影响。如果不设法增加灵活偏好（Liquidity Preference），或是减少资本的边际效率将这两者抵消，也将会对投资造成阻碍。

（三）如果某国与其他国家之间存在贸易关系，那么一部分投资增量的乘数将用于纠正其他国家的就业量。因为此国的贸易顺差（Favorable Balance），将因本国对外来品的消费量的增多而减少。如果我们只讨论本国而不对世界的就业量所受的影响进行讨论的话，我们就必须降低乘数的值。另一方面，其他国家的乘数作用于增加该国的经济活动时，也对我国产生了有利影响。我们失此得彼，两方面可以相互抵消一部分。

而且如果投资的增减量很大，那么我们就必须要考虑到随着边际位置的移动，边际消费倾向也在发生积累性的变动，因此乘数也会逐渐改变。边际消费倾向并不是脱离了就业水平，而是在任何水平上都是一个常数。也许当就业量增加时，边际消费倾向会有减少的趋势，也就是说，当真实收入

### 因贸易顺差而被禁止出口的英国羊毛

对外开放的经济体系，使我们在享受经济不断提升，综合国力逐渐强盛等优势的同时，也正在遭受因投资量上升而引起的贸易顺差减少所带来的痛苦。所以说，在扩大投资时，边际消费倾向的改变将是首要关注的问题。英国是著名的羊毛出口国，羊的形象充斥于各类艺术作品之中，但他们的羊毛也曾因贸易顺差而一度被禁止出口。

增加时，社会愿意把增加的实际收入用于消费的比例将逐渐减少。

以上是通常惯用的规则，除此之外，还有其他因素，也可以改变边际消费倾向，比如改变乘数。一般来说，其他因素似乎是在加强通则的趋势，而不是在抵消。其理由是：第一，短期内有报酬递减现象。因此当就业量增加时，雇主收入在总收入中所占的比例增大，而雇主的边际消费倾向，也许小于社会全体的平均边际消费倾向。第二，当存在失业现象时，或许会同时有另一部分人（私人或政府）进行负储蓄行为。因此失业者维持生活的方式，除了依赖自己或亲朋好友的储蓄，或仰仗政府的救济，别无他法。而救济金的来源，又有一部分要靠政府举债。当失业者重新就业时，这种负储蓄行为就会逐渐减少。因此有两种方法，可以增加社会的真实收入，一是使失业者重新就业，二是除此之外的其他方法。如果真实收入的增量相同，那么边际消费倾向的降低速度，在前一情形下就大，而在后一情形下就小。

无论怎样，当投资净增的数量小时，乘数的值就大；净增的数量大时，乘数的值就小。因此如果投资增减的幅度很大，那么我就必须以乘数的平均值作依据，而乘数的平均值又取决于该段投资增量中边际消费倾向的平均值。

卡恩曾设想过一些特例，然后研讨这些因素或是数量。当然，在这里很难有一般性的结论，但有几点却可以由此得知。例如，一个典型的近代社会，或许会将真实收入增量的80%用于消费，如果该社会是一个闭关体系，失业者的消费又是通过转移别人的消费而获得，那么在抵消因素之后，乘数的值大概不至于比5小很多。但如果某一国家与其他国家存在贸易关系，外来消费品占总消费的20%，失业者通过举债（或其他类似方式）而得来的消费，大约占其平日工作时正常消费的50%，那么乘数的值，就可能低至2或3。如果有两个国家，一个在国际贸易中占重要地位，而且失业救济金主要来源于政府举债（例如1931年时的英国），虽然第二类因素较之第一个不重要（例如1932年时的美国），同时投资量的变动在两国相等，那么由此所引起的就业量的变动，在前一国就会比较小，而在后一国就会比较大，而且两者相差还很多。

投资在国民收入中只占较小的一部分，但当投资数量变动时，却能使总就业量与总收入的变动程度，远远超过投资量本身的变动。有了乘数原则之后，这种现象就得到了解释。

# IV 难以预测的事件对就业量的影响

我们是根据一个假定才得出以上结论的，这个假定是人们事先已经预料到总投资量的变动，因此消费品工业与资本品工业可以同时增产。而消费品价格变动的原因，仅仅是当产量增加时，消费品工业有报酬递减现象。

**没有丝毫失业迹象的邮政总局**

如果一个国家依靠贷款或筹款来保证其失业救济金的总金额是失业者消费水平的50%，而全国消费水平的20%又是外来消费品，那么这个国家就算是投入较大的资金也很难改变他们的失业状况，就像1931年的英国。图为1932年，英国邮政总局的电报中心大楼，从这挤满上千就业者的大楼中，似乎根本看不出他们国家正陷在失业的泥塘里。

但我们也一定要注意到，有时资本品工业中产量的增加，并没有被人充分地预料到。如果有这种情形存在，那么这一原动力对于就业量的影响，只有经过一段时间，才能全部发生。然而，我发现，虽然事实很明显，可有些人还是将两件事情混在了一起。其一是乘数理论本身，它是在任何时间都适用的，不存在时间上的间隔（Time Lag）；其二是由于资本品工业的扩张而产生的后果，它的产生需要经过一段时期，而且存在时间上的间隔。

为了弄清这两件事情之间的关系，我们愿意指出两点。第一，如果资本品工业的扩张，并没有被人们预料到，

或是预料得并不完全，那么总投资的增加量并不是立即就等于资本品工业的增产量，而是逐渐增加。第二，边际消费倾向的值，大概会暂时与其正常值不同，但是会逐渐回到其正常值。

因此如果资本品工业扩张，而这种扩张事先并没有被人们充分预料到，那么在某一段时间之内（Over an Interval of Time），投资增量在各时期的值，就会构成一列数值，而边际消费倾向在各时期的值，也会构成一列数值。这两列数的值，既与该资本品工业的扩张在事先被人们预料到的情况下的数值不同，也与该社会的总投资已经稳定在一个新水平之后的值不同。在任何一段时间内，乘数理论都适用，也就是说，总需求的增加，就等于总投资增量与乘数的积，乘数则是由边际消费倾向所决定的。

如果现在资本品工业中就业量增加，而事先完全没有被人们预料到，那么消费品的产量在最开始时就不会有任何增加。这种极端的情形，最容易被用来说

**■ 工业扩张可能预伏潜在危机**

在工业革命的迅速带动下生产力得到迅速提高，短时期内就需要的大量就业人员与之相匹配。而由就业人员所引起的一系列始料未及的消费量和各种投资，则打乱了长久以来维持平衡的消费品价格，导致通货膨胀。这种情况常常要经过相当长的一段时间才能恢复到均衡的状态。图为在轧铁工厂紧张工作的人们，像这种大工厂在带给人们工作的同时，也引发了不少危机。

明上文。因此在这种情形下，资本品工业中的新就业者，就会将他的一部分收入用于消费，于是消费品的价格就会提高。消费品价格的提高就会引起：(a) 一部分消费暂时被延期；(b) 利润增高，收入被重新分配，有利于储蓄阶级；(c) 存货量减少。因为存在这三点，所以消费品的供需会达到暂时的均衡。而均衡的恢复，一部分是由于消费的暂时延期，边际消费倾向和乘数都会暂时降低，而另一部分由于存货量减少，总投资增量会暂时小于资本品工业中投资的增量。也就是说，乘数的增加，小于资本品工业中投资的增量。随着时间一点一点过去，消费品工业也逐渐适应了新的需求，因此当延期下来的消费得到满足时，边际消费倾向的值就会暂时超过其正常值，超过程度恰好与以前的不足程度互相抵消，最终也会回到正常值。当存货量恢复到原始状态时，总投资的增量会暂时大于资本品工业中投资的增量。当运用资本（Working Capital）随产量的增加而增加时，也会暂时出现同样的效果。

没有预料到的改变，只有在经过一段时间之后，才能对就业量产生全部的效果，这个事实在某些地方是非常重要的，尤其是在分析经济周期时（像我在《货币论》中依循的思路那样）更为重要。不过这个事实，丝毫不会对本章乘数理论的重要性产生任何影响。乘数这个概念，还可以用来表示当资本品工业扩张时，就业量可以预期收到的收益是多少。而且，除非消费品工业已经达到了其生产能力的极限，否则想要增加产量，并不能只在现有生产设备上增雇劳工，还必须增加生产设备。只要再经过一段很短的时间，消费品工业的就业量，就将与资本品工业中的就业量同时增加，乘数的值也与其正常值相差不多。

# V 储蓄、收入与社会富裕

综上所述，边际消费倾向越大，乘数的值就越大，特定投资量的变动所引起的就业量的变动也越大。由此似乎可以得到一个似是而非的结论，即在一个贫穷的社会中，储蓄在收入中所占的比例很小，而在一个富裕的社会中，储蓄在收入中所占的比例就会很大。因此乘数的值在贫穷社会中就要大于在富裕社会，而就业量的变动在贫穷社会中也会比在富裕社会中大。

这个结论并没有将边际消费倾向的影响与平均消费倾向的影响，划分得很清楚。如果我们已经知道了投资改变的百分比，那么高度的边际消费倾向，一定会引起较大的相对影响，但如果平均消费倾向也很高，那么绝对影响还是很小。现以下列数字为例来进行说明。

如果社会的消费倾向如下：只要该社会的实际收入不超过现有资本设备条件

下雇佣 500 万人得到的产量，而其全部收入用于消费。在增雇第一个 10 万人时，社会就会消费掉其增产量的 99%；增雇第二个 10 万人时，就会消费其第二批增产量的 98%；增雇第三个 10 万人时，就会消费其第三批增产量的 97%；以此类推，那么当就业量为 5000000 + n × 100000 人时，边际上乘数的值为 $\frac{100}{n}$，投资量则占国民收入的百分比为 $\frac{n\,(n+1)}{2\cdot(50+n)}\%$。因此当就业量为 520 万人时，乘数的值很大，等于 50，但投资在收入中所占的比例则微乎其微，仅为 0.06%。所以，即使投资的降低幅度很大，如降低 $\frac{2}{3}$，但就业量却只减至 510 万人，大约降低了 2%。如果就业量为 900 万人，那么边际乘数的值比较小，只有 $2\frac{1}{2}$，但投资在收入中所占的比例则相当大，为 9%。因此如果投资也降低 $\frac{2}{3}$，那么就业量将减至 690 万人，即降低了 23%。如果投资量降为零，那么就业量的减少，在前者为 4%，在后者为 44%。

在上面所举的例子中，一个国家之所以比较穷，是因其社会的就业量不足。如果贫穷是因为工作技术不熟练、生产技术幼稚、设备不良，那么以

**成功化解萧条的丘吉尔**

了解一个社会贫富的根本因素，不但要看消费倾向和投资乘数，还应把边际消费倾向和平均消费倾向考虑在内，才不至于得到一个和实际状况偏离很大的答案。图为英国首相丘吉尔的漫画，他成功的带领英国人民从二战的经济萧条中走出来，实现了投资、消费和就业的稳定。

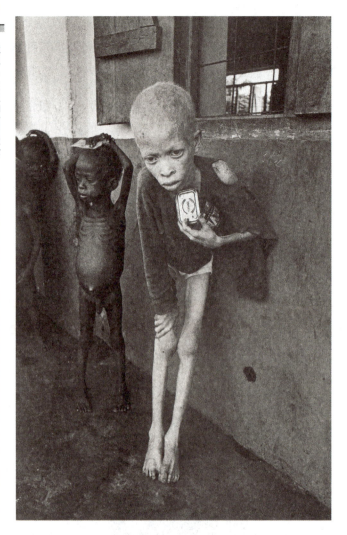

**就业不足与贫穷**

一个社会之所以贫穷是因为就业不足，而就业不足又是因为工作不熟练、技术水平低下甚至是机器设备不良的结果。图中是拿着国际救援食品的非洲儿童。连吃一口饱饭都是困难的事情，读书学习、寻找生活出路则是根本不敢想的。

上论证只要稍加修正就可以适用。因此乘数的值在贫穷社会虽然较大，但在富裕社会中，投资在产量中所占的比例数，与在贫穷社会中比较起来要大许多。所以投资的变动对于就业量的影响，在富裕社会中会比贫穷社会大许多。

综上所论，增雇某一特定量的劳工服务于政府投资的项目上，那么它对总就业量的影响，在失业问题非常严重的时期，就比几乎达到充分就业时期要大得多，这也是显而易见的。在上面所举的例子中，如果就业量已经降到 520 万人，那么增雇 10 万人在政府投资上，可使总就业增加到 640 万人。但如果就业量已为 900 万人，那么增雇 10 万人在政府投资上，只能使总就业量增加到 920 万人。因此该政府投资本身有何效用，将是个很大的疑问。但只要我们能够做出这样的假定，当失业问题严重时，储蓄在收入中所占的比例较小，那么仅就节省失业救济支出这一项而论，就已远远超过该政府投资的费用。当逐渐接近充分就业时，该政府投资值不值得举办，又成为一个问题。由于在充分就业限度以内，边际消费倾向会随就业量的增加而减少，因此想要用增加投资的方法，使就业量有特定量的增加，其困难也会越来越大。

　　根据这些材料，就不难从总收入和总投资的统计中，将经济周期中各阶段的边际消费倾向数值列出来作成一个可供分析的表格。但我们现有的统计不够准确，或当收集统计数值时，并没有充分顾及到这个目的，因此我们只能作一些大概的估计。据我所知，库兹涅茨的美国统计数字（第 8 章第 4 节中提及过）才是这方面最好的数字，但也不是很确定。从这些数字以及对于国民收入的估计中，能够得到的投资乘数的值，要比我所预料的低或稳定。假使将每年单独分开来看，结果就会有点不近情理，但如果把各年的数值配成一对一对的，则乘数的值似乎小于 3，而且经常徘徊于 2.5 左右。因此，边际消费倾向的值，似乎不会超过 60% ～ 70%。这个数字，在经济繁荣时期当然是说得过去的，但在经济衰退时期就会低得有点不近情理。其中可能的原因之一也许是美国公司财政在不景气的时期所采取的政策还是非常保守的。也就是说，如果因为不修补设备，导致投资降低的幅度很大，但设备的折损基金仍然照常吸收，那么结果将阻止边际消费倾向的上升。如果这种

■ **繁荣的港口**

　　设备的补修状况，将会在很大程度上影响边际消费倾向的指数，因为如果设备不补修，那么投资数额势必会降低。不管设备的折损基金是否继续被吸收，边际消费倾向还是不会稳定，社会仍然会快速地走向衰退。图为美国的一个港口，边际消费倾向、投资和设备各方面的平衡，使得这个港口越来越繁荣。

**政府救济下的穷人**

把国家的"举债支出"应用到失业救济上，而不是用在现行利益过小的设备改良上，是人们普遍愿意接受的，更何况在得失相抵消之后，还是一种令社会致富的举措。图为19世纪末，等待收容所救济的伦敦穷人，如果政府能施以援手，他们的境况可能会改善许多。

情形不存在的话，边际消费倾向的值，势必会上升。恐怕这个因素进一步加深了最近美国经济衰退的程度。但在另一方面，统计资料可能过于夸大了投资的降低程度。据说1932年的投资量，比1929年的投资量减少了75%以上，而"净资本形成"则减少了95%以上，这恐怕有些言过其实。如果这些估计稍微改变一些，乘数的值就会有很大的改变。

## Ⅵ 举债支出和开采金矿

如果有非自愿性失业存在，那么劳动力的边际负效用，一定小于边际产物的效用，而且可能会小很多。一个人如果失业已经很久了，那么做一些适当的劳动，不但没有负效用，而且也许还会有正效用。如果我们认同这一点，则由此可以推出，举债支出（Loan Expenditure）虽然"浪费"，但结果却能够使社会致富。如果政治家受经典学派经济学的熏陶太深，而想不出更好的办法，那么建造金字塔，甚至是地震、战事等天灾人祸，都能够增加财富。

有件很奇怪的事情，人们根据常识，想摆脱经典学派的错误论断，往往选择全部"浪费"的举债支出，却不愿意选择部分"浪费"的举债支出。因为部分"浪费"的举债支出，既然不完全属于浪费，就不免根据严格的"经营"原则来办事。例如人们比较愿意接受通过举债来办理失业救济，如果政府要通过举债来兴办改良事业，而这种改良物的收益却要比现行利率小，人们就不会愿意接受了。在所有办法当中，人们最愿意接受的，不外乎在地上挖窟窿，名义上称其为"采金"。但开采金矿给世界带来的真正财富没有任何增加，反而会引起劳动力的负效用。

如果财政部用旧瓶子装满钞票，再选择适宜的深度，将这个旧瓶埋在废弃不用的煤矿中，用垃圾把煤矿填满，然后把生产钞票的区域的开采权租给私人后就不再过问，让私人企业将这些钞票再挖出来。如果真的能够这样做，就不会再有失业问题了。而且由此带来的影响，会使社会的真实收入与资本财富比现在大很多。当然大兴土木要更合理一些，但如果存在政治上或实际上的困难的话，政府就无法实施以上所说的对策，那么这些对策就没什么意义了。

这个办法与现实世界中所谓的采金完全相似。根据经验我们可以知道，当黄金的埋藏深度适于开采时，那么世

■ **因金矿开采而闻名的城市**

具有赌博色彩的淘金热和不会减少边际消费的黄金使得人们根本不关心现行的利息率，依然疯狂地痴迷于开采金矿。当然，这也是在没有办法增加就业量和有用财富时，最切实际的投资。图为曾因拥有大量金矿而轰动一时的巴西黑金城。

## 南非的金矿

在众多门类的产品生产之中，开采金矿有其独特之处。它的产品——金子，不像其他产品那样，会随着产量的增加而降低边际效用。因此，不断地增加对金矿的投资，也就不像投资其他产品那样，必须考虑社会实际需求的极限，以及一旦突破该极限后，将会给社会经济带来的恶果。19世纪末，南非的金矿吸引了大批投资者的涌入。这是一些工人在金矿前的合影。

界的真实财富就会急剧增加。当可以开采的黄金很少时，财富就会停滞不前，或是下降。因此金矿对文明来讲是非常重要的，贡献也是非常大的。正如政治家认为从事战争就是大量举债支出的唯一正当用途一样。而且，银行家认为在地上挖窟窿是不违背健全财政原则的唯一活动。因为没有更好的办法，所以说金矿和战争对人类的进步都做出了贡献。在这里有一个小枝节可以提一下：在经济衰退期，黄金的价格（以劳动力和实物来衡量）会趋于上升，这个趋势对经济的复兴能够起到一定的作用。因为在经济上值得开采的金矿，其矿床和矿质的最低标准都可以再适当下降。金子的供给增加，也许可以促进利率的下降。

除此之外，如果我们不能通过其他办法，既增加就业，又增加有用财富，那么开采金矿就是非常切实的投资形式。其理由有两点：第一，采金有赌博性质，因此从事采金的人并不会对现行利率非常关注。第二，采金固然能够使黄金增加，但黄金和其他物品不同，其数量虽然增加，但其边际效用却并没有减少。房屋的价值，由其效用来决定，因此多建造一间屋子，房租就会下降。除非利率同时降低，否则继续投资在房屋建筑上的利益，也将会逐渐降低。采金不存在这样的缺点，只有当工资单位（以黄金计算）提高时，采金才会受到牵制，只有当就业状况已经改善很多时，工资单位（以黄金来衡量）才会提高。如果是持久性比较差的物品，当以后提出使用者成本和补充成本时，就会产生不利反应，但采金不存在这样的缺点。

古代的埃及可以称得上是双重幸运的，因为在埃及有两种活动（建筑金字塔和搜索贵金属），其产物不能被用于人类的消费，所以并不会对此嫌多。一定是因为这个缘故，古代的埃及才会如此的富裕。中世纪人们就建造教堂和道场。对于死者来说，两座金字塔、两场道场带来的利益将两倍于一个金字塔和一场道场。但在伦敦和约克两郡间建造两条铁路就完全不是这样了。现在我们就变得更合理了，我们将自己训练得像一个谨慎的理财家，在为后世建造房屋时，会审慎考虑给后世带来的财政负担，因为我们已经没有简便的方法来逃避失业的痛苦。私人致富的门路，如果应用在国家的行为上，失业就会成为不可避免的结果。

# 第 4 篇

# 投资引诱

　　投资量的多寡取决于对投资的诱导，实际上也就是取决于资本边际效率和利息率相对的高低。资本边际效率代表投资带来的利益，利息率代表投资的代价。如果利益高于代价，资本家就会加大投资力度，反之则会对投资的去向进行斟酌。

# 资本的边际效率

## 本章要点

投资的预期收益和资本资产的供给价格；

资本投资和边际效率之间的变动关系；

对资本的边际收益、资本的边际效率或资本的边际效用三个名词的澄清和解释；

资本边际效率的决定因素；

影响投资数量的两种风险。

**汽车流水生产线**

投资者购买资产，其实是为了利用这些资产进行生产，从而获得更多的利润。投资者以连续的方式获得收益，每个生产周期都可以获得其中一部分，这种连续收益即可称之为未来收益。通用汽车公司在1989年建设这条机器人流水生产线时，曾投入大笔资金，但这条大大提高工作效率的流水线可期的未来收益也会相当高。

# I 投资和资本边际效率

如果某一资本资产的寿命是n年，在这n年中，该资产能够生产出产物，从此产物的价值中减去为取得此产物所付出的开支，就会得到一组年金，用$Q_1$，$Q_2$……$Q_n$来表示。我们可以将此组年金称之为投资的未来收益（Prospective Yields）。

当一个人购买了某投资品或资本财产时，其实是将取得此组未来收益的权利购买了下来。与投资的未来收益相对立的，则是该资本资产的供给价格（Supply Price）。所谓供给价格，并不是在市场上实际购买该资产所支付的市场价格，而是足够引诱厂家增加该资产的一个新单位所需的价格，因此资本资产的供给价格，有时又会被称为该资产的重置成本（Replacement Cost）。通过一种资本资产的未来收益与其供给价格的关系，可以得到该类资本的边际效率（Marginal Efficiency of Capital）。说得更精确些，我所说的资本的边际效率，就等于一个贴现率，用此贴现率把该资本资产的未来收益折兑成现值，那么该现值正好等于该资本资产的供给价格。用同样方法，还能够得到各类资本资产的边际效率，其中最大的，可被

### ■ 边际效率不易变动的珠宝

购买投资品实际上就是购买取得它们一系列未来收益的权利。那么预期收益的高低则是决定我们是否购买的主要因素。但在这等待增值的期间里，价值的趋向是我们无从把握的，所以大众一般会投资于边际效率不常减少的商品，如：房子、珠宝、古董等物品进行投资。图为向人们展示高档珠宝首饰的橱窗。

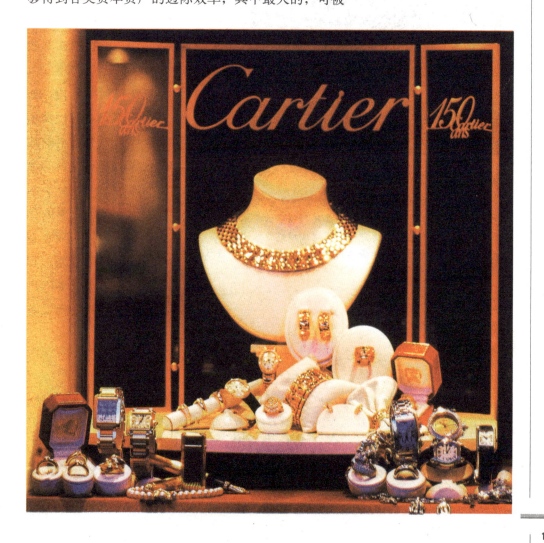

**大量投资生产的花瓶**

任何一个时期里，假如某种类型的资本投资量增加，那么受资本供给和资产产量提高影响下的资本边际效率将随着投资的增加而减少。图中成堆的花瓶不知会不会经受得住同行竞争和价格的考验，从而在市场中获得一席之地呢？

视为是一般资本（Capital in General）的边际效率。

读者应该注意到，所谓资本的边际效率，是根据资本资产的预期收益以及其当前的供给价格来进行定义的，因此资本的边际效率，是指将钱投资在新增资产上，所能预期取得的报酬率（Rate of Return），而与历史上记录的结果—即在该资产寿命告终之后，原投资成本收入的报酬率—无关。

在任何时期内，如果对某类资本的投资增加，那么该类资本的边际效率，就随投资的增加而减少。一部分原因是因为当该类资本的供给增加时，其未来收益会下降；一部分原因则是因为当该类资本的产量增大时，其生产设备

**供给价格**

供给价格并不是我们在市场上购买资产所需的市场价格，而是能正确诱惑投资者每新增加一单位该资产产量所花费的价格。所以资本资产的供给价格，有时也称为该资产的重置成本。

**放款者风险**

当借款和放款制度存在时，也就是当借款者对所借款项目提供一定量的动产或不动产作为担保时，便出现了投资的一种风险，我们称之为放款者风险。

所受的压力也会随之加大，因此其供给价格会提高。短期内资本的边际效率之所以达到均衡，主要是依赖第二类因素。但时间越长，第一类因素的重要性就会越大。因此可将每类资本建立一个表，这样表中就会显示出，在某一时期内为了使边际效率降至一个特定的数值，所需要增加的投资量为多少。那么我们将此类表格都加在一起，就可以得到一个总表，这份总表所指示两者的关系是总投资量与总投资量相对应的，并由其建立的一般资本的边际效率。我个人将此总表称为投资需求表（Investment Demand Schedule），或资本的边际效率表（Schedule of the Marginal Efficiency of Capital）。

当前的实际投资量，一定会达到某一点，从而使各类资本的边际效率，都不得超过现行利率。这个道理应当是显而易见的。换句话说，投资量一定会达到投资需求表上的一点，该点上一般资本的边际效率正好等于市场利率。

同一事实，还可以有另一种说法。设 $Q_r$ 为某资产在 r 时的未来收益，又设 $d_r$ 为 r 时的一镑，按当前利率进行折现的值，那么 $\Sigma Q_r d_r$ 为投资的需求价格。投资量一定会达到一点，使得 $\Sigma Q_r d_r$ 等于该投资的供给价格（定义见上）。设 $\Sigma Q_r d_r$ 小于供给价格，那么当前就没有对该资产进行投资。

因此投资引诱（Inducement to Invest），一部分是由投资需求表所决定，一部分是由利率所决定。至于决定投资量的因素，实际上复杂程度究竟如何，就必须到本篇结束时才能得到真正地了解。但我要求读者马上就注意到一点，仅仅知道某资产的未来收益以及该资产的边际效率，还无法得知利率是多少，或该资产的现值是多少。我们必须通过其他途径来得知利率的值，然后将该资产的未来收益按该利率还原，从而求得该资产的现值。

# II 对边际生产力、边际报酬、边际效率及边际效用的辨析

上面提到的"资本边际效率"的定义，与通常用法究竟存在什么样的关系呢？资产的边际生产力（Marginal Productivity）、边际报酬（Yield）、边际效率（Efficiency）边际效用，都是我们常用且熟悉的名词。如果想在经济文献中，找出很明白的一段，能够清楚地说明经济学家使用这些名词时，通常究竟是什么意义，却不是件容易的事。

至少存在三点模糊不明的地方，必须加以澄清。第一是物质与价值的区别。我

第11章 资本的边际效率

149

们究竟是在讨论产物的物质增量，还是在讨论产物的价值增量呢？前者是由于每单位时间内，资本的使用量增加一物质单位（Physical Unit）时所引起的，后者是由于资本的使用量增加一价值单位时所引起的。但在前者中存在着"什么是资本的物质单位"这种类似的困难。我确信这些困难想要得到解决是不可能的，而且也没有必要解决这些困难。当然我们可以说，如果 10 个人的耕地面积不变，增用若干机器，那么所产出的麦子一定会增加。但如果要将这种说法，转化为算术比例，则除非将价值观念引入，否则就根本没有办法了解。许多与这方面相关的讨论，大都着眼于资本的物质生产力，至于什么是资本的物质生产力，则往往不加说明。

第二是绝对数和比例数的区别。所谓资本的边际效率，是一个绝对量，还是一个比例？通常情况下我们认为资本的边际效率的维度（Dimension），与利率的维度相同。从上下文的观察来推断，似乎资本的边际效率必须是一个比例。然而这个比例的分子和分母各是什么呢，往往缺乏清楚的说明。

第三是一项与多项的区别。我们要明白地分辨两者：其一是少量的增用资本，在目前的情形下，能够取得的价值增量。其二是在该新添资本资产的整个寿命中，所能够预期取得的一系列价值增量。也可以说是 $Q_1$ 与整个 $Q_1$，$Q_2$，…… $Q_n$，列数的区别。这点的分别并不是很明了，因此一直是混乱与误解的根源。这就引出了预期（Expectation）在经济理论中的地位问题。在讨论资本的边际效率

**价值取决于效用的房屋**

只有在静态理论中，资本资产在整个寿命期间所预期得到的一系列价值增量，才与现有条件下使用一定增量的资本所能得到的价值增量相等。图为价值取决于效用的房屋，任何一点改变效用的因素波动，都会触动房屋的价格。

就业、利息和货币通论

The General Theory of Employment, Interest and Money

的大多数专家中，似乎除了 $Q_1$ 之外，对于整个列数的其他各项，都不是十分关注，然而这种办法是行不通的，除非是静态理论中。因为在静止状态下，这些 Q 都相等。在分配论中常会提到，资本在目前得到的报酬，与其边际生产力（不论边际生产力的定义如何）相等的这种说法。其实这个理论只有在静止状态下才成立。在静态社会中，资本的当前收益的总和与资本的边际效率，并没有直接关系。而在生产边际上，资本的当前收益（即产物的供给价格中所包含的资本报酬），就等于该资本的边际使用者成本。边际使用者成本与边际效率没有密切的联系。

上面曾讲过，对于这个问题，极少有清楚的说明。但我仍然相信，我以上所下的定义，与马歇尔使用这些名词时的意义非常接近。马歇尔本人有时用资本的"边际净效率"一词，有时则称之为"资本的边

**诱导新投资的因素**

"当资本边际效应既定时，利息率会决定将要进行的新投资量的多少。"这是马歇尔在《经济学原理》中的观点。而对诱导新投资的"收益超过成本率必须大于利率"则没有进行进一步地论述。图为在西门子工厂里大量生产的人们，从这极具规模的生产场景可以看出投资者对未来收益的信心。

际效用"。以下引文，是从马歇尔的《经济学原理》（第6版，第519～520页）选出的，是该书中跟这个问题最有关系、最紧凑的几段。为表达马歇尔的要旨，我将原书中并不相连的几句话连在了一起。

现在假设有一个工厂，可以增用价值100镑的机器，而不增加其他开支。增用该机器之后，该工厂每年净产量的值（即除去该机器本身的折损以外）将增加3镑。如果投资者将其资本都首先投在了利益优厚的地方，不过经过这个程序达到均衡之后，投资者还是觉得值得——而且仅仅值得——雇用该机器，那么我们通过这个事实，就可以推断年利是3%。但这种举例仅仅指出了价值决定因素的一部分。用此类例证作为利息论，或作为工资论，就一定会犯循环推理的毛病。假设在没有任何风险的证券上，利率为年利的3%，又假设制帽业吸收100万镑的资本，这就表示制帽业可以妥善地使用这100万镑的资本，宁可支付3厘的年息，也不愿意放弃这份资本不用。如果年息为2分，那么也许还会有若干机器，是制帽业不能不用的。年息为10%时，所用的机器都增多，年息为6厘时，就会更多，4厘时，又会多。最后，因为年息为3厘，因此所用机器就会很多。设最后这个数量为X，那么当机器的数量可以调节时，其边际效

**费雪所执教的耶鲁大学**

《利息论》的作者欧文·费雪在书中论证的"收益超过成本率"与凯恩斯的"资本边际效应"无论是在意义上，还是在目的上都不谋而合，给我们今天的资本投资趋向和收益比例作了一个很好的解释。图为欧文·费雪执教的耶鲁大学，他将一生的心血都赋予了这所大学。

用—即仅仅值得使用的那个机器的效用—为 3%。

通过上面的引文，可以知道马歇尔非常清楚，如果我们想通过上面的思路来决定实际利率，就一定会犯循环推理的错误。在这一段里，马歇尔似乎接受了上面的观点，即如果资本的边际效率表不变，那么利率就会对新投资的数量起决定作用。如果利率是年息 3 厘，就自然不会有人愿意出 100 镑来购买一台机器，除非他希望在除去成本及折旧之后，每年净产量的值可以增加 3 镑。在第 14 章的另外几段中，我们就会知道，马歇尔可没有如此谨慎，每当论证就要出现破绽时，他就会裹足不前。

费雪教授在他所著的《利息论》（1930 年出版）一书中，尽管没有用到"资本的边际效率"这个名词，但他所说的"报酬超过成本率"（Rate of Return Over Cost)，与我所说的"资本的边际效率"，其实是完全相同的。费雪教授说，"所谓的报酬超过成本率，就是一种利率，用这个利率来计算所有成本的现值，和所有报酬的现值，恰好能够让二者相等"。他进一步说明任何一方面投资的多少，是由报酬超过成本率与利率的比较所决定的。想要引诱新投资，"报酬超过成本率就必须大于利率"，"这个新因素，在利息论的投资机会方面，占有重要的地位"，因此费雪教授所用的"报酬超过成本率"一词，与我所用的"资本的边际效率"一词，不仅在意义上相同，而且在目的上也完全相同。

# Ⅲ 资本边际效率的决定因素

资本的边际效率，不仅由资本的现在收益所决定，也由资本的未来收益所决定。如果没有察觉到这一点，就容易对资本边际效率的意义和重要性产生误解。要明白这点，最好事先说明如果是在人们预料之中，或由于劳动力成本（即工资单位）的改变、新发明与新技术的引进，未来生产成本将会有所改变时，资本的边际效率将要受到什么样的影响。今天所产机器的产物，在该机器寿命期限内，必须与今后所产机器的产物互相竞争。以后问世的机器，由于劳动力成本的降低、生产技术的改良，使其产物的价格，与今日的相比会低些，也还是值得生产的。不但如此，其数量也必然会增大，生产物的价格也必然会下降。既然以后产物的价格有降低的趋势，那么届时雇主所采用的新旧机器设备得到的利润（以货币计算）也会降低。只要人们预测这种发展是可能的—哪怕不是必然的—今日所产资本的边际效率就会因此而降低。

正是由于这个因素，所以只要人们预测货币的购买力，在未来和今日有所不同，就足以影响当前的产量。如果预测货币的价值将下降，那么就可以刺激投资，使一般就业的数量增加，因为这种预测是提高资本边际效率表的，也就是提高投资需求表的。相反，如果预测的货币价值上涨，那么对当前的投资和就业就会有不利影响，因为这种预期是降低资本的边际效率表的。

费雪教授起初所谓的"增值与利息"（Theory of Appreciation and Interest），其真正意义也是这样的。费氏认为货币利率（Money Rate）与真实利率（Real Rate）二者的区别是，后者是等于前者矫正货币价值变动的利率。但费雪的这种说法并不容易了解，因为他没有说清楚，到底货币价值的改变，是否在人们的意料之中？这里我们有一个无法避免的两难论：如果货币价值的改变不在人们的意料之中，那么对于当前行为就没有任何的影响；如果在人们的意料之中，那么现有物品的价格就会立即调整，因此持有货币与持有物品的好处又会再一次相等，利率也没有必要发生变动。持有货币的人也不需要因为贷款期间货币价值的变动而受损或得到利益。庇古教授假定货币价值的改变，是在一部分人的意料

**随预期变动的产品价格**

现有资产的价格，总是随着对未来价值的预期的变动而调整自己。陶艺品本来是艺术价值颇高且需求量越来越多的奢侈品，但因考虑到制作工具和设计人员的增加，投资者在扩大生产规模的同时，也不得不顺应市场降低价格。

之中，但却是另一部分人所不能意料的，他想借此来
躲避这个两难论，但也没有成功。

　　错误的起因，是由于他们错误地认为未来货币
价值的改变会对利率造成直接的影响，其实它只影
响一特定量的资本的边际效率。现有资产的价格，
经常会随人们对未来货币价值的预期改变而进行立
即的调整。这种预期改变的重要性，是因为其可以
影响资本的边际效率，从而影响新资产的生产。现
假设人们预期物价将要上涨，这种预期之所以刺激
新资产的生产者，不是因为这种预测可以提高利率
（提高利率从而可以刺激产量倒是奇闻，事实上，如

■ **商业街**

　　人们对物品未来价
格的预期往往是不准确
的，因为这种预测对现
在的物价有着直接的影
响，它总会随人们预期
的改变而调整自己。图
为意大利的一条繁华的
购物街，在物价较低时，
人们就乐于购买更多的
物品，从选择持有货币
换为选择持有物品。

### 繁荣和萧条的交替

一定量资本品的边际效率取决于预期收益改变的这种依赖关系，是促使资本边际效率具有相当强烈波动的主要因素。也正是这种波动解释了萧条与繁荣相互交替出现的商业现象。图为新旧交替下的莫斯科城，代表蓬勃发展的资本主义气息的摩天大厦与象征传统的教堂建筑生动地体现了它所经历的经济时起时伏的岁月。

果利率上升，那么刺激作用就会因此而被削弱），而是因为它提高了某一特定量资本的边际效率。如果利率的上涨，与资本的边际效率的提高，程度相同，那么对物价上涨的预期不会对产量发生作用。如果想要让其有刺激作用，利率的上涨程度就必须很小，资本的边际效率的提高程度必须很大。的确，费雪教授的说法，最好用"真实利率"这个观念重写一遍，"真实利率"是一种利率，在此利率下，人们对未来货币价值的预期虽然改变，但对当前产量并不会产生影响。

有一点值得注意，如果人们预期的未来利率将下

降，那么它足以降低资本的边际效率表。其原因是今日机器的产物，在该机器未来的一部分寿命中，必须与以后机器的产物互相竞争。这样，以后所产机器，就可以满足于较低的收益了。然而这点并没有多大的作用，因为今日对未来利率体系的预期，一部分会在今日的利率体系中体现出来。不过它或多或少总会有些不良的影响，理由是今日的机器，是寿命快要结束的产物，也许会与届时问世的机器的产物互相竞争，而且对届时所产机器只要求一个较低收益就可以了，因为在今日所产机器的使用寿命告终之后的利率也会比今日低。

某特定量资本的边际效率与预期的改变有关，这一点是非常重要的。正是由于有这种关系的存在，资本的边际效率才会发生急剧的变动，经济周期才会产生。在以下第 22 章中，我们将指出，繁荣之后会出现不景气，不景气之后又会出现繁荣，这一系列现象可以用资本的边际效率与利率的相对变动来进行分析与说明。

## Ⅳ 影响投资的两类风险

能够影响投资数量的风险有两类。这两类风险，应当—但一般情况下并不加以—分辨。第一类是雇主或借贷者的风险，原因在于借贷者心目中有些怀疑，不敢肯定他是否真能得到他所希望得到的未来收益以及得到的可能性有多大。如果一个人用其自有资金投资，那么只须考虑这类风险。

如果有借贷制度存在，那么又会有第二类风险，也与投资数量有关，可将其称之为贷者的风险。所谓借贷制度，就是借者提供若干担保（动产或不动产），而贷者则会根据这些条件进行相应的放款。贷者风险的起因有二点：（a）道义上的风险，例如借者故意不履行债务，或利用其他方法—可能是合法方法—进行逃避；（b）担保品不足。后者是由于事实与预期的不相符所引起的，并不是故意不履行债务。此外还有第三类风险，即货币价值的可能变动，给贷者带来的不利，因此贷款比不上真正持有资产安全。但这第三种风险的全部或一大部分，应当已经在持久性资产的价格之中出现了，并且已包含在其中。

**谨慎的放贷者**

　　使资产迅速增长的野心滋生了大量的放贷者和贷款者。但有时由于贷款者不道德的行为或货币贬值等意想不到的事情，使得这种理财方式也存在一定的风险。这幅中世纪的油画描绘的是放贷者和他的妻子：丈夫仔细盯着称上的斤两，以防看花了眼，而妻子则在祈祷时还不由自主地把注意力转到丈夫手中的钱币上。

　　第一类风险，当然也会有降低的方法，例如平均分摊，或增加预期的正确性等，但它确实是真正的社会成本（Real Social Cost）。第二类风险就不是这样了，如果贷者与借者是同一个人，那么这类成本就会不存在，因此第二类风险是投资成本之外的额外增加。不但如此，一部分贷者的风险，与一部分雇主的风险，互相重复，因此凭借计算最低限度的未来收益来决定是否值得投资时，这一部分贷者的风险会在纯利率（Pure Rate）基础上，重复计算两次。其理由如下：如果有一项事业的风险性很大，那么在借款者看来，必须在预期收益与利率之间存在着一个较大的差额，才值得借款；同理，在贷款者看来，必须在实际利率与纯利率之间存在着一个较大的差额，才值得放款——除非借款者异常富有，可以提供许多担保。如果借者的期望非常有利，那么就可以抵消借者心目中的风险，但却无法消除贷者心目中的不安。

有一部分风险会被重复地计算两次。这个事实，据我所知虽然一向没有受到重视，但在某种情况下，或许很重要。在繁荣时期，如果情绪乐观，就不免轻率，往往会低估贷者风险与借者风险两者的大小。

# V 资本边际效率对经济理论的作用

资本的边际效率表非常重要。因为人们主要是通过这个因素对未来的预期产生影响的，其维系现在与将来的力量，与利率比起来要大许多。静态社会还是没有改变，所以就不会存在未来的改变，从而影响现在。只有在静态状态下，才能将资本的边际效率看作是资本设备的当前收益，然而这种看法，却断送了今日与明日之间在理论上的联系。就是利率，也成为了一个现时现象（Current Phenomenon）。如果我们将资本的边际效率也转化成现时现象，那么在分析当前均衡状态时，将无法直接计算出未来对现在的影响。

现有经济理论常在静态状态下来讨论问题，因此经济理论与现实非常脱节。在引入使用者成本和资本的边际效率这两个概念（定义见前）后，经济理论又出现了现实性，同时又将经济理论需要修改和适应的地方，减到最低限度。

因为存在持久性设备，所以在经济上未来与当前就产生了联系。人们对未来的预期，也是首先影响了持久性设备的需求价格，然后才影响现在的。这种说法与我们一贯的思路相符。

# 第12章

## 长期预期状态

## 本章要点

人们推测预期收益的根据及引起根据的因素；

信心状态对投资和预期收益的影响；

企业家投资量的决定因素；

预期与现实的差距及调整状况；

困惑投资的几种飘忽不定的因素及心理倾向；

职业投资者的职责和投机者的心理状态；

投机与市场的关系；

几种减轻我们对未来茫然无知的要素。

# I 未来收益的推测

在前一章已经说明，投资量的大小，是由利率与资本边际效率表的关系决定的—有一个当前投资量，即有一个资本的边际效率与之相对应。资本的边际效率，又是由资本资产的供给价格与其未来收益的关系所决定的。本章将对决定资产的未来收益的种种因素做更深层次的探讨。

人们用来推测未来收益的根据，有一部分是现有的事实。关于这部分，我们或许可以假定自己多少会知道得相当确定；另一部分是未来发展，我们只能对未来的发展进行预测，作这种预测的信心也有大小之分。如果推测未来收益是根据现有事实，那么就会有 (a) 目前各类资本资产及一般资本资产的数量；(b) 当前是哪种消费品工业，需要更多资本才能有效满足消费者的需求。如果推测未来收益是根据未来发展，则未来资本的类型与数量、消费者的特别崇尚、有效需求的强度、工资单位（以货币计算）的大小—这种种因素，在当前所考虑到投资品寿命的这段时间内，可能会出现一些变化。我们可以将这些心理预期状态总称为长期预期状态（State of Long Term Expectation），用来区别短期预期。所谓的短期预期，就是生产者用来推测，今日设备生产的商品能给自己带来多少好处。关于这一点，我们在第 5 章中已经探讨过了。

秒钟经济学

## 商品经济

商品经济是直接以交换为主要目的，分为商品生产、商品交换和货币流通三个步骤的经济形式。

## 职业投资者的职能

职业投资者并不像普通人认为的那样，可以帮助无知者从事变化莫测的市场投资生意，而是预测在群众的影响下特定时间段内投资品的价值。

**家用电脑普及背后的生意经**

在上世纪70年代，计算机还是科研设备，但进入90年代，其人尽皆知的巨大利润验证了投资者对新兴行业市场需求的长远眼光和把握。家用电脑的普及算得上是上个世纪最伟大的市场预测之一，它带来了无限的商机和可能性。图为20多年前，正在使用计算机的孩子们。

# II 信任状态

作预期时，如果把不确定的成分放在很重要的地位，当然是不聪明的。因此有两类事实，一是我们对自己要考虑的问题知道得很少，但这些问题却关系非常重大；二是对于我们要考虑的问题，关系不是非常的重大，但我们对此却很有把握。作预期时，如果采用第二类事实作为重要指南，也不能完全认为是不合理的。因为这个原因，现有事实对于长期预期的影响，从某种意义上来讲，与其重要性并不成比例。我们通常的习惯往往用现在来推测未来，除非有相当具体的理由预测未来会有改变，否则就要假定将来与现在一样。

因此我们用来作决策的长期预期状态，不仅要看哪种预测的可能性最大，还需要看我们作这种预测的信心（Confidence）的坚定程度如何，也就是说，还需要看我们自己认为自己所作预测的可靠性有多大。如果我们预期未来会有很大的改变，但却没有把握知道对这种变化该采取什么样的方式，那么我们的信心就会很弱。

这就是工商界所说的信任状态（State of Confidence）。实际从事工商业的人，对此都会密切注意。经济学家对此所作的分析反倒不够仔细，只作大致上很空泛的讨论，敷衍了事。经济学家尤其没有弄明白，信任状态与经济问题之间会产生关系是因为它对资本的边际效率表有重大的影响。信任状态不能和资本的边际效率表并列，而成为影响投资量的两个独立因素。相反，经济问题与信任状态之所以有关，是因为信任状态是决定资本的边际效率表的重要因素之一，而资本的边际效率表是投资的需求表。然而关于信任状态，在先前的经验中，总是没有多少可说的。我们的结论，必须从观察实际市场和商业心理中得

**警觉的投资者**

资产所有者们所依据的作出决策的长期预期状态，不仅取决于其可能性最大的预测，还取决于他们对预测的信心，也就是说，对现实市场和商业心理的考察。所以有时候关于市场的一点点风吹草动都足以让投资者们仔细思量一段时间。他们的认真程度大概不亚于图中那些想获得白宫秘密而捕风捉影的摄影记者们。

来，因此以下所论，就不会像本书其他部分那样抽象。

为了说明起来更加方便，我们在下面讨论信任状态时，将假设利率不变。也就是说，我们将假设投资品价值的改变，只是因为预期中的投资品的未来收益发生了变化，而不是因为未来收益资本还原化的利率出现了什么变动。如果信任状态与利率的变动是同时发生的，那么将两种变动所产生的影响加在一起，就不是什么难事了。

# III 投资的原因及方式

## 具有赌博色彩的投资

人们用来推测未来收益的知识其实非常有限，投资的行为基本上是在玩一种既靠本领又靠运气的混合游戏——这和战争很类似。打仗需要实力、勇气，运气更是十分重要。图为南北战争中，南方部队统领罗伯特·李带领军队上前线的情景，雄心勃勃的部队根本没有意识到未来的失败结局。

有一个事实非常明显：我们用来推测未来收益的那点知识其实是异常脆弱的。若干年以后，究竟是哪种因素决定投资的收益，对此我们知道得实在太少了，简直是微不足道。明确地说，我们不得不承认，如果我们想要估计 10 年后，一条铁路、一个纺织厂、一座铁矿、一件专利食品的商誉、一条大西洋油船、一所伦敦市中心区的建筑物的收益是多少，我们所要依据的知识，实在太少，有时甚至完全没有。即使将时间缩短 5 年，情形也还是如此。事实上，真正想作这样估计的人，往往是极少数的，其行为也不足以左右市场。

在过去，企业常由发起人或其好友自行经营，因此投资的多少，必须要看有多少人热心、乐观、真心地想建立一番事业。这些人将经营企业作为安身立命的出路，不仅仅是盘算未来的利润。因此经营企业，有些就像是买彩票——虽然最后结果，还是要看经营者的才品是在平均以上，还是在平均以下。有人失败，也会有人成功。尽管在事后，我们还不知道所有投资加起来的总平均结果，是超过、等于、还是低于通行利率。如果将开发自然资源或独占事业除去，那么投资的实际总平均结果，即使是在进步的繁荣时期，大概还不太可能达到事先的期望。企业家其实是在玩一种既靠本领又靠运气的游戏，游戏结束之后，参加者并没有办法知道全体参加者的总平均结果如何。如果一个人的性格导致他不喜欢碰运气，或对建设一家工厂、一条铁路或一座矿产本身（即除了利润之外）不感兴趣，那么他只靠冷静地盘算，恐怕就不会有多少投资。

老式的私人投资，一经决定，大体上是不能收回的（Irrevocable），不光对于社会全体如此，对于私人也还是如此。但今日流行的情况，是业主不自兼经理，而且投资也有专门买卖的市场。有了这两点，就多增添了一些重要的新因素，有时固然会使投资更加方便，但有时却使经济体系变得很不稳定。如果没有证券市场，那么将已经投下的资本再重新估价一遍，当然不会产生什么作用。但证券交易市场却会将许多投资，每天都重新估价一次。这种重新估价，使得私人——而不是社会全体——常有机会将已投入的资本进行变动。这好比是一个农民，在用完早餐之后，就看一下天气，并决定是否可以在上午10时与11时之间，把资本从农业中抽调回来，然后再考虑要不要把这笔资金在本周中再投进农业。因此证券交易所的每日行情，其初衷是为了便于人与人之间旧有投资的转让，但这势必会对当前投资量产生重大影响。如果创建一家新的企业，比购买一家同样的现成的企业要贵，那么当然就会用购买来代替创建，另一方面，如果有一项新事业，费用非常昂贵，但只要能以其股票在证券交易所中抛出去，而且马上就有利可图，也并不是没有从事的可能。因此有若干类投资，与其说是决定于职业企业家的真正预期，还不如说是由股票的价格所决定的。股票价格代表了证券市场的平均预期。证券交易所中现有投资的每日行情，甚至是每小时行情，既然如此重要，那么这种行情是如何决定的呢？

# Ⅳ "按成规办事"

一般来说，我们都默默地遵守着一条成规（Convention）。这条成规的要旨是（实际运用起来，就不会是这样简单了）：除非我们有特殊理由预测未来会发生改变，否则我们就假定现存状态将会无定期地延续下去。这并不是说，我们就一定相信现存状态真的会无定期地继续下去，从许多经验中我们得知，这是非常难得的事情。在很长的一段时间当中，投资的实际结果，极少能与原来预期的结果相符。我们也不能说，如果一个人处于无知的状态，那么超过和达不到的机会就是均等的。既然超过和达不到的机会是均等的，那么预期恰恰在这中间的说法显然也是行不通的。因为这样就等于

**股市风险**

从经验中得知，投资的实际结果极少与最初相一致。而且当一个人对事物处于无知状态的时候，预期在正反两个方向失误的可能性各占一半。这在股票投资中尤为突出。图为泰国暴发金融危机后，香港股民紧张关注股市开盘的情景。

说，不论现有市价是如何达到的，就我们现有知识—关于影响投资收益的事实—而论，这个市价是唯一正确的市价。当这个知识发生改变时，市价才会改变。但从哲学上来讲，这个市价不会是唯一正确的市价，因为我们凭借现有的知识，不足以算出一个正确的预期（Mathematical Expectation）。事实上，决定市价的因素很复杂，有许多与未来收益没有任何关系。

尽管如此，只要我们相信这条成规会维持下去，那么上述依循的办法就致使我们的经济体系有了相当的连续性与稳定性。

因此如果有组织的投资市场存在，且我们相信这条成规会维持下去，那么投资者就可以自我安慰，认为他唯一冒的险乃是不远的将来，形势与情报都确实会发生真正改变，然而这种改变不会很大。至于其发生的可能性如何，他还可以自己进行判断。如果这种成规还会被大家所遵守，那么只有这类改变才会影响到投资的价值。因此他不必因为不知道10年以后其投资的价值是多少而整夜睡不着觉了。就个别投资者来说，只要他能相信这条成规不至于被打破，他就还有机会在改变还不太大的时候及时修改自己的判断，改变自己的投资。他就会觉得他的投资在短期间内是相当的"安全"（Safe），因此在一连串短时期内（不论有多少），也是相当的安全。所以在社会看来是"固定的"（Fixed）投资，而在个人看来却是"流动的"（Liquid）。

我相信世界上几个主要的投资市场，都是由这种方式发展起来的。从绝对的观点看，这条成规既没有任何道理，自然也免不了弱点的存在。如何保证投资充足，是当前这条成规最受困惑的一个问题。

# V 投资市场中不可捉摸的因素

下面几个因素加强了这种困惑的强度，可简述为：

（1）有些业主并不自己打理业务，对其行业的情形，不论是目前的还是未来的，也并不是特别熟悉，可这些人的投资量，在社会总投资量中所占比例却在逐渐加大。因此，不论是已经投资的还是现在考虑投资的人，在对其投资的价值进行预测时，真才实学所起的作用是非常小的。

（2）现有投资的利润不免偶尔会发生变动。这种变动，尽管是暂时的，

但对于市场的影响却是毫无道理的。举几个例子来说，据说美国制冰公司的股票在夏天的市价要比冬天的高，由于受季节影响，夏天制冰业的利润较高，而冬天大家则不用冰。又如遇到了全国性假日，那么英国各铁路公司的证券市价，就可以提高几百万镑。

（3）根据成规行事得到的市价，只是一群没有知识的群众的心理产物，一定会因公众意见（Opinion）的骤变而剧烈波动。而且使公众意见改变的因素，也不必真与投资的未来收益有关，群众对这个市价并不确信其可以稳定。尤其在非常时期，大家更不相信目前

**企业家精神**

早期的企业常由发起人或其好友自行经营，这些人将企业经营作为安身立命的出路。图中这位英国维多利亚时代的企业主想必是这样一位投资人：因为是直接经营者，他每天一大早就必须赶往自己投资的企业。在路上也要浏览报纸，了解时事和行情。这种甘冒风险进行创业与企业存亡的状态，被现代人称为"企业家精神"。

状态会无定期地继续下去，即使没有具体的理由可以预测未来会发生变动，市场也会受情绪的支配，一时乐观一时又悲观。这种情形可以说是根本没有经过理智考虑的结果，但在某种意义上，又可以说是合理的，因为没有事实根据，自然无法作理智的盘算。

（4）有一个特征应该特别值得我们注意。也许有些人会认为，他们把投资作为自己的事业，他们是专家，他们所有的知识与判断能力都要比一般的私人投资者要高。如果任凭没有知识的人自己去从事，也可以使市场发生众多变化，但专家之间的互相竞争，或许可以矫正这种趋势。然而事实上却不是这样。这批职业投资者与投机者的精力与才干，大都用在其他方面。事实上能够让这批职业投资者最关切的，不是比一般人在预测某一种投资品在其整个使用寿命中所产生的收益的预测高出一筹，而是比一般人在预测决定市价的成规本身会有怎样的改变时知道的稍微早一些。

### ■ "市场不敏感" 的电子交易

职业投资者并不像普通人认为的那样，可以帮助无知者从事带有莫测变化的市场投资生意，而是预测在群众的影响下特定时间段内投资品的价值。所以诸如某种新闻报道或社会氛围下群众的心理变化将是他们不得不关注的事情。因此在过去，喧闹的股市交易大厅是最能捕捉市场气氛的地方。当如图所示的冰冷的电子交易代替了人声鼎沸的传统股票交易市场时，在职业投资者眼里，市场的敏感性反而降低了。

也就是说，他们并不关心，如果有人将某一项投资进行收购，而不进行割让，那么该投资对这个人究竟能产生多大的价值；他们所关心的，其实是一个季度或一年以后，在群众心理支配下，市场对这项投资的估价是多少。他们之所以有这种行为，并不是由他们的性情怪僻所致。投资市场的组织方式就正如上面所说的那样，决定了这是一个不可避免的结果。如果有一项投资，你相信根据其未来的收益来讲，会值 30 元，你还相信，一个季度后，这项投资在市场上只值 20 元，那么如果你现在拿出 25 元来购买，实在是一种不聪明的行为。

据以往经验，可以归纳几类因素，例如某种消息或某种气氛，最能够影响群众的心理。职业投资者最应该密切注意在不久的将来，这类因素将会出现怎样的改变。如果投资市场，是以"流动"为目的，那么这就是不可避免的结果。在所有正统派理财的原则中，"流动性"崇拜（Fetish of Liquidity）对社会最不利，所以从事投资的机关，应该将其资源都集中用于持有热股（Liquid Securities）。可是这个学说却忽略了一点，就社会全体而言，投资不能具有流动性。从社会观点看，要想使投资策略更高明，就只能靠增加我们对未来的了解；但从私人观点来看，所谓最高明的投资，就是先发制人，采取最有效的办法将坏的或磨损的钱币让给别人。

斗智的目的，不是预测投资在未来几年中的收益，而是预测几个月以后，由因循成规收入的市价会发生怎样的改变。而且这种斗智的战争，不需要外行参加来供给职业投资者好处，职业投资者相互之间就可以玩起来。参加者也没有必要真的相信，从长时期看来，有任何合理的根据来支持因循成规的预测。从事职业投资，就好比是玩"叫停"（Game of Snap）、"递物"（Old Maid）、"占位"（Musical Chair）等游戏，看起来就是一种消遣，谁能恰好说出那个"停"字；谁能在游戏结束之前，把东西递给相邻的那个人；谁能在音乐结束时，成功地抢到一个座位，谁就是游戏的最终获胜者。我们可以饶有兴致地玩这类游戏，其实所有的参加者都清楚，东西总是不会固定地留在某个人手中，音乐结束时，总会有些人占不到座位。

我们还可以打另一种比方，从事职业投资，就好比是参加选美比赛。一百张参赛者的照片在报纸上发表，但只能从其中选出最美的六个，得奖的那个人一定是那一位——与全体参赛者的平均爱好最相接近的。在这种情形的驱使下，每一个参赛者就绝对不会选他心目中最美的六个人，而会去选他认为其他人会认为最美的六个人。如果每个参赛者都是这样去考虑他们的选择，都不选他们心目中最美的人，也不选一般人认为最美的人，而是依靠他们的智慧，去推测在常人看来是其他人认为最美的人。这就达到了第三级推测，而且我仍然相信会存在有人运用到第四第五级的可能，甚至比这还要更高。

或许在这里读者就会提出一些问题了。如果有人对于这种流行的消遣游戏可以不加怀疑，并且能够尽其所能，作一些真正意义上的长期

预测，再以这种预期作为根据来继续购买投资，那么在长时期内，这样的人就一定能够从其他参赛者手中获得很大的收益。对于这样的问题，我们的回答是这样的，社会上并不缺少这种对自身行为要求严苛的人，而且如果他们的力量真的可以超越其他从事游戏的人，投资市场就一定会有很大的改变，会变得面目一新。但我们必须要补充一句，在现代投资市场上，有几个因素会影响到这种人而使他们并不能占据优势。以这种真正的长期预期来作投资，实在是一件非常困难的事，而且几乎是不可能的。凡是有这种打算的人，与

### ■ 人类最早的预测师

简单地说，职业投资者就是一场智力与眼光的比拼，他们所较量的是预测在几个月后按成规所能确定的股票市价，而不是预测投资在未来好几年的收益。现代的职业投资者与图中远古的巫师有不少相似之处，巫师大概就是人类最早的预测师。

那些只想对群众行为比群众预测得略胜一筹的人相比，其工作比较繁重，风险也更大。而且，如果两个人智商相同，那么前者就很容易出现较大的错误。经验同样不能证明，凡是对社会最有益的投资政策，也就是对私人最有利的投资政策。要打破时间上的限制，要尽量减少我们对于未来的无知，这需要很高的智商。但仅仅是

要设法先发制人，就不需要那么高的智商。而且，人生并不是无尽头的，因此人性导致人们喜欢有速且有效的生活方式，对于能够马上致富的方法最感兴趣，而对于要在遥远的未来才能够得到的好处，一般人都要对此方法大费思量。玩这种职业投资的人所使用的把戏，对于毫无赌博兴趣的人，就一定会觉得厌腻、紧张，但对此感兴趣的人就会趋之若鹜。而且，如果投资者想要忽视短期间市场的波动，那么为了安全，就必须有较雄厚的经济实力，而且不能用借来的资金来进行大规模的投资，这就可以解释为什么如果两个人的智商相等，经济实力相等，从事消遣游戏的人反而会得到较大报酬的另外一个理由。最后，从事长期投资的人一定最能促进社会利益。但如果他们投资基金而由委员会、董事会或银行经管，那么这种人又反而是最容易受到批评的。因为在一般人看来，他的行为一定是怪僻、不遵循成规，而且

**正在拉小提琴的爱因斯坦**

喜欢速效天性的人们总是对迅速致富有着特殊的兴趣，只有极少数人甘愿花费更多的精力，冒更大的风险来验证他们的长期预测。长期致力于物理研究的爱因斯坦就是凭着这种坚韧不拔的意志给人类不断增添智力财富的。图为爱因斯坦正在惬意地享受小提琴演奏出的乐音。

过分大胆。如果他能够幸运地获得成功，一般人就会越发说他鲁莽胆大；如果他在短期间内并没有取得成功（这是很可能的），那么一般人也不会对他有任何怜悯与同情。处世之道，宁可因遵守成规而丢掉名誉，也不能因违反成规而得到坏名声。

（5）迄今为止，我们心目中还是以投机者或投机性质的投资者的信任状态为主。我们似乎已经暗中假定了，只要他自己认为未来会有利可图，他就可以按照现行的市场利率而无限制借款。事实上当然不是这样。因此我们就不得不考虑信任状态的另一面，即贷款机构对于借款者的信任心，即所谓的信用状态（State of Credit）。证券价格的崩溃，可以是由于投机信心的降低，也可以是由于信用状态的逆转。只要有其中的任何一点存在，就足以使证券价格崩溃，并且还会对资本的边际效率产生非常不利的影响。但如果想让证券价格回涨，二者就必须都要得到复元。因此信用的降低，就足以引起崩溃，但信用的提高，却只是经济复苏的一个必要条件，而并不是充分条件。

# VI 投资市场

对于以上所作的讨论，都不应该被经济学家们所忽视，但也应该确立轻重缓急。如果我将预测市场心理这种活动用投机（Speculation）一词来代表，将预测资产在其整个寿命中未来收益的活动用企业（Enterprise）一词来代表，那么投机也不一定会常常支配企业。但投资市场的组织越进步，投机支配企业的危险性就会越大。纽约是世界上最大的投资市场之一，在这样的市场上，投机（依照以上所下定义）的势力非常庞大。但即使是在理财领域之外，美国人也仍然过分地喜欢推测一般人对于他人的看法，这个民族性的弱点，也同样在证券市场上有所体现。据说美国人因为收入而投资（目前许多英国人还是这样）的人相当少，如果他不是希望以后会有资本增值，他是绝对不会愿意购买这样一份投资的。也就是说，当美国人决定是否购买一件投资品时，主要的依据不在于该投资的未来收益，而是在于该投资的市场价格（因循成规的市价）的波动对他是否有利。那么，他就是以上所说的投机者。如果投机仅仅是企业洪流中的一小股，或许没有什么害处。但如果企业就像是投机漩涡中的水泡，情形就要严重得多了。如果一个国家的资本发展变成游戏赌博的副产品，整个事情大概就不会做得好。如果认为华尔街的社会功用，是在于引导新投资处于一个最有利的（以投资之未来收益为标准）途径，那么华尔街的成就就不能算是自由放任式资本主义的辉煌胜利。这也不足为奇，因为一假使我的看法是对的——事实上华尔街最有智慧的人，其志向也并不在这个方面，而在另一个方面。

只要投资市场能够被我们组织运用得非常灵活，那么这类趋势就几乎是不可避免的。大家一致认同要为公众利益着想，应当让游戏赌博场所的收费尽量昂贵，人们进去之前先要考虑一下自己的腰包，从而减少他们进去的次数。

恐怕证券交易所也应该是这样。伦敦证券交易所的罪恶，与华尔街比较起来还算是少的，原因并不在于两国国民性质的不同，而是在于前者对于一般的英国人，比起华尔街对于一般的美国人，收

### 现代投资市场的"奇迹"

当企业成为投机漩涡中的泡沫时，当国家的资本变成赌场中的副产品时，经济大萧条的命运就再也不可能避免了。20世纪前期，华尔街遭受了严重的经济泡沫，它很大程度上是由于市场不堪迅速滋生起来的投机者们的重负，而在瞬间崩塌的结果。可是，它的复苏能力同样让人惊奇，在危机后的短短十几年里，它又以更焕发的面貌展现在人们的面前。图为恢复本来面貌后，忙碌的华尔街。

费要昂贵得多，想进去并不是一件容易的事。想要在伦敦证券交易所里交易，就必须要付介绍费和高额的经纪费，还必须向英国财政部门交纳转手税，税额也是很高的。这些费用，都足以能够让该交易所的流动性减少，因此华尔街的交易，有很大一部分在伦敦证券交易所都是不存在的。但在另一方面，伦敦证券交易所每两星期就会结一次帐，这又会使该市场的流动性增加。在美国，如果不希望投机掩盖企业的事情发生，最切实和最有效的办法，就必须依靠美国政府对所有交易征收高额的转手税。

现代投资市场允许奇迹的发生。我有时甚至认为，如果将购买投资比喻成结婚，除非有死亡或其他重大理由，否则它就是永久的、不可再分的，这也许就是补救当代种种罪恶的最切实的办法。因为只有这样，才可以使得投资者将他的心思，专门用来预测长期的收益。然而如果再认真地思考一下，这个办法实施起来也会存在许多困难，因为有时投资市场会阻挠新投资，但常常也会给新投资提供便利。假使每一个投资者都认为自己的投资具有流动性（尽管对于投资者全体而言，这是不可能的），那么他就可以高枕无忧，

因此也就会愿意多冒些险。如果个人还有其他的方法，可以将其储蓄保存起来，而且如果个人一旦进行投资，就会周转不灵，这也能够阻碍新投资。两难就发生在这里。只要个人可以利用财富来储蓄（Hoard Money）或放款，那么除非投资市场存在，可以将资产随时脱手，变成现款，否则谁都不大愿意购买真正的资本资产。那些并不是由自己来经管资本资产的人，尤其对购买资本资产没有兴趣。

信任心的减弱，对现代经济生活的打击是非常大的，要医治这样的病情，最根本的办法就是，让个人从两条路中选一条去走，其一是消费其收入，其二是选择一件他认为最有前途，同时也是他最有能力购买的资本资产，向别人订货。当然有时他对未来的疑虑也是很多的，因此他会感觉不知如何是好，只能依靠多消费少投资。即使是这样，当他对未来感觉有些疑虑时，也不宜选择既不消费又不投资，因为后者对经济生活会起到严重的，且非常糟糕的影响。

有人认为储蓄会对社会造成不利的影响，强调这种说法的人，他们心目中所持的理由当然就是上面所说的那样。但是他们却忽视了一个可能，即使储蓄数量不变，或改变量很小，不利现象还是有可能发生的。

**以股票市场崩溃为主题的邮票**

在决定把发财致富的希望寄托到股票投资上时，也就同时多了一份担惊受怕和少了一份资金流通的机会。图为以 1929 年股票市场崩溃为主题的邮票。

# VII 其他影响经济稳定的因素

除了投机之外，人性本身的弱点也会引起经济的动荡。个人的积极行为，有一大部分，与其说是由冷静计算（不论是在道德方面、苦乐方面还是经济方面）所决定的，不如说是由一种油然而生的乐观情绪所决定。假使做一件事情的后果，必须要等许多日子后才会明白，那么是否要做这件事，或许并不是先将可得利益的多少与得此利益的可能性相乘，求出一个加权平均数，然后再做决定。大多数决定做这件事的人，大概只是一时的冲动——种油然而生的驱使，让他们觉得动比静好。不论企业发起的缘由在表面上说得如何坦白诚恳，其真正的起因如果说是缘于上述所举的理由，那不过是自欺人罢了，企业精确比量未来利益的得失的程度，比南极探险精确比量未来利益得失的程度还略胜一筹。如果血气衰退，

**沙漠边的七星级酒店**

创办企业除了冷静的计划之外，还需要看上去十分脆弱的乐观情绪，后者可能带来一些失败，也使得一些"不可能的事业"变成商业奇迹。图为坐落在波斯湾海滩边的七星级酒店，它就是由私人企业家在"一时冲动"中创办的，它为迪拜这一中东国家带来了过去不能想象的旅游收益。

油然而生的乐观情绪被动摇，一切还按照原来的计划行事，企业就会渐趋衰遍亡—尽管畏惧损失与企图利润，二者都缺乏合理的基础。

一般来说，如果企业的发起，是因为发起人对于未来还抱有希望，该企业对社会全体的影响就会是有利的。但如果企业要靠私人来主办，那么除了冷静的计划之外，还要有激情来补充。有此激情，那么即使按照以往的经验，这事业在将来是要亏本的，发起人也不去理会亏本的可能，就正如一个健康的人并不去理会死亡的可能一样。

不幸的是上述这些情况，不但让不景气的程度加深了，而且还使得经济繁荣与社会政治的关系过于密切。想要经济繁荣，就必须让社会政治与一般工商界相融洽。如果工党政府或是美国新政（New Deal）的实施，给企业带来了不景气的影响，倒未必是由理智盘算而引起，也未必是由政治阴谋而引起，说不定只是因为油然而生的乐观情绪容易被动摇的缘故。因此在估计未来投资的数量时，我们就必须要考虑到，那些想要从事投资的人的神经是否健全，他们的消化功能是否良好，对气候的变化反应如何，因为这些都可影响一个人的情绪，而且投资的绝大部分是由油然而生的情绪所决定的。

但是我们并不能因此就推断，认为一切都是由不讲理智的心理波浪所支配。相反，长期预期状态往往是很稳定的，当它不稳定时，也会有其他因素发挥其稳定作用而使其稳定。我们只需要提醒自己，如果今日的决策可以影响未来，那么这种决策（不论是个人的、政治的还是经济的），就不能完全都按照严格的冷静盘算去发展。事实上作这种计算实在也没有其他的方法。社会运转不息的原因，就在于有一种内在的力量驱使我们。理智尽力在各种可能性中设法挑选，在任何可以计算的地方，都计算一下。但在需要原动力的地方，理智也必须要依赖想像、情绪或是机缘。

# VIII 减轻我们对未来茫然无知的要素

尽管我们对未来知道得很少，但是由于其他因素的存在，也就不那么重要了。由于复利的关系，又由于资本设备常随时间的流逝而变得不合时宜，因此会有许多投资，如果投资者在对未来收益

**■ 双方共同分担风险的商品**

计算复利的关系，设备的老化和短期项目的收益，使我们对未来的无知少了一点点恐惧。房屋作为极长期投资中最重要的一类，由于住户的保障问题使得房产商的风险也相应降低了一截。

进行估计时，并没有考虑到全部未来的收益，而只注意到最初的几项，那么也就不一定就是不合理的。房产是极长期投资中最重要的一类，但房产投资者往往能够将风险转让给住户，或至少可以通过长期契约的方式，由投资者与住户共同承担风险。住户对此也是很乐意的，因为在住户看来，承担风险之后，使用权就有了保障，就不会随时被中止。公共事业也是长期投资中很重要的一类，但对公共事业投资的人，因为可以将此项事业占为己有，也可以在成本与收费之间，保持某一特定的差额，因此其未来收益就已经存在了实际保障。最后，还有一类渐渐重要起来的投资，那就是由政府从事、由政府承担的风险投资。从事这类投资时，政府只会考虑到对未来社会的好处，至于商业上的利益怎样，就不去计较了。政府不会对这种投资的预期收益率（按照精密的估计）进行任何要求，但预期收益率至少必须等于现行利率。而政府必须要出多少利率才能借得款项，对政府投资活动的规模会有决定性的影响。

因此，长期预期状态在短期内的改变（区别于利率的改变），就必须充分地考虑到。但在考虑这种改变之后，我们还可以说，利率的改变，对于投资量来说至少在通常情形下仍能产生极大的影响——尽管不是决定性的影响。至于在何种程度之内操纵利率可以继续鼓励适量的投资，就需要等待以后的事实来证明了。

就我个人而言，我现在有些怀疑，仅仅依靠货币政策来操纵利率究竟会有多大的成就。国家可以看得远一些，从社会福利的角度，来计算资本品的边际效率，因此我希望国家应该多承担起直接投资的责任。其理由是，各种资本品的边际效率，在市场估计中（方法已经在上面提到过），可以有很大的变动，而且利率可能变动的范围过于狭窄，恐怕不能将前者的变动完全抵消掉。

# 第13章

# 利率通论

## 本章要点

利息率的定义及其和货币量、流动性偏好的函数关系；
流动性偏好的存在和分类及分类理由；
利息率和货币量作用下的流动性偏好；
期望的货币数量和利息率及就业的间接联系。

The General Theory of Employment, Interest and Money

# Ⅰ 引论

在上面的第 11 章中，我们曾经指出，即使有各种各样的力量引起了投资量的时涨时落，以保持资本的边际效率与利率的均衡和相等，但资本的边际效率本身却并不就是通行利率，我们可以将此理解为：如果用借来的款项来从事新投资，那么资本的边际效率表就表示借款者所愿意付出的代价，而利率则表示贷款者所要求的代价。我们必须知道决定利率的是什么人，才能使我们的理论完整。

在第 14 章及其附录中，我们将检讨历来对这个问题的答案。一般来说，他们认为利率就是资本的边际效率表和心理上的储蓄倾向二者交互影响的结果。所谓储蓄的需求，就是某一特定利率下所有的新投资；在该利率下储蓄的供给，则是由社会的储蓄倾向所决定的；而所谓通行利率，则是由储蓄供需相等的点所决定的。

如果我们一旦发觉只是依靠储蓄的供需并不能得出利率，那么该学说就即刻宣告崩溃，那么我们自己的答案又是怎样的呢？

# Ⅱ 消费倾向和流动性偏好

在个人心理上，存在着时间上的优先观（Time Preference），如果想要全部完成，就必须要有两组个别的决定。第一组决定就是我上面所说的消费倾向。决定消费倾向的种种动机，已在第三篇中列举过了。在这各种各样的动机的影响下，

**秒钟经济学**

### 利息率

利息率是在特定时期内利息数额和贷出的货币金额的比例。它是利润的一部分，应低于利润率。由于资本主义制度下，平均利润率的规律性，所以利息率不是以单纯的部门或企业的利润来确定的，而取决于平均利润率。

### 流动性偏好的动机

由于货币需求中人的主观因素，所以流动性偏好出于三个动机：①日常交易需要的交易动机；②安全保障需要的谨慎动机；③追求利润目的的投机动机。

消费倾向所决定的，是个人将以其收入的多少用于消费，其中多少又会以某种方式保留，为的是取得对于未来消费的支配权（Command）。

　　下了这个决定之后，还必须再下另一个决定。个人到底是以怎样的方式，持有他从当前收入或过去储蓄中保留下来的对于未来消费的支配权？是采用当前（Immediate）流动的方式（例如货币或其相等品）呢，还是愿意将这当前的支配权，放弃一段时间（定期或不定期），任凭未来市场的情况而决定？他可以按照怎样的条件，将对于一类特定物品的延期支配权（Deferred Command），变作对一般物品的即期支配权呢？也就是说，他的灵活偏好（Liquidity Preference）

**■ 消费倾向训练下的主妇**

　　个人将其收入的多少用于消费，又把其收入的多少以某种支配权的形势加以保存，以备将来的消费所用是决定他消费倾向的主要因素。图为 16 世纪一荷兰主妇和她的女仆正从商人手里购买物品，看似家庭主妇们在不经意间购买的物美价廉的商品，其实都是在长期消费倾向作用下训练出来的。

的程度是怎样呢？一个人的灵活偏好，可以用表格来表示。这个表中将列出在各种环境下，有多少资源（用货币或工资单位计算）他愿意以货币的形式来保持。

　　我们将发现以往许多利率学说的错误，是因为从他们想通过心理上时间优先观的第一种构成分子得出利率，而忽视了第二种。现在我们必须要补救这个缺陷。很明显，利率不是储蓄本身或等待本身（Waiting as Such）的报酬；因此如果一个人用他的现金进行储蓄，那么即使照常储蓄，却赚不到利息。相反，就字面意义来讲，利率一词已直截了当地告诉我们，所谓利息，就是在某特定时期内，放弃周转灵活性的报酬。因此利率只是一个比例，其分母是某一定量的货币，其分子是在某一特定时期中，放弃对此货币的控制权，来换取债票（Debt），从而得到的报酬。

在任何时间，利息就是放弃周转灵活性的报酬，因此利率所衡量的，就是持有货币者的不愿意程度—不愿意放弃对这些货币的灵活控制权的程度。利率并不是使投资资源的需求量与当前消费的自愿节约量趋于均衡的一种"价格"。利率是使公众愿意用现金形式来持有的财富，恰好等于现有现金量的一种"价格"。这就意味着，如果利率低于这个均衡水准（如果将现金脱手可得的报酬减少），那么公众愿意持有的现金量，就会超过现有供给量；如果利率比这一水准高，那么有一部分现金就会变得多余，也就不会有人愿意持有。如果这种解释是正确的，那么在特定情况下，货币数量与灵活偏好这二者，就是决定实际利率的两大因素。所谓灵活偏好，是一种潜在可能或一种函数关系，如果利率已经确定，那么这种潜在可能或函数关系就决定了公众愿意持有的货币量。用 r 来代表利率，M 代表货币量，L 代表灵活偏好函数，那么就有 $M = L(r)$。这就是货币数量与经济机构发生关系的地方，也是与它们发生关系的理由。

在这里，我们要重新想一想，灵活偏好这种东西为什么会存在？货币可以用于当前交易，也可以用于

### 消费促进流通

利息率是在特定时期内，放弃一定数量的货币控制权所换取的债权而得到的报酬和一定量货币的比例，所以任何时期的利息率都能衡量持有货币的人愿意放弃流动性的程度，也能很好地反应货币的数量和流动性偏好。人们消费享受的过程其实就是把一定的货币量带到经济体系当中。图为现代人流涌动的西贡桥市场。

贮藏财富。这种区别早在古代就已经存在。就第一种用处来说，在某种限度内，为了使周转灵活，值得牺牲一些利息。但如果利率永远不可能是负数，为什么会有人愿意采用不产生利息（或产生的利息数额很少）的方式，而不愿意采用可以产生利息的方式来持有财富呢（此处暂时假定，银行倒账与债票倒账的风险相同）？这个问题解释起来，是非常复杂的，必须留待第15章再进行详细的解释。但有一个必要条件，如果没有它，人们就不会因为偏好周转灵活，而用货币持有财富。

这个必要条件，就是人们对于利率的前途觉得不确定。也就是说，人们不能确知未来的各种利率——利率因贷款期限的长短不同而不同——将会如何。如果人们可以预知未来的各种利率，而且没有任何错误，那么现在各种利率就将与未来各种利率互相调整，而未来利率就可以从现在利率中推知。例如，设 1dr 为 r 年之后的 1 镑在今年的值，而且知道在 n 年时，从 n 年算起 r 年之后的 1 镑的值为 ndr，那么

$$ndr = \frac{1d_{n+r}}{1d_n},$$

因此从现在起的 n 年以后，届时债票变成现金的折现率就可以从今日利率体系中的两种利率中推知。如果今日的利率，不论债票的期限如何，都为正数，那么用购债方式贮藏财富总要比用持有现金的方式贮藏财富更要有利。

相反，如果未来利率不确定，那么我们不能断言，届时 $nd_r$ 就一定等于 $\frac{1d_{n+r}}{1d_n}$。

如果在第 n 个年头还没有结束时，需用现款，就必须将以前所购的长期债票出售，兑换成现金。一买一卖之间，就会蒙受损失，而持有现金就不会受到这样的损失。因此依据现有可能比率精确计算出来的预期利润，必须足以抵补这种可能发生的损失（不过这种计算的可能性还是个疑问）。

如果有一种市场组织，可以买卖债票，那么由于未来利率的不确定性，灵活偏好又增添了一个理由。每个人对未来的看法不同，而市场价格所表示的，是现在最被看好的意见，因此如果有人与这个意见不一致，那么他也许愿意持有现金：因为如果他自己的意见是正确的，那么现在各 1dr 间的关系，就一定与将来的事实不符，他就可以从中取得利益。

**促进贸易的大型展览**

　　在一个利息率不确定，同时以有组织的方式从事自由买卖债券的市场，每个人对市场价格所表现出来的主流看法不同，总会有一些人因为相信自己独到的眼光而持有充分的流动性资金。图为互通贸易往来、给货币资金提供更好的流通场所的国际展览大厅。人们对于利息率变化的预期，将决定他们是否会在这次展览中投资和购买。

　　这与我们在讨论资本的边际效率时注意到的一种现象非常类似。我们知道，资本的边际效率，并不是由真正的专家意见所决定的，而是由市场上群众心理所决定的，同样，对于利率前途的预测，也是由群众心理所决定的；一经决定，就又会影响灵活偏好——不过再加上一点，凡是相信未来利率将高于现在市场利率的人，愿意保持现金；凡是相信未来利率将低于现在市场利率的人，则愿意用短期借款来购买较长期的债券。市场价格则是由空头（Bears）抛出与多头（Bulls）吸进二者相等的点所决定的。

　　以上所说的三种灵活偏好的理由，总结起来是由于（a）交易动机，即需要现金来为个人或业务上作当前交易的准备；（b）谨慎动机，即想保障一部分资源在未来的现金价值；以及（c）投机动机，即相信自己对未来的看法，比市场上的一般人高明，想由此从中获利。在这里，又像在讨论资本的边际效率时一样，是否需要一个非常有组织的市场来买卖债票——这个问题，使我们觉得很为难。如果不存在有组织的市场，那么由谨慎动机所引起的灵活偏好就会大幅度的增加。但如果有个这样的市场，那么由投机动机所引起的灵活偏好又可以发生很大的变动。

关于这一点可以进一步说明如下：如果由交易动机与谨慎动机所引起的灵活偏好所吸收的现金数量，对利率改变本身（即不计利率改变对于收入水准的影响）反应不太灵敏，那么由总货币数量减去这个数字后剩下的，可以用来满足由投机动机所引起的灵活偏好。利率与债票价格也被固定在某个水准上，使得有人愿意持有的货币量，恰好等于用于投机动机的现金量。有些人之所以愿意持有货币，是因为在该利率与债票价格下，他们对债票的前途看跌。因此货币数量每增加一次，债票的价格就必须要提高，使得债票价格超过若干"多头"的预期。如果除短暂的过渡时期外，由投机动机所引起的现金需求，数量非常少，那么当货币数量增加时，利率几乎会立即降低，其降低的程度是要使这种货币增量因就业量的增大与工资单位的提高，刚好等于被交易动机与谨慎动机所吸收去的。

一般来说，灵活偏好表—即货币数量与利率的函数关系—可以用一条顺滑曲线（Smooth Curve）来表示：当利率下降时，货币的需求量会增大。之所以这样，有以下一些原因：

第一，如果利率降低，其他情形不变，那么起源于交易动机的灵活偏好，将随利率的下降而吸纳较多的货币，因此利率下降可使国民收入增加。如果国民收入增加，那么为了让交易更加方便，交易动机所需的货币量总要随收入的增加而增加—尽管增加比例不一定相同；同时，保持充分现款来取得此种方便的代价（即利息的损失），也因利率的降低而减少。除非我们用工资单位而不用货币来衡量灵活偏好，否则当利率降低时，就业量就会增大，从而导致工资率—即工资单位的货币价值—上涨，交易动机所需的货币也随之增加。第二，利率每降低一次，就会使得有些人对利率前途的看法与市场上的一般看法不同，因此这种人愿意增加其货币持有量。

■ **必须保持平衡的利息率与债券价格**

利息率与债券的价格，必须维持在一个水平上，使得愿意持有货币的那部分人持有的现金量正好等于由于投机动机引起的货币需求量。所以每一次持有人手中货币量的增加，都会导致债券的价格提高到超过预期，来迫使他们出售债票，换取现金。就如同特定量物品维持下的天平一样，总会在增增减减的过程中使两端处在一条直线上。

### 被利润驱动的危险欲望

每个人主观偏好及着重短期利益的特性，使他对利息率的看法与市场整体有所不同，因此可能现行利息率的微小变化都可能促使大批的人转向持有现金从事其他牟利手段的行列。这是电影《毒品网络》的剧照，在现实生活中，由于就业的困难，消费的提高和各种利率的降低，总是不乏有大量的人在金钱欲望的驱使下加入到贩毒这种危险的行业里。

尽管如此，在某种环境下，尽管货币数量大幅度上涨，但利率所受的影响很小。因此货币数量大量增加的后果是，（a）使未来变得非常不稳定，因此起源于安全动机的灵活偏好会加强；(b) 对于利率前途的看法，也许变得非常一致，因此目前利率只要稍微变动一点，就会有大批人愿意持有现金。这是一件非常有趣的事情：经济体系的稳定性，经济体系对于货币数量变动的反应灵敏性，依赖于与此同时的许多不同意见的存在。最好能预知未来，但如果不能，而我们还想靠货币数量的变动来控制经济体系，那么对于未来的看法，意见就一定要不同。因此这种控制法用在美国不如用在英国有效，因为美国人喜欢在同一时间持一样的意见，而在英国，意见不同乃是常事。

# III 货币与几种因果关系

我们现在已经将货币这个东西引到了因果关系之中（Causal Nexus），这尚属一项创举。货币数量的变动是如何影响经济体系的，我们现在也已有了初步的了解。如果我们由此就推论，货币是一种饮料，可以刺激经济体系，促使其活动，那么我们就一定要记得，在这种饮料发生作用之前，在杯子和嘴唇之间还有一段距离。如果其他情形不变，那么增加货币数量就可以降低利率；但如果公众的灵活偏好比货币数量增加得更快，利率就不会降低。如果其他情形不变，降低利率一定可以增加投资量；但如果资本的边际效率表比利率下降得更快，那么投资量就不会增加。如果其他情形不变，增加投资量就一定可以增加就业量；但如果消费倾向也下降，那么就业量不一定增加。最后，如果就业量增加，物价就将会上涨。其上涨程度，一部分是由生产函数的形状所决定，一部分要根据工资单位（以货币计算）是否上涨来决定。产量如果增加了，物价就会上涨，那么又会转而影响灵活偏好，因此想要维持某一特定利率，就必须再使货币增加。

# IV 投机动机的灵活偏好和"空头状态"

起源于投机动机的灵活偏好，就相当于我在《货币论》中所说的"空头状态"（State of Bearishness），但两者并不是同一个概念。因为那里所谓的"空头状态"，并不是利率（或债票价格）与货币数量之间的函数关系，而是资产和债票两者的价格与货币数量之间的函数关系。然而那种状态是将两种结果混在一起谈论：一是利率变动所产生的后果，二是资本的边际效率表的变动所产生的后果。我希望在这里能避免这样一种情况。

# V 储蓄

可以将储蓄（Hoarding）这个概念，看作是灵活偏好这个概念的第一接近值。假使我们用"储蓄倾向"（Propensity to Hoard）来替代"储蓄"，那么二者几乎就是一个概念。不过，如果我们所说的"储蓄"，是指增加现款持有额，那么"储蓄"就是一个不完全的概念；如果我们因此而认为"储蓄"与"不储蓄"是两种简单的选择，那么就更容易引起误解。在决定是否储蓄时，必须要权衡放弃周转灵活性能够得到的好处。是否储蓄，就是将各种好处权衡轻重之后的结果，我们必须要知道，从其他方面能够获得什么好处。如果所谓的"储蓄"，是指实际持有现款，那么储蓄的实际数量，并不会随公众的决定而有改变。因此储蓄量一定会与货币量相等，或——须看定义如何——与货币总量减去为满足交易动机所需的货币量的差额相等，而且货币数量并不由公众决定。公众的储蓄倾向——只能决定一个利率——使得公众愿意贮存的数目恰好等于现有款。利率与储蓄的关系向来被忽视，这大概可以部分地解释，为什么利息常被看作是不消费的报酬，而事实上它却是不储蓄的报酬。

### 古老的储蓄场所

人们总是反复衡量持有现款和放弃流动性偏好哪种方式能得到更多的利息，然后再决定是否储存货币，这也是大众的普遍心理。图为两名佛罗伦萨人在柜台进行储蓄等交易，这种柜台在意大利语中称为工作台，我们今天的"银行"一词便由此而来。

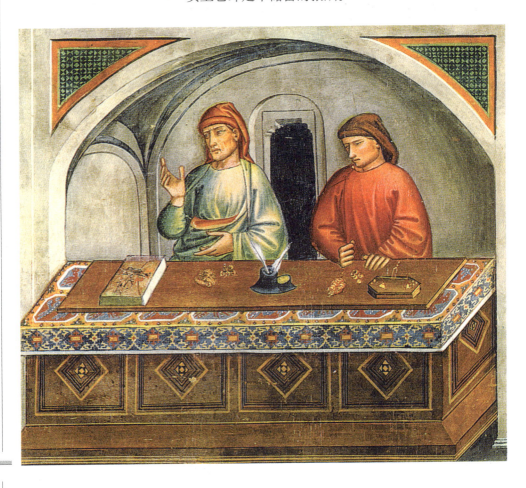

# 第14章

# 古典学派的利率论

## 本章要点

古典学派对储蓄和投资的认识及他们著作的片段；

古典学派的需求曲线及对它的分析；

古典学派错误的根源。

**繁华的自由市场中的平衡**

  古典经济学家们一致认为：投资构成"等待的需求"，储蓄构成"等待的供给"，而利息率就是使二者趋于相等的变数。在研究雅典市场的繁荣现象时，古典哲学家更倾向于是合理的利息率促成了投资与消费的相对平衡。

  什么是古典学派的利率论呢？我们都是被这些熏陶出来的，而且直到最近，我们对于这个学说还是选择没有多大保留的接受。然而我认为很难将它说得很精确，在现代古典学派的重要著作中，也很难找出对它的清晰说明。

  有一点可以说是非常清楚：古典学派一向把利率看作是使投资需求与储蓄意愿二者趋于均衡的因素。所谓投资，就是对可投资资源（Investible Resources）的需求，储蓄就是这种资源的供给，利率是使这种资源的供需趋于相等的价格。商品的价格一定是定在一点，使该商品的供需相等；而且市场势力也一定使利率定在某一点，使在该利率下的投资量恰好等于在该利率下的储蓄量。

  在马歇尔的《原理》中，找不出上面那样直接的说法。然而他的学说似乎就是这样。别人这样教我，我也就这样教了别人好多年。例如《原理》中有这样一段："利息就是市场上使用资本所付的代价，因此利息常趋于某一均衡点，使得该市场在该利率下对资本的总需求量，恰好等于在这一利率下资本的总供给量"。又如卡赛尔（Cassel）教授在所著《利息之性质与必然性》一书中说，投资构成"等待的需求"，储蓄构成"等待的供给"。意思是说，利息就是使需求和供给二者趋于相等的"价格";然而这里我也没能找出原文来引证。卡佛（Carver）教授于所著《财富之分配》第 6 章,却清清楚楚地将利息看作是使等待的边际负效用与资本的边际生产力二者趋于相等的因素。阿尔福雷德·弗勒克斯爵士（Sir Alfred Flux）（《经济原理》第 95 页）说"储蓄与利用资本的机会,一定会自动调整的。只要净利率大于零,储蓄就不会没有用处"。陶希格（Taussig）教授（《原理》,第二卷,第 20 页）先是说:"利率会固定在一点上,使得资本的边际生产力恰恰足以引起储蓄的边际增量";然后（第 29 页）"画一条储蓄的供给曲线,再画一条需求曲线,后者表示,当资本的数量增加时,资本的边际生产力逐渐降低。"华尔拉斯（Walras）在他的《纯经济学》附录 I 中的第三条,讨论"储蓄与新资本的交换"时,曾明白地表示:在每一个可能的利率之下,把每个人愿意储蓄的数目加起来,得到一个总数,再把每个人愿意投资—投资在新资本资产之上—的数加起来,又会得到一个总数,两个总数趋于相等;利率,是使这两个总数恰好相等的变数。因此均衡利率必然会固定在某一点上,使得储蓄量—即新资本的供给—与储蓄的需求量相等。华尔拉斯氏的说法,完全没有走出经典学派的传统。

的确,普通人—银行家、公务员或政治家—受过经典学派理论熏陶的人,以及受到过专业训练的经济学家,心中都会存有一种观念,他们认为每当个人出现某种储蓄行为时,利率就自然会下降;而利率的下降,也必然会刺激资本的生产。利率所须下降的程度,是要使资本的增产量,恰好等于储蓄的增加量。而且,这种调整过程是自动的,并不通过金融机关的干涉或参与。同样,直到今天,还是有这样一个更普遍的信念;即投资每增加一次,那么除非储蓄意愿发生了变化,与投资互相抵消,否则利率就一定会提高。

通过以上几章的分析,我们已经能够很清楚地了解,这种说法是不正确的。现在我们要追根究底,探究为什么会出现不同的意见,先让我们来说明一些共同点。新经济学派虽然相信,储蓄与投资实际可以不相等,但经典学派本身却仍然

**5**
秒钟经济学

### 古典学派的错误根源

古典学派关于利息的错误根源在于:把利息当成了等待本身的报酬,而没有把它看成是不储存货币的报酬。

### 利润

利润指的是资本主义社会中,剩余价值的转化形式或现象形态,也就是资本家在售出商品后收入的总价值超过其总成本的余额。

### 愁眉难展的韩国工人

古典学派影响下的人们普遍认同：一个人的储蓄行为会带动利息率的下降，而利息率又会自动地刺激资本的生产，这是一个自动调节的过程，不需要金融机构的特别干预和慈母般的照顾。1997年韩国在金融风暴冲击下一度出现了经济危机，一名韩国工人举着一张钞票愁眉难展，此时也只有借助政府的力量，才能挽救这令人沮丧的形势。

相信二者是相等的。例如马歇尔就相信（但关于这点他并没有明白指出），总储蓄与总投资一定相等。事实上，大部分经典学派学者将这个信念推得太远了：他们认为每当个人增加其储蓄量时，投资量都会在同一时间作同量的增加。而且在当前场合，以上所引用的一些经典学派学者所说的资本的需求曲线，与我所说的资本的边际效率表或投资需求表，并没有多少差别。当我们进一步讨论消费倾向及其理论—储蓄倾向—时，意见就开始逐渐产生不同，因为许多人似乎更看重利率对储蓄倾向的影响。然而我想他们也不会否认，收入水准对于储蓄量也存在非常重要的影响。而我也不否认，如果收入不变，那么该收入量中作为储蓄之用的那部分，也许会受到利率的影响—尽管影响的方式，与他们想象的不同。可以将所有这些共同点，总结成一个经典学派与我都能接受的命题：即如果收入不变，那么储蓄量与资本需求量，都会随利率的改变而改变。当前利率所固定的一点，一定是资本的需求曲线与储蓄曲线的交点。

从这点之后，经典学派就开始犯错误了。经典学派只是由以上命题推论：如果资本的需求曲线不变，而且人民从定量收入中愿意储蓄的数量，受到利率改变的影响，但影响的方式

（即储蓄与利率在某定量收入下的函数关系）不变，那么收入水准与利率之间，就一定会存在着一个唯一的关系。假使经典学派只是这么说，那么就没有什么可争执的。而且由这个命题，还可以得到另一个命题，它也含有非常重要的真理，即：如果利率不变，资本的需求曲线不变，而且人民从定量收入中愿意储蓄的数量所受利率的影响也不变，那么收入水准就一定是使储蓄量与投资量二者相等的因素。但事实上，经典学派不仅忽略了收入水准变动的影响，还犯了分析上的错误。

经典学派假定储蓄量改变了，但由储蓄而来的收入却不变。由以上所引的来看，经典学

**纽约街头的消费者**

古典学派的理论似乎在告诉我们：如果资本需求曲线移动或在一特定量收入中随利息率的变化而变化的储蓄量曲线有所移动，或两条同时移动，那么，新的利息率便取决于两条曲线新的位置的交点。很显然，他忽略了收入水平变化所起的作用，及收入水平实际上是投资量函数的可能性。生活水平的不断提高，使得物价也随之上涨，人们消费之余所剩的钱也相对变少。图为在纽约街头购物的消费者，如果人们的生活质量一再提高，那么她所购买的物品的价格也会受到影响。

派认为没有修改以上假定的必要，即可进而讨论：当资本的需求曲线改变时，利率会受到什么影响？经典学派利率论的自变量，只有两个：（a）资本的需求曲线，（b）在定量收入下，利率对储蓄量的影响。依照这种说法，当资本的需求曲线整体移动时，相当于这一定量收入的储蓄曲线可以不变，新利率是由新资本需求曲线与旧储蓄曲线的交点所决定的。经典学派利息论似乎设想：如果资本的需求曲线移动，或相当于一定量收入的储蓄曲线移动，或两条曲线都移动，那么新利率就由两条新曲线的交点决定。不过这个设想是行不通的。因为既然假定了收入不变，而且假定了两曲线之一可以单独移动，而不影响其他曲线，但这两个假定却是互相冲突的。如果两条曲线之一移动，那么在通常情形下，收入将会发生改变，因此基于收入不变这个假定建筑起来的整个结构就会宣告崩溃。如果想要自圆其说，只能使用一个很复杂的假定：即假定每当两条曲线或两条曲线之一移动时，工资单位会自动改变，改变的程度是使这种改变对于灵活偏好的影响，恰好足以建立一个新利率，以抵消曲线移动带来的影响，从而维持产量不变。但在上面所引的各家假定中，我们并没有发现有谁曾经感觉到这种假定的重要性。而且，这种假定最多也只能适用于长期均衡，而不能将其作为短期理论的基础；即使在长时期的理论中，这种假定也不一定适用。事实上，经典学派并没有意识到：收入水准的改变是一个有关因素（Relevant Factor）；更没有想到，收入水准事实上可能是投资量的函数。

以上所说，可用下图来表示：

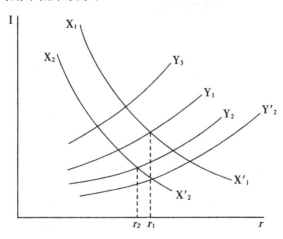

在上图中，用竖轴表示投资量（或储蓄量）Ⅰ，用横轴表示利率 r。$X_1X'_1$ 是投资需求表的初始位置，$X_2X'_2$ 是该曲线移动后的位置。曲线 $Y_1$ 表示当收入水准为 $Y_1$ 时，储蓄量与利率的关系；同理，曲线 $Y_2$、$Y_3$ 等线的意义也相同，只是收入水准分别为 $Y_2$、$Y_3$ 等等。现假定在 Y 曲线组中，曲线 $Y_1$ 是唯一与投资需求表

格 $X_1X'_1$ 以及利率 $r_1$ 不相冲突的曲线。现设投资需求表从 $X_1X'_1$ 移动到 $XX'_2$，那么一般来说，收入水准也会移动。但上图并没有充分材料，能够告诉我们新的收入将被固定在一个什么水准之上。因为我们不知道哪条 Y 曲线合适，当然就无法知道在哪一点，新投资需求表会与之相交。如果我们引入灵活偏好状态以及货币数量，并且假设由此二者所决定的利率为 $r_2$，那么整个情况就可以是确定的。因此在 $r_2$ 点上与 $X_2X'_2$ 相交的 Y 曲线（即曲线 $Y_2$），即为合适的 Y 曲线。因此 X 曲线与 Y 曲线组不能为我们说明利率是什么；它们所能说明的，只是如果我们从其他方面知道利率的高低，那么就能知道收入水准会是怎样的。如果灵活偏好状态以及货币数量不变，那么曲线 $Y_2'$ 就将是合适的 Y 曲线，新收入水准就是 $Y_2'$；曲线 $Y_2'$ 与新投资需求表的交点处的利率，就是曲线 $Y_1$ 与旧投资需求表的交点处的利率。

经典学派所用的两个函数，即投资对于利率的反应，以及在定量收入下，储蓄对于利率的反应，不足以构成一个完整的利率论。这两个函数所能说明的，只是：如果能从其他方面知道利率的高低，那么就能知道收入将固定在一个怎样的水准之上；或者当收入维持在某一水准（例如充分就业下的收入水准），利率又将固定在什么样的水准上。经典学派的错误，是由于它将利息看作是等待本身的报酬，而不看作

**■ 利率是风险下的报酬**

古典学派错误的根源在于：把利息当成了等待本身的报酬，而不是放弃储存货币的报酬。其实贷款或投资收入到的报酬与所谓"纯粹的"利息率之间，没有明显的界线，所有这一切都是甘愿冒这一种或那一种不能肯定的风险而得的报酬。图为两个神色凝重，正准备步入股市交易所尝试新一轮冒险的投资者。

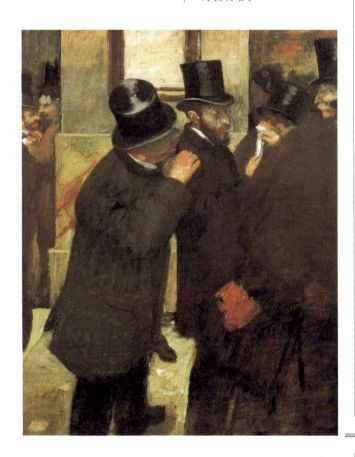

是不储蓄的报酬。其实各种贷款、投资都有风险，只是程度不同而已。因此通过贷款或投资得到的好处可以看作是甘冒风险的报酬，而不是等待本身的报酬。说实在的，由贷款或投资得到的报酬，与所谓的"纯"利率之间，并不存在清楚的界线，这些都是甘冒一种或其他风险的报酬。只有当货币只用来交易，且不用作贮藏价值之用时，其他学说才会合适。

我们可以将人们很熟悉的两点经验，作为给予经典学派的警告，告诉他们在某些地方出错了。第一，至少从卡赛尔教授的《利息的性质与必然性》出版以后，

### 经典学派的乱局

经典学派两个满足投资需求的供给来源的假设，将其带向不可拯救的深渊。没有参照物，又假定动态的社会在分析的过程中静止，以此为研究根据，那么最终得到的理论只能是一团混乱，就如同抽象派的绘画一样，容易让人失去方向。

大家都同意，某一定量收入的储蓄量，不一定会随利率的增加而增加；同时也没有人否认，在投资需求表上，投资随利率的增加而减少。但如果 X 曲线组及 Y 曲线组都是下降的，那么某特定 Y 曲线与某特定 X 曲线就不一定有交点。这就暗示：不能只是由 Y 曲线以及 X 曲线来决定利率。第二，经典学派常常设想，当货币数量增加时，至少在起初以及短时期内，利率有降低的趋势。但是他们并没有说出这种设想之所以成立的理由，

即为什么货币数量的改变会影响投资需求表，或影响某定量收入中的储蓄量。因此经典学派有两套利率论，在价值论中是一套，在货币论中又是一套。两套理论有很大的差别，而古典学派似乎并不因为两者间存在冲突而感到不安；据我所知，他们也没有设法调和这两者的冲突。以上是说经典学派本身的问题。新经典学派想要调和这两者的冲突，就会把问题弄得更加糟糕。新经典学派推论，一定存在两个供给来源，使投资需求得到满足：(a) 正常储蓄 (Savings Proper)，也就是经典学派所谓的储蓄，以及 (b) 由于增加货币数量所产生的储蓄；后者是对公众的一种征课 (Levy)，可被称为"强迫储蓄"或与之类似的名称。于是就产生了"自然" (Natural) 利率，或"中立" (Neutral) 利率，或"均衡"利率这类的概念。所谓的"自然"或"中立"或"均衡"利率，就是使得投资与经典学派的正常储蓄相等的利率，而"强迫储蓄"则不是。最后，根据以上所述，新经典学派更能得到一个最浅显的解决方案：只要在所有情况下，能维持货币数量的不变，那么所有复杂情形就都无法产生。如果货币数量不变，那么由投资超过正常储蓄所产生的种种恶果就不可能存在了。到了这里，我们已无法自拔。"野鸭已经潜到水底，深至无可再深，而且死命咬紧水底下的野草、蔓茎、垃圾；现在要有一只非常聪明的狗跳下去，才能够把鸭子捞上来"。

传统分析法之所以是错误的，在于它没能正确地认清什么才是经济体系的自变量。储蓄与投资都是由经济体系所决定的，而不是储蓄与投资决定了经济体系。经济体系的决定因素，是消费倾向、资本的边际效率表以及利率；储蓄与投资只是这些决定因素同时诞生的胎儿。当然，这三个决定因素，本身也非常复杂，而且还可以互相影响。但三者还是可以作为自变量，也就是说，三者中的任何一个变量的值，不能由其余两个变量的值推得。传统分析法知道储蓄是由收入决定的，但却忽视了另一点：即收入是由投资决定的。当投资改变时，收入就一定会改变，而收入改变的程度，就会使储蓄的改变恰好等于投资的改变。还有一些理论，想通过资本的边际效率求出利率，但都没有取得成功。在均衡状态下，利率固然等于资本的边际效率，如果二者不相等，那么增加（或减少）当前投资量，使二者相等，就一定会有利可图；但如果把它当作利率理论，或由此推得利率，就会犯循环推理的错误。马歇尔想遵循这条路线解释利率，但中途就发现

**关于失业的漫画**

　　以往的经济学原理，都毫无疑问基于这样一个假设：如果其他条件不变，减少消费会使利息率趋于下降，增加投资会使利息率提高。实际上，这两者所决定的不是利息率，而是就业总量。图为一幅关于失业的漫画。经济萧条下的投资量和消费的减少自然造就了大批的失业人员。

了这个毛病。因此资本的边际效率，一部分是由当前投资的多少决定；而想要计算当前投资量，就必须先要确定利率。值得在这里陈述的是：新投资的产量必须达到一点，使得资本的边际效率与利率相等。我们能够通过资本的边际效率表知道，不是利率将达到怎样的一个定点；而是假设利率为已知，那么新投资的产量将扩充到一个多大的值。我想读者很容易了解现在我们所讨论的问题，无论从理论上还是从实际上看，都是相当重要的。历来经济学家对实际问题持有某种主张时，作为其根据的经济学原理都作了这样一个假定：如果其他情形不变，那么减少消费可以降低利率；增加投资可以提高利率；如果决定储蓄意愿与投资的，并不是利率，而是总就业量，那么我们就会彻底改变对经济体系运行机构的看法。如果在其他情形不变这个条件下，消费意愿降低的结果，不是增加投资，而是减少就业，那么我们对这个因素的态度也会大不一样。

# 马歇尔《经济学原理》、李嘉图《经济学原理》以及其他著作中的利率论

## 本章要点

马歇尔、埃奇沃斯或庇古教授关于利息率一闪而过的片段摘要；

李嘉图关于利息论的论述；

米赛斯教授奇特的利息理论。

# Ⅰ 马歇尔、埃奇沃斯及庇古教授对利率的见解

马歇尔、埃奇沃斯或庇古教授的著作，对于利率都没有相对紧凑的讨论，只是随便提及了一下。除了以上所引一段之外（可见第 11 章第 2 节），马歇尔对于利率问题的态度，只能由其《原理》（第六版）第六编第 534 页及 593 页之中稍作臆测。下面引用的文字，即这两页内容的要点：

"既然利息是市场上使用资本的代价，因此利息常常会趋向一个均衡点，使得市场在这一利率下对资本的总需求量，刚好等于在这一利率下资本的总供给量。如果我们所讨论的市场是一个小规模的市场，例如一座城市或一个企业，则当这个市场对于资本的需求增加时，可以从附近区域或其他企业抽调资本，以增加资本的供给，而迅速获得满足。但如果把全世界或某一个大国当作资本市场，则资本的总供给量，不会因利率的改变而迅速地增加。因为资本的两个来源就是劳动力与等待。利率提高，固然可以吸引人们从事额外的劳作及额外的等待，但在短时期内，这种额外劳作及额外等待，与现有资本品中所包含的劳动力与等待相比较，绝不会太多。因此在短时期内，如果对资本的需求大量增加，则满足这种需求增加的来源，更多的来自利率的上涨，而非供给的增加。利率既然上涨，就有一部分资本将从其边际效率最低的领域逐渐退出。因此，提高利率只能慢慢地、逐渐地增加资本的总供给量"（第 534 页）。

"我们不能不反复申述'利率'一词，如果用于旧有资本的投资，则其意义非常受限。例如，我们也许说：我国在各种工商业中投入的资本，约为 70 亿镑，年得净

利 3 厘。这种说法虽然方便，在许多场合也可以这么说，但它并不正确。我们应当说：如果在各种工商业中，投资于新资本（即在边际投资上）可得的净利率约为年利 3 厘，则各种工商业旧有投资的收入，如果用 33 倍来做乘法（即采用 3 厘的利率），把收入还原成资本，就约等于 70 亿镑。因为资本一旦投资在改良土地，或兴建房屋、铁路及机器等方面，则这项资本的价值，就等于其预期的未来净收入（或准地租）折成的总现值。如果这项资本在未来产生收入的能力降低。那么它的价值亦随之降低。新的价值可由较小的收入中减去折旧费用，再加以资本还原而得到"（第 593 页）。

**■ 只适合小市场的分析**

马歇尔关于利息论的观点为："利息在任何市场中都是为了使用资本而支付的代价，这趋于达到一个市场中需求总量等于资本供给总量的平衡。所以如果是个小市场，那么当资本缺乏时，便可从邻区或其他行业抽出资本满足它的需求。"这种大而化之的分析大概也就只适用于类似图中这种俄罗斯小乡村的需求供给。

在《福利经济学》第三版第 163 页，庇古教授说："'等待'，这一种劳动力的性质，一向受到很深的误解。人们有时说，等待就是提供货币；有时又说，等待就是提供时间；根据这几种说法，于是有人说，等待对于国民收入没有任何贡献。这几种说法都是错误的。所谓'等待'，只是把现在可以即刻消费的东西暂时延期消费，使本来即将被销毁的资源变为生产工具。因此'等待'的单位，就是某一定量的资源—例如劳动力或机器—在一个特定时间的使用。说的更广泛一点，等待的单位就是一种年值单位（Year Value Unit）。如果采用卡赛尔的说法（虽然比较简单，但不正确），等待的单位是指一个年镑（Year Pound）。

通常的看法认为在任何一年中积聚的资本，一定等于该年的'储蓄'量，对于这种看法，我们要特别审慎地对待。即使把储蓄解释为净储蓄（即不把借给他人，以增加他人消费的这种储蓄计算在内），同时把暂时存入银行、未曾动用的劳动力支配权也不计算在内，即使如此，这个看法还是不对，因为有许多储蓄，本意是要拿来变成资本的，但实际上却被浪费了，事实上并未变成资本。"

庇古教授唯一谈到利率由哪些因素决定的地方，是在他所著的《工业变动》（第一版）第 251 ~ 253 页。在这里，他不同意下面这个说法：利率既然由真实资本的供需所决定，因此不在中央银行或其他银行的控制之下。他对

**现代市场的作用**

庇古教授认为当银行向工商业者创造更多信用时，实际上是在向公众强制征收实物，以增加它们所掌握的资金数额，从而使长期和短期的实际利息率全部降下来。归根结底，利息率是由担负实际供给和资本需求的市场来自行决定的，与银行的调控全然无关。

此提出反对意见，说："当银行家为工商界创造出更多信用时，其实是在帮助工商界向公众强迫征课实物，扩大真实资本的供给源流。故银行创造的信用越多，就会使一切真实利率趋于下降。在这里应加以说明的地方，可见前面第 1 编的第 13 章。总之，银行贷款的利率，虽然机械地追随长期真实利率的变化；但这并不等于，决定真实利率的条件全然不受银行家的控制。"

我对于马歇尔的学说特别感到不解，最基本原因正如以下所述："利息"这个

概念属于货币经济的范围，因此不应进入不讨论货币的著作之中。（"利息"实在不应当在马歇尔的《原理》一书中出现，它实际上属于经济学的另一个部门。）庇古教授在《福利经济学》中，几乎从未提到过利息，他让我们觉得：等待的单位，就是当前投资的单位；等待的报酬，就是准地租。这倒是和他的暗中的假定是一致的。然而这些学者并不是在讨论一个非货币经济——假使真有这种东西的话。他们明明设想经济中既有货币的使用，也有银行制度的存在。庇古教授在《工业变动》一书中，主要是研究资本的边际效率的变动；《失业论》一书，主要是研究如果没有非自愿性失业，则什么会决定就业量？然而在这两本书中，利率所占据的地位，竟不比在"福利经济学"中所占据的地位稍显重要。

# II 李嘉图对利息率的见解

以下引文，摘录于李嘉图《经济学原理》一书的第511页，讨论的是利率论的要点：

"决定利率的因素，不是英格兰银行的放款利息，无论它

**银行的作用**

银行早在中世纪就出现了，它主要是充当信用和支付中介，并变积蓄和收入为资本，利用利率和放款利息等创造信用流通工具和提供多种金融服务的场所。图为中国招商银行深圳总部。由银行所制定的利息率，对调控经济有着很大的帮助。

是5厘、3厘还是2厘，而是使用资本能够得到的利润率；后者与货币的数量或货币的价值毫无关系。无论英格兰银行贷款的数额是100万、1000万或1亿，这家银行都不能永久地改变市场的利率，只能改变发行额及货币价值。为完成同样的业务，在这种情形下所需的货币量，可能是其他种情形下的10倍甚至20倍。因此，向英格兰银行要求贷款的数额，必须要根据这家银行愿意贷款的利率与使用这笔款项能够得到的利润率的比较来决定。如果这家银行要求的利率比市场利率低，则无论多少钱都贷得出去；如果这家银行要求的利率高于市场利率，那就只有败家子才肯向它借款。"

李嘉图的说法如此刻划分明，要比后来学者的说法更容易讨论。后来的学者们，实际上没有脱离李嘉图学说的范畴。他们只是觉得这种说法有些欠妥，只能含糊其词掩饰一下。以上的引述，应当解释为一种与长期有关的学说，着重点应放在文中的"永久"二字。李嘉图在著作中常常只讨论长期情况。但这种学说需要什么样的假定才能成立呢？

它需要的假定就是经典学派常用的假定：充分就业能够长期维持。如果充分就业能长期维持，而且劳动力的供给曲线——真实工资与劳动力供给的关系——不变，则在长期均衡中，只有一个就业量是可能的。根据这个假定，再加上各种心理倾向不变、预期不变（由货币数量的改变引起的改变除外）这两个假定，则李嘉图的学说可以成立；意思也就是说，在这许多假定的限制下，只有一个利率，与长期充分就业不发生冲突。但李嘉图及其继承人忽略了一点，那就是即使在长时期中，就业量也不一定充分，也是可以改变的。每个银行的政策，都会有一个不同的长期就业水准与之相对应；因此长期均衡的位置，也会随着金融当局的利息政策而改变。

假设当局的金融政策，是维持某一特定货币数量不变，那么在这种情形下，只要假定货币工资有很大的伸缩性，则李嘉图学说就足以成立。或者说，如果李嘉图认为，无论金融当局决定的货币数量是一千万或一亿，利率都不会因此而有永久性的改变，那么这种说法还是对的。但如果所谓的金融政策，是指金融当局增减货币数量的条件；或者说，是指金融当局用贴现或公开市场交易等方法，增减其资产时所要求的利率（李嘉图在前面引文中曾明白地说明，这就是他所谓的金融政策）；则当局的金融政策，既不是毫无影响，又不是只有一个政策与长期均衡相协调。但如果当时有非自愿失业的存在，失业工人将面对无谓的剧烈竞争，无限制地削减自己工资，以争取到就业的机会。在这种极端的情况下，只有两个长期均衡位置：充分就业，或利率低至不能再低时的就业量（假设这一就业量小于充分就业量）。所谓利率低至不能再低，就是指当利率达到这一水准，灵活偏好可以无限制地吸纳货币；再换句话说，利率达到这一水准时，灵活偏好就变成绝对的。如果货币工资有很大的伸缩性，则货币数量本身虽然不发生作用，但金融当局愿意增减货币数量的条件，的确是经济体系中一个决定性的因素。

有一点特别值得注意，从以上引文中的最后几句来看，李嘉图似乎忽略了：资本的边际效率，可以随投资量的改变而改变。但这一点刚好是一个不错的例子，足以说明李嘉图的学说体系要比其后继者来得更严谨。如果假设社会

**■ 现实的动态世界**

李嘉图的理论需要充分就业长期维持、心理倾向不变、预期不变等许多难以达到的条件来支持。这是夜幕笼罩下的罗马竞技场，车灯的轨迹表明了它坐落在一个飞速运转的动态世界里。在现实生活中，人口、竞争、利率和消费倾向等因素的稍微一点改变，就会使李嘉图假想中的世界面目全非。

### 奇特的利率论

米赛斯教授的奇特理论，大概是建立在为使问题简单化而假定的一连串情况下，说明资本边际效率是由新消费品的供给价格与资本品的供给价格的比例来计算的。如果是在长期均衡的情况下，这种特殊的假定也许会勉强成立，但如果讨论的是20世纪经济迅猛发展的东京，那么这种持久不变的简单化理论显然无法解释这座国际都市中日新月异的经济现象。

的就业量不变，而且社会的心理倾向不会改变，则只存在一个可能的资本积聚率，而资本的边际效率的值，也就只有一个。李嘉图在智力上的成就非常高，远非其他小角色可及。他可以把一个离开现实很远的世界作为现实世界，然后始终生活其中。而大部分李嘉图的后继者，则不得不兼顾一下常识，于是他们的学说在逻辑上的前后一致性就受到相当损害。

## III 米赛斯教授的奇特利率论

米赛斯（Von Mises）教授有一个奇特的利率论，后来被哈耶克教授以及（我想）罗宾斯教授所采用。

这一学说的重点是：利率的改变，实际上就是消费品物价水准与资本品物价水准的相对变化。我们不清楚这个结论是怎样得到的。但其论证的过程似乎是这样的：先采用一套假定，使得情况极度简单化；根据这套假定，用新消费品的供给价格与新资本品的供给价格的比值，来衡量资本的边际效率；然后就说这个比例就是利率。因为利率降低有利于投资，因此当上述比例降低时，对投资也是有利的。

使用这种方法，于是个人储蓄的增加与社会总投资的增加就有了一定的联系。一般人会认为，如果个人储蓄增加，则消费品的价格下降，且其下降的程度，很可能高于资本品价格的下降程度。根据以上的推理，这就代表利率的降低，会刺激投资。但如果某几种资本资产的边际效率降低，也会导致一般资本的边际效率降低，那么其效果适恰与以上论证所假想的相反；因此资本的边际效率表的提高或是利率的降低，都能够刺激投资。由于将资本的边际效率与利率混淆在了一起，因此米赛斯教授及他的信徒们收入到的结论刚好与事实相反。由于遵循这种思路而引起的混淆，可用汉森（Alvin Hansen）教授的一段文章，作为一个很好的例子："有些经济学者说，减少消费的净结果，将使消费品的价格比消费没有减少时低，因此固定资本上投资的动机，将因此而被削弱。但是这种看法是不正确的，因为这种看法是将（一）消费品价格的变化对于资本形成的影响，以及（二）利率的改变对于资本形成的影响，混淆起来了。减少消费及增加储蓄，都能够使消费品的价格与资本品的价格要相对地降低；这就表示了利率降低，而利率降低能够刺激投资，所以在之前的利率下已经无利可图的投资，现在居然也可以进行了。"

# 第 15 章

# 流动性偏好的心理动机和商业动机

## 本章要点

分别介绍流动性偏好中的收入动机、业务动机、谨慎动机和投机动机；

流动性偏好函数和交易动机、谨慎动机和投机动机的函数关系，及各个因素的相应变动情况；

利息率的心理和规律现象；

除交易动机和谨慎动机外，人们潜在的想持有现金的动机；

各种债券流通受到的限制。

# I　投机种类

我们在前面的第 13 章中，已稍微提到过灵活偏好动机，在这里我们再做一点更进一步的分析。这里所讲的就是一般人所指的货币需求，也与货币的流通速度（Income Velocity of Money）关系非常密切。货币收入的流通速度与灵活偏好并不相同，要因个人储蓄所选择的周转是否灵活而定。货币收入的流通速度，是用来衡量公众愿意保持收入多少的数量，所以货币的收入流通速度增加，可能是灵活偏好降低的一种征兆。人们常常认为全部货币需求与收入成一定比例关系，这是由于"货币的收入流通速度"这一名词所引起的错误想法，而事实上（理由可参见后文）只有一部分货币的需求与收入成一定的比例关系。从此可以看出，这一名词完全忽视了利率的重要地位。

我在拙著《货币论》中，用收入存款（Income Deposits）、业务存款（Business Deposits），以及储蓄存款（Savings Deposits）三个定义，来研究货币的全部需求。我想不必在这里再重新分析那本书第三章中与此相关的内容。持有人在心中未必能把以上三个定义分得很清楚，因为不同目的持有的款项总是会混在一起。因此不妨把个人在某种情况下对货币的需求，看作是一个单独的决定。这个决定是许多动机综合后的结果。在分析动机时，根据《货币论》的第三章可以将其分为三类，即交易动机、谨慎动机以及投机动机；交易动机又可再分为收入动机及业务动机。第一类就是我以前所谓的收入存款以及业务存款；第二类及第三类相当于我以前所指的储蓄存款。

（一）收入动机：流通速度这个概念适用于收入动机—保持现金的动机的强度

## 现金

现金在概念上，有广义和狭义之分。狭义为现金的净投放量，也就是如果流回到银行的现金少于从银行提取的现金，那么银行就增加现金投放；广义为包含现金存入和现金提取及两者差额弥补的全部现金的货币周转活动。

## 政府债券

政府债券政府以偿还本息为条件向社会各界筹措资金的债务凭证。它分为中央政府债券和地方政府债券。

### 持有现金的意义

个人在货币流动与不流动之间的选择，实际上只限于积累起来的财富，而不是全部的收入。个人持有现金的理由也是为了在两次收入之间保证支付，不至于到时候供不应求。在18世纪的荷兰，一家羊毛加工的企业在选择是否持有现金时，会更多地出于业务动机，也就是如何使企业顺利度过从成本支出到收入售价这一阶段。

主要决定于收入的多少，和收支期间的固有长度。而度过从收入到支出这一段时期，是收入动机保持现金的一个理由。

（二）业务动机：同收入动机一样都是持有现金，而其动机的强度主要是由当前的产量——即当前收入，以及这个产量须经过几道手续才能最终达到消费者，这两个因素来决定。

持有现金的理由是：为了顺利度过业务上从支出成本到收入售价这一段时间；商人持有的货币，则是用以度过从进货到售出货物这一段时间。

（三）谨慎动机：以此动机持有的货币，是在提防不虞的支出，或有未能预期的有利进货时机。货币这种资产，如果以它本身作为计算单位，则价值不变，但如果负债也以货币作为计算单位，那么持有货币便用于偿付未来债务。

上述三类动机的强度，主要看取得现款的可靠性如何、所付代价如何而定。假设在实际需要现款时，可以毫无困难地取得现款，那么确实没有必要为度过某一段时间，持有现款而不使用。这三个动机的强度，也取决于所谓持有现金的相对成本。假设为了保持现款的成本增加，而不能购买一台可以生利的资产，因此减弱持有一定数量现款的动机。假设存款可生利息，或持有现款并因此可避免付费给银行，那么成本降低，动机则加强。但除非持有现款的成本有极大改变，否则这个因素大概只是次要的。

（四）除此之外，还有投机动机。投机动机比以上三者需要较详细的考察。原因有两点，第一，人们对投机动机的了解没有其他动机深；第二，投机动机对传播由货币数量的改变所产生的种种影响有重要的作用。

在一般情况下，经济体系的好坏以及货币收入的多少，是满足交易动机以及谨慎动机所需要的货币数量的前提条件；因为投机动机的存在，所以，货币数量的变动（不论是有意的或偶然的）能够影响整个经济体系。货币需求是否满足前二类动机，要根据经济体系的荣枯或货币收入的多少而

**高利贷者**

持有货币的各种动机的强弱程度，均部分取决于需要现金时以某种暂时借贷的方式取得现金的代价和可靠性，尤其是依靠银行透支或类似透支方式。高利贷者正是抓住人们精心打算与现实之间存在偏差这个漏洞而发财致富的。这是15世纪荷兰画家博斯的一幅名作，修女与修士正兴致勃勃地试图从悠来荡去的糕点上咬下几口，形象地反映了教会与人类贪欲的不易满足。

定，一般不受其他因素的影响，除非两者有实际改变。由经验我们可以知道，货币需求能否满足投机动机，常随利率的改变而改变，一条连续（Continuous）曲线可以表示两者的变动方式。而长短期债票的价格变动可以由利率的改变来代表。

如果情况不是这样，那么公开市场交易（Open Market Operations）将不可能存在。我认为，从经验来看，以上那种连续关系的存在是有理由的，因为银行体系总可以把债票价格提高或降低，然后用现款来购买债票或出卖债票以获取现款，因此银行体系想用买（卖）债票方法来增（减）现款的数量愈大，那么利率的下降（上升）程度也愈大。（例如 1933 ~ 1934 年美国的情形）公开市场交易对于期限较短的证券市场影响较大，而对于重要性大的长期利率影响较小。

我们在讨论投机动机时，要分辨两种利率的改变。第一种是灵活偏好函数，如果用来满足投机动机的货币供给量改变，那么利率改变。第二种情况是由于预期改变，会影响到灵活偏好函数本身，导致利率受到影响。公开市场交易既可以改变货币数量，又可以改变人们对金融市场的未来期望，因此要双管齐下，使得利率随之改变。假设人们会因情报改变而修改预期，从而导致不连续的灵活偏好函数变化和不连续的利率改变。如果个人对情报有不同的解释或情报对个人利益的影响又不尽相同，这种情况下，债票市场上的交易将会增多。假设每个人对情报的改变仍

**受环境影响的持有动机**

个人的处境和持有货币的理由不同，对新形势的认识和解释也不同，所以每个人对由新均衡利息率引起的持有货币的重新分配也会不同。法国贵族平时会花大笔费用筹办豪华舞会，而一旦国家财政陷入危机，他们也会持重小心地使用自己的钱财。

采取相同的做法，那么市场将不需要交易，而利率（以债票价格表示）将立即与新环境相适应。

最简单的情况是每个人的性情都相同，其处境也相同。在这种场合下，环境的改变或预期的改变，不能改变货币的所有者，只能促使利率涨落。利率改变的程度，其实就是每个人在旧利率的作用下，在新的环境或新的预期中，想要改变持有现款的愿望，可这些愿望将足以因利率的改变而被打消。利率发生改变后，每个人愿意持有的货币数量也一定会随之改变。不过，每个人对利率改变

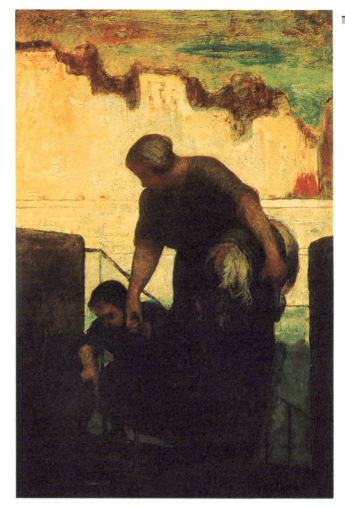

的反应都相同，因此不必进行任何交易。只要有一组环境及一组预期，就会有一种相应的利率存在。任何人都不必改变平时所持有的现金数额。

在通常情形下，环境的改变或预期的改变，经常会影响个人手中持有的货币量；而实际上，每个人的处境不同，持有货币的理由也不同，对新环境的认识与解释也不同，对新环境的看法与态度也就不同。现款持有量的重新分配，常常伴随着新均衡下的利率出现。尽管如此，我们所在意的只是利率

**■ 没有偏好选择余地的洗衣妇**

个人为满足交易动机、谨慎动机和投机动机所持有的现金数量的总和，与当下的收入水平利息率和预期状态是有直接关系的，而不只是个人主观的意愿。洗衣妇拥有的廉价的收入，除了勉强度日外，应该没什么多余的钱可以供自己支配了。

的改变，而不是现款的重新分配；后者只是因为个体之间的差异而偶然产生的现象，而最重要的、基本的现象，则在前面所提到的最简单场合就可看到。在通常情况下，在情报的改变所引起的一切反应之中，利率的改变是最为显著的。在报纸上经常

可以看到这样的话：债票价格的涨落，与市场上交易量的多少，完全不成比例——如果我们认为各人对情报的反应，多数都是相同的，那么这种现象就完全可能出现。

# II 流动性偏好函数和各动机的函数关系

个人为满足交易动机以及谨慎动机所持有的现款数，与它为满足投机动机所持有的现款数，是互相关联的。但作为整体或第一接近值而言，这两组现金持有量可以看作是不相关的。用 $M_1$ 代表为满足交易动机以及谨慎动机所持有的现金数，$M_2$ 为满足投机动机所持有的现金数。$L_1$ 及 $L_2$ 是与这两个值相对应的灵活偏好函数，$L_1$ 主要决定于收入水准，$L_2$ 主要决定于当前利率与当前预期状态的关系。因此有

$M=M_1+M_2=L_1(Y)+L_2(r)$

其中 Y 与 $M_1$ 的函数关系用 $L_1$ 代表收入，r 与 $M_2$ 的函数关系用 $L_2$ 代表利率。因此我们要研究三个问题：（一）当 M 改变时，Y 及 r 将会怎样变化？（二）哪些因素决定 $L_1$ 的形状？（三）哪些因素决定 $L_2$ 的形状？

（一）当在 M 改变的前提下，Y 及 r 的变化由 M 的变化引起。在我们所研究的经济体系中，M 的改变只能由开采金矿而来，M 的改变必然直接引起 Y 的改变，新产出的黄金也一定会被一些人获得。还有一种情形与此完全相同，即假设 M 的改变，是由于政府印发纸币应付其每年的支出，那么新发的纸币也一定被纳入收入。由于收入水准不能高到这样一种程度，而使得 $M_1$ 足以吸收所有 M 的增加，因此就要有一部分货币必须用于其他用途，譬如，可以通过购买证券或其他资产，使得利率降低。$M_2$ 加大，同时利率降低，将刺激 Y 上升，$M_1$ 也加大，直至所有的新货币不是被 $M_2$ 吸收，就是被 $M_1$ 吸收。由此看来，在增发货币时，银行必须实行宽松的信用条件，人们才愿意通过债票来换取现款，以上所陈述的只不过比这种情形更进了一步，因此我们可以把前者作为典型情形。在假定中：由于 M 的改变，一定会引起 r、$M_2$、Y 以及 $M_1$ 的改变，这时会产生一个新的平衡。在这个平衡下，新增现款如何分配于 $M_1$ 及 M，取决于投资对于利率降低的反应如何，以及收入对于投资增加的反应如何。由于 Y 也是由 r 所定，因此当 M 改变一特定量时，r 必须改变到一种程度，使得 $M_1$ 及 $M_2$ 的改变，相加起来，恰好等于 M 的特定量的改变。

（二）由于人们对货币收入的流通速度的含义，通常不能说得很清楚，因此我主张用 V 代表货币收入流通速度，那么有

$$L_1(Y) = \frac{Y}{V} = M_1$$

显然，我们不能说 V 是一个常数。V 的价值由以下四个因素所定（a）银行界以及工商界的组织情况；（b）社会习惯；（c）收入在各阶级间的分配方法；（d）持有现金而需偿付的代价。但如果我们讨论的是一个相对较短的时期，则以上各因素不会有太大变动，则 V 也基本不会变动。

（三）通过第 13 章，可以了解到 $M_2$ 与 r 之间，没有一定的数量关系，也就是说，r 与 $M_2$ 之间不存在一一对应关系。人们所关心的并不是 r 的绝对水准，而是根据或然律计算以后，r 的绝对水准与一般认为的 r 的相当安全水准，二者之间的差别程度。如果保持预期状态不变，我们有两个理由说明，为什么 r 的降低，会引起 $M_2$ 的增加。第一，如果一般人认为 r 的安全水准不变，那么 r 每降低一次，就使得市场利率比它的"安全"利率相对减小，从而使放弃周转灵活性的风险加大。第二，保险赔偿金可以通过放弃周转灵活性而得到的报酬收入，随着利率每降低一次，可抵补的风险损失就越小，而其减少的程度是等于旧利率的平方与新利率的平方差。这里可通过一个假设来说明，假设现在长期债票的利率为年息 4 厘，那么未来每年将增加 0.16 厘，而利息收入与资本账上的损失也会相互抵消。因此除非人们根据或然律的估计结果，认为未来利率的每年上涨速度，会大于现在利率的 4%，否则他们一定宁愿放弃周转灵活性而赚取利息。但如果现在利率已经降至年息 2 厘，那么利

■ **受心理因素影响的利息率**

　　如我们在第 13 章中了解的一样：人们对利息率前途的渺茫是导致他们持有投机动机现金的流动性偏好的唯一合理解释。所以，利息率在很大程度上是高度的心理产物。其微妙的程度不亚于战场上心理战术对于战局的影响。特洛伊之战就是一场典型的依靠心理战术制胜的战争之一。

**精确配合下的有序世界**

　　在均衡状态时，利息率不能低于相对于充分就业的利息率水平，否则，就将产生真正的通货膨胀。于是继续增加的现金将几乎全部被人们的交易动机和谨慎动机所吸收。所以只有就业、储蓄和投资相互配合，经济社会才能有序、和谐地运作。图为达·芬奇设计的"水力闹钟"，内部的结构可以被我们一览无余。这种闹钟用水力驱动，当水槽的水满时，便会牵动杠杆，工作起来。但假如哪个零件与整体不匹配，就会导致这个精致的设备失去作用。

息收入所能抵补的资本损失，只是未来利息每年增加0.04厘而已。当利率为年息4厘时，利息收入所能抵补的利率上涨风险，为每年增加0.16厘；而当利率为年息2厘时，利息收入所能抵补的利率上涨风险，为每年增加0.04厘；旧利率的平方与新利率的平方差等于两者补量的差。这就是利率不能降到最低的主要原因，因为除非未来和以往的经验大不相同，否则，即使当长期利率已经降至2厘时，利率上涨的可能性要远大于利率下降的可能性，而且利息收入所能补偿的利率上涨程度也很小。

　　从上面可以看出，心理成分在利率现象中所占的比例是很大的。在后面的第5篇中，我们将看到这种现象：在均衡状态时，利率不能低于相当于充分就业的利率水准，否则将会产生通货膨胀，因此虽然现款数量增加，但最终可能被 $M_1$ 完全吸收。在这个水准上，可以看出：短期利率要比长期利率容易控制。因为金融当局很容易使人们相信未来政策不会有很大改变，并且由于长期利率已经降到某一水准，而人们根据以往的经验会认为这一水准是不安全的，因此便很难控制长期利率。如果一个国家的利率比其他国家低，那么国人将会对本国利率毫无信心。相反，要是高于其他国的利率，那么人们又会嫌高，觉得它与国内充分就业的情况不相容。

一般情况下，人们认为金融政策是容易改变的，所以它不会使长期利率出现大幅降低。因为如果 r 降低至某种水准以下，那么 $M_2$ 就将无限制地增加了。相反，如果人们认为一种政策是正确的，而金融当局推行时有坚强的信念，且不会轻易改变，那么这种政策也很容易奏效。因此，我们不如把利率准确地说成是一个非常因循成规的（Highly Conventional）现象，而今日的实际利率水准则取决于一般人对于未来利率水准的预测。在一个不稳定的社会中，利率会由于各种理由围绕这个水准上下变动。如果 $M_1$ 的增加速度大于 M，利率上涨，反之利率则下降。然而利率所围绕着上下变动的那个水准，如果太高，充分就业则不能实现——在这种情形下，一般人会认为利率自动调整，因此存在着一种更强有力的客观理由，使得实际利率不得不维持在这样一种高水准，于是就业不充分的现象就更加容易发生。所以，公众或当局是怎么也想不到的，就业量之所以不能达到最适度的水准，其实是因为利率不合适。这时我想读者应该明白了，有效需求很难维持在一个高的水准来提供充分就业。由于长期利率基于一定规律，而且相当稳定，所以资本的边际效率才会变化多端，非常不稳定。另外，我们可以从另一个角度来设想，因为这种心理规律，并不基于确切的知识，所以我们可以希望，如果金融当局坚持贯彻它的主张，那么这种规律大概不至于老是不作任何的改变。舆论很快就能够适应利率下降，下降以后的新利率又构成新的固定规律，可以作为预测未来的根据；这时金融当局可把利率再压低一次。为了更好地加以说明，我们可把英国的利率下降当作一个例子。当公众的灵活偏好函数习惯于新的利率，对当局政策的新动向或情报中的新刺激又可重新出现反应时，这时当局又把利率压低了一次。

# III 限制利率的各种因素

我们可以把以上的论述用一句话来总结：在公众心目中，除了交易动机或谨慎动机以外，还有一个潜在的势力要持有现款；而在何种程度上能够实现真正的持有现款，要视金融当局愿意创造的条件是怎样的。灵活偏好函数 $L_2$ 能够涵盖的，正是这种潜势力。因此，假设其他情况不变，而且金融当局所创造的货币数量是已知的，那么只有一个利率（或说得更严格一些，只有一个利率体系）与这一货币数量相当。货币和利率有关系，且经济体系中的任何因素都与其有关系。我们把货币单独提出来分析是没有必要的，除非货币数量的改变与利率的改变有特殊的直接关联。由于银行体系与金融当局是买卖货币与债务票据的商人，而不是买卖资本品或消费品的商人，所以，我们一般认为两者是有特殊关系的。货币数量是个人所持有的现款数，一般人宁愿保持流动现款，也不愿把现款脱手来取得债务票据，因为利率只是银行体系愿意买卖债务的条件之一。

如果金融当局愿意根据一定条件，买卖期限不同的各种债务票据，则利率体系与货币数量之间就形成直接的关系。在当前的情况下，我们最好的货币管理技术是让中央银行依照一组规定价格买卖各种期限的金边债票，而不是只依照一个银行利率买卖短期票据。

然而各银行在控制市场债票价格的"有效"程度上是有所不同的，有时银行的控制力量在某一方面是比较有效的。譬如，银行为了定出一个买价与卖价相当的价格，就不会在购买债务票据价格上增加周转费。我们不知道为什么市场交易不能公开化，使得银行所定价格在两个方面都有效。一般而言，金融当局不会对期限不同的各种债务票据都一视同仁，会更重视短期债务的买卖，并且使得它的票据价格影响长期的票据价格。但是这种影响并不会马上生效，其效果也不完全相同。如果有这样一种限制，利率与货币的数量关系就不是那么直接了。在英国，当局有意控制的范围似乎在扩大，但如果要把这种理论应用于实际当中，又必须考虑当局实际采用的控制方法的特征。如果金融当局只是买卖短期债务票据，我们就必须考虑短期票据的价格（现在的或未来的），对于期限较长的票据的影响是怎样的。

如果金融当局要为期限不同、风险不同的各种债务票据建立一个特定的利率体系，那么

### 受控制的政府公债

在今天的现实中，银行系统控制市场上债券的实际成交价格的"有效"程度，每个银行基本上都是不同的。因为有时候银行购买债券后，并不愿意在买价之上加进一小笔转手费出售债券，使买价和卖价尽可能相近。图为美国得克萨斯州1875年向民众发行的债券。

要受到以下种种限制：

（一）有些限制是金融当局自行加上的，比如只肯买卖某种类型的债务票据。

（二）由于利率会降至某一水准，导致人们都愿意持有现金，而不愿意持债务票据，对于此种局面，即使金融当局也无力控制。然而这种现象至今还未表现出重要性，将来也难以确定。因为金融当局没有机会尝试买卖债务票据，而即使发生这种情形，政府自身可以只出极低的利率向银行无限制地借款。

（三）由于灵活偏好函数变成了一条直线，以致利率完全失去了稳定性——这种不正常状态曾经在战后的俄国及中欧出现过，那时人们因为过度的通货危机而逃避通货，所以无论什么条件，人民都不愿意持有现金或债务票据，并且预期货币价值会继续下跌，因此即使利率继续增高，还是抵不上资本（尤其是囤货）的边际效率上涨。在 1932 年的美国却有相反的情况发生，那时无论条件如何合理，几乎没有人愿意把现款脱手。

（四）由于是由中间人把借款者和贷款者拉拢在一起的，而且贷款者要求获得利率，所以实际利率很难低于某一水准，这就是我们要在第 11 章第 4 节中遇到的理论上的困难。纯利率降低时，中间费及保险费未必会随之下降，因此一个典型借款者必须付出的利率，比纯利率下降得要慢，而且在现有银行机构之下，恐怕不能低于某一最低水准。由于在短期借贷中，利率是不受借款者的想法改变的，且手续麻烦，因此要特别重视贷方对风险的估计是否很高。这里我们要先解释一下货币数量的关系，即使贷者的纯利率等于零，银行可能仍要求它的雇主出息 1.5 厘或 2 厘。

# Ⅳ 对货币数量的讨论

在一个静态的社会里，人们都会知道未来的利率是怎样的，因此在均衡状态时，我们称灵活偏好函数 $L_2$ 为储蓄倾向，$L_2$ 常等于零。所以在均衡状态时，$M_2$ 等于零，$M$ 等于 $M_1$。$M$ 变动时，一定会引起利率变动，直至收入达到一个水准，使得 $M_1$ 的改变，等于 $M$ 的改变。因此可得 $M_1V=Y$，其中 $V$ 是货币收入流通速度（定义如前所述），$Y$ 是总收入。假使我们可以衡量本期产品的数量及价格，用 $O$ 及 $P$ 表示，那么货币数量说的传统形式用以下表示，即 $Y = OP$，故 $MV = OP$。

就实际而言，我们容易疏忽货币数量说的缺点，它不能分清物价改变是由于产量的改变还是由于工资单位的改变。这也许是因为该学说既假定没有储蓄倾向的存在，又假定充分就业常能维持。因为在这种假定之下，$O$ 为常数，$M_2$ 等于零；如果 $V$ 也为常数，那么工资单位与物价水准都与货币数量成正比。

# 第16章

# 关于资本性质的几点观察

## 本章要点

个人储蓄对未来投资和消费的影响及人们对它的错误认识；

资本的富足状况和边际效率与利息率的关系；

利息率、资本和就业的联系；

清除资本主义许多不良特征的合理办法。

# I 个人储蓄对投资和消费的影响

　　这里可以通过一个例子来说明，如果某人决定今日储蓄，这只表示今日他决定少进一餐，但并不表示他会把节省下来的钱留在未来某日消费。所以今日从事餐饮业的人，会因此蒙受不景气影响，而现在正准备提供其未来消费品的人，却未从中得到半点好处。由此看来，一般人对未来的推测，大都根据实际消费量，并不是用未来消费需求来替代现在消费需求，因此当后者减少时，大概就会使前者

**能够预测未来消费的商人**

　　许多人认为：储蓄不单纯地表示现在消费的抑制，还同时是对未来消费的订货单，这样一来投资于将来的预期收益较之以前就会有一定程度的增加，所以会有些人从现在的消费品生产转向未来消费品生产。图为16世纪的商人，唯有不断磨练、学习怎样从顾客储蓄方式中了解市场，才能使富裕的生活状态维持下去。

**秒钟经济学**

## 资本主义所有制

　　资本主义所有制是资本家占有生产资料并利用它们剥削雇佣的工人的一种私有制形式，是资本主义生产关系存在的基础。

## 剩余价值

　　剩余价值是资本主义生产关系的本质体现，反映了资本家对雇佣工人赤裸裸的剥削关系。它的定义是被资本家无偿占有的、雇佣工人的剩余劳动所创造的那部分价值。

受到不景气的影响。因此个人的储蓄行为，不仅能够压低消费品的价格，而且可以使现在资本的边际效率降低，因此既减少了目前消费的需求，又减少了目前投资的需求。

如果在储蓄可以影响未来消费的情况下，现在的投资可能在未来收到成效，那么资源可以不再用于准备现在的消费，而转而用于准备未来的消费；由于未来消费发生的时间，可能离目前很远，所以两者不一定相等。就业消费的有利影响之所以不会即刻产生，是因为生产的方法迂回到一种不便的程度，使得边际效率低于当前利率。又由于当个人发生储蓄时，他并不一定是在下一张订单，有可能是撤消了一张订单，而且雇佣人工的目的是为了满足消费，所以，在其他条件不变的情况下，如果消费倾向降低，那么就业量将蒙受不利的影响，也是很正常的。

### 关于储蓄的错误认识

人们常常以为储蓄会带来更多的投资，这是基于人们储蓄的动机就是为了在未来进行消费的这样一种错误观念。高档服装店的经营者收购店面，并不会仅仅满足于这次投资，他更想从这次投资中获得进一步的收益。因此，储蓄不能简单地等同于消费和投资。

因为个人的储蓄行为并不意味着，用一个事先具体规定的未来消费来代替目前消费，那么准备前者所需经济活动在，数量上也未必就

CLUB MONACO

刚好等于这笔储蓄作为当前消费品的生产费用时所造成的经济活动。其实储蓄就是一种权力，它可以选择在任何一日消费不预先规定的一种商品。因此，一般人会错误地认为，如果只针对有效需求而言，个人储蓄的后果与个人消费的后果完全相同，那是因为存在一个更难辨真假的观点，即持有财富的欲望，就是持有投资的欲望。后者增加投资的需求，刺激投资的生产，因而当个人进行储蓄时，当前投资的增加量恰好等于现在消费的减少量。

这个观点已经在人们心中深深扎根，因为一般人相信财富持有人想要得到的是资本资产本身（Capital Asset as Such）；实际上却只是这些资产的未来收益。由于未来收益取决于预期的未来有效需求与未来供给情况之间的关系，所以如果储蓄行为丝毫不能使未来收益出现改善，也就丝毫不能刺激投资。而且，就个人而言，储蓄要达到其持有财富的目的，也不必要靠新资本资产的产生来完成。通过前面的论证，我们知道，储蓄具有双面性，当某个人储蓄时，他必须强迫别人把某种财富—旧有的或新生的—转移给他，这种转移是不可避免的，且与储蓄连在一起，也不需要有新财富产生。如果有新财富产生，那么财富的未来收益必须达到之前的利率水准，至于边际新投资的未来收益，则要依照某一时刻、某一种特定物品的需求而做出决定。因此某个人要想增加财富的事实，是不能使边际新投资的未来收益有所增加的。

我们不能认为财富持有人想要得到的，不是一个特定的未来收益，而是一种有最佳可能的未来收益，所以当持有财富的欲望增加时，新投资品的生产者认为满意的未来收益也将降低。这个说法忽视了一点，那就是除了真正的资本资产之外，总还可以把财富以货币或债务票据方式来持有，所以新投资品的生产者认为满意的未来收益，不能低于当前的利率标准。然而我们已经知道，现行利率并不取决于要不要持有财富，而是取决于用怎样一种形态（灵活的或不灵活的）来持有财富，以及财富在各种形态的供给量。如果读者还是不能理解，那么就先自问一下，在货币数量不变的情况下，为什么人们愿意用灵活形态来保持的财富数量会因个人新的储蓄行为而减少呢？

我们还有更深的疑问需要继续解决，因此将在下一章中继续讨论。

# II　决定生产效率的因素

我们最好如此表述，即资本在它的寿命中会产生一个收益，并超出它原来的成本，而不把资本说成是生产性的（Productive）。因为资产在其寿命之中，之所以会有服务（Services）的性质，而服务带来的总价值又大于它原来的供给价格，只是因为资本的稀少；而资本之所以稀少，是因为有货币利率（Rate of Interest on Money）与它竞争。当资本的稀少性减少时，那么收益超过原成本的数额也渐渐减少，但就物质的意义而言，资本的生产力，并不一定就会降低。因此我对经典学派的说法是抱有同情的，它认为一切皆由劳动力产生，帮助劳动力的，就是（a）古人所说的工艺（Art），今天所说的技术（Technique）；（b）天然资源，如果天然资源丰富，那么可以无代价使用，如果稀少，那么就需要付地租；以及（c）过去的固化资产中的劳动力，其价格也要视它的稀少或丰富而决定。我们最好把劳动力（当然包括雇主及其助手的服务在内）看作是唯一的生产要素，它正在一特定的生产技术、天然资源、资本设备以及有效需求等环境下工作。然后我们可以解释，为什么除了货币单位及时间单位以外，还可以用劳动力单位作为经济体系的唯一物质单位。

在有些长的或迂回的生产过程中，物质效率（Physical Efficiency）会比较高，但在有些短的过程中也是这样。长过程并不全都效率很高，有些长过程（可能是大部分）的物质效率也很低，因为有些东西不能长久贮藏，否则就会发生耗损。假设劳动力的数量不变，那么在迂回过程中的劳动力是有利的，也是有一定限度的。我们在此只说明这样一个道理，即用于制造机器的劳动力，与用于使用机器的劳动力相比，一定能构成一定的适当比例。因此当生产的过程越来越迂回时，即使物质效率还在增加，但就最后价值量（Ultimate Quantity of Value）而言，却不能随着迂回过程所用劳动力的增加而无限制地增加。如果延缓消费的欲望很强，以至于要达到充分就业，投资量就必须扩大到一种地步，使得资本的边际效率成为负数，只有在这种情况下，生产过程才会仅仅因为长而变得有利。在这种情形之下，我们会挑选物质方面效率低的生产过程，只要它足够长，可以使其延迟消费的利益超过其效率低的弊端；而短的生产过程反而要被降低到一定程度，使它的物质效率高带来的利益超过它的产物快速进入消费的弊端。一般来说，正确的学说具有两个方面的适应性，即无论资本的边际效率是正或是负，都可以包括在内，我认为至少以上这些有关稀少性的学说是可以做到这一点的。

为什么有些服务及设备的相对稀少，会导致它的价格（相对于其所用的劳动力而言）昂贵？原因是很多的，譬如，清除空气恶浊的生产过程，除非得到的报酬比较高，否则人们就不愿从事。有风险性的生产过程也是如此。但我们并不特意地把空气恶浊的生产过程本身，或有风险性的生产过程本身，归为有生产力的一类。总之，劳动力的工作环境不可能同样地令人愉快，在均衡状态时，在不愉快环境下生产出来的物品一定较少，从而导致价格较高。不愉快的环境可以是空气恶浊、风险大，或时间上的间隔过长。但如果时间间隔变成一种令人愉快的环境（这是很可能的，而且有人已经做到这一点），那么上面提到的短的生产过程反倒要保持相当的稀少性。假设最适度的迂回程度是已知的，那么我们一定会在同一迂回程度的生产过程之中选择效率最高的一个。这里所说的最适度的迂回程度，就是在恰当的时间里，满足消费者的延迟需求，也就是说，生产的组织方式在最适度的情形下，应当首先推测在什么时刻，消费者的需求会变成有效，然后根据这个时间，用最高效的方法去生产。假定交货的日期与这个时间不同，那么即使改变这一时间可以使产量增加，也无

**■ 快速生产的时装**

　　把短时间生产过程的商品保持在足够短缺的程度，可以使它们在物质上的效率抵消甚至超过由于生产在短时间内完成而带来的不利，如为维持就业量，不得不扩大投资等。这是可短时间生产的商品的理想状态。但像图中衣服之类短时间可以制造的东西，为了追赶时尚的变化，生产周期往往会愈来愈加快。

济于事——除非（打个比喻来说）消费者因为受到饭菜丰富的引诱，愿意把开饭时间提早一些或延迟一些。如果消费者在听取详细报告之后，知道在晚餐时间各种可能出现的饭菜，从而决定在晚上 8 点开饭，那么厨师的职责就是配合这个时间，尽力做好饭菜，准时开饭。如果我们不去管时间，只考虑生产最好的晚餐，那么在厨师看来最合适的时间也许是 7 点 30 分、8 点、或 8 点 30 分。对于社会中的某些阶层，如果饭菜的形式很好，那么即使把平时的晚餐时间延迟一些，也一样可以。而对于另一些阶层，提早一些反而更好。正如前面提到过的，我们的理论在两种情形中都适用。

　　如果利率等于零，那么就任何一种商品而言，想使劳动力成本变得最低，从生产原素的平均进货日期（Average Date of Input）到消费这种商品的日期之间，就一定要有一个最适度的时间间隔。如果生产过程比它短，那么在技术上效率较

低，如果比它长，那么因为有储藏费及耗损的关系，效率也会较低。如果利率大于零，那么又多了一个成本因素，并且这个新的因素会随着生产过程的加长而增大，于是最适度的时间间隔也会因此而缩短，当前为预备交货而投入的生产要素也会因此而减少。其人数减少到一定程度时，那么未来价格的提高足以弥补成本的增加。成本增加的原因是因为（a）利息负担和（b）生产过程缩短所引起的效率降低。如果利率小于零（假使这种情形在技术上可能的话），那么情况就会完全相反。如果未来消费的需求不变，那么今天投入生产要素的人要与后来的人相互竞争，后者因为技术效率比较高，或者未来的生产要素价

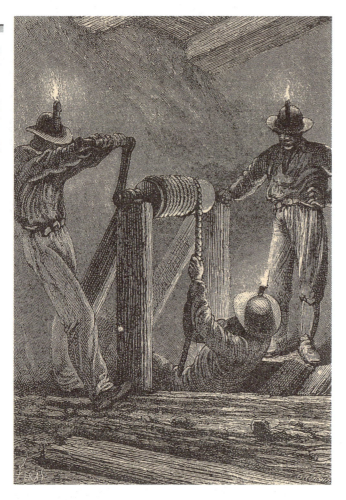

**相对高报酬的危险工作**

在空气污染严重，而且还存在风险的地方工作，人们必须得到较高的报酬，否则没人会从事此类工作。用这个理由也可以说明为什么相对于体现在其中的劳动量而言，某些劳务和设备会短缺，从而变得昂贵起来。图为煤矿工人正在辛苦工作的场景。在危险度极高和环境如此恶劣的地方工作，得到比其他体力劳动相对要高的薪水也是应该的。

格会改变，所以产品成本比较低。但除非这种成本的降低，不能够弥补小量负利息的收入，否则生产过程不值得一定要在现在开始，而不留待未来。大多数物品只能在离开预期消费时间不太久以前开始生产，如果离得时间过长，在技术上就会缺乏效率，因此，即使利率等于零，可以事先开始准备而且可以从中获利的那些未来消费的生产需求，也必须有相当严格的限度；如果利率逐渐上涨，那么现在值得开始生产的未来消费需求会随之缩减。

# III 资本的充裕状况与边际效率、利息率的关系

　　一般来说，我们都知道：从长期来讲，资本必须保持着一种稀少性，使其边际效率至少等于长期—即该资本的寿命这一段时期—的利率；而利率取决于社会心理及社会组织与结构的情况。譬如，在一个资本丰富的社会，如果再增加投资，那么资本的边际效率将为零或负数；但这个社会的金融体系，又使货币可以"保藏"，而且保藏费及保管费都很微小，因此事实上利率不可能为负数。如果这个社会在充分就业的情况下，还想继续储蓄，那又该怎么做呢？

　　我们先假设这个社会已经达到充分的就业，再观察以上种种假定的结果。如果雇主们继续提供的就业量，仍然可以满足全部资本设备的充分利用，那么雇主们一定会蒙受损失；因此现有就业量及资本量必须缩减，直到这个社会穷困到一定程度，使得总储蓄等于零——一部分个人和团体的正储蓄，与另一部分的负储蓄相互抵消。所以，这个假想社会在自由放任政策的情况下达到的均衡状态，一定是就业量及

**拥有丰厚资本储备的芝加哥**

　　如果一个社会有丰富的资本设备，再多增加一点投资就会使资本边际效率等于零甚至为负数。那么此时，能使货币"储存起来"的储存费用，不仅低得几乎为零，而且还安全可靠。但实际上，利息率是不会为零的，就算在充分就业的条件下，社会仍趋向于大量储蓄。美国的富裕和就业充分是人人都知晓的，但他们国家并不像传统理论中的那样，依然拥有大量的储蓄，而且数额还是其他许多国家远远不能比拟的。图为美国最发达的城市之一——芝加哥。

生活标准都低得可怜，从而导致储蓄等于零。更大的可能性是，各因素围绕着这个均衡位置做循环性的变动。如果人们对于未来的感觉不太确定，资本的边际效率会偶然大于零，于是引起社会的"繁荣"，在以后不景气的时期，资本数量又可能会降得太低，于是边际效率又等于零。如果预期是准确的，那么在均衡状态下使边际效率恰等于零的资本数量，一定会小于充分就业下的资本数量，那么在均衡状态下的资本数量，一定会使一批人失业，从而保证储蓄等于零。

除了这种情况以外，唯一可能的均衡状态就是，边际效率等于零时的资本数量，刚好等于人们在充分就业以及利息等于零的情况中，愿意留出以备未来使用的财富数量。然而在充分就业的储蓄倾向下，资本数量刚好在边际效率等于零时得到满足的这种情形，是极少有的巧合，因此假设利率可以改变，以补救储蓄倾向与充分就业的冲突，那么利率一定会逐渐下降，但不一定会降为零。

目前我们一直在假定：由于制度因素（货币的保藏费用非常微小），所以利率不可能成为负数。实际上，除了制度因素以外，还有心理因素的影响，所以利率下降时实际可能达到的底线要比零大许多。重要的是把借款者及贷款者拉拢在一起要产生费用，并且利率也不确定。因此在这种情况下，长期利率所能达到的最低限度，恐怕还是在年息 2 厘或 2.5 厘左右。假设这种看法是对的，一方面因为财富数量在继续增加，另一方面则因为在自由放任政策的情形下，利率已经减至最低的限度，如果这两种状态联合起来，恶果恐怕很快就会在现实中产生。如果实际利率所能达到的最低水准要比零高许多，那么在利率尚未达到最低水准以前，社会要累积财富的欲望或许不能得到满足。

我们可以以战后英美两国的经验为例，来说明为什么累积下来的财富已经很大，资本的边际效率会很快下降，但是利率则因为有制度及心理的因素关系不能下降得那么快，于是在——就大体情形而言——自由放任的情形下，就业量与生活程度不能达到一个合理水准，虽然就生产技术而言，这个水准本来是可以达到的。假定有两个生产技术相同，但资本数量不同的社会，那么在短时期内，资本数量较小的社会，可能反比资本数量较大的社会享受较高的生活水平。在资本数量未达到后者标准时，这两个社会都遭遇了《希腊神话故事》中米达斯（Midas）国王的命运。这个使人担心的结论是由一个假定引起的，即人们并不设法从社会利益的角度为消费倾向及投资量着想，且有意加以控制，而只是让它们在放任的情况下自由发展。

假设利率与充分就业相冲突，那么相当于充分就业下的储蓄倾向，存在一个资本累积速率。假设利率的下降速度，比不上在这一累积速率下资本边际效率的下降速度，那么即使把持有财富的欲望转向经济上不能生息的资产，也能够充分增加社会经济福利。所以如果富有者把大厦作为住宅，死后造金字塔为坟墓，或

为了忏悔，建造教堂，资助寺院，接济传教团体，那么由于资本丰富，以致物产反而不能丰富的现象，也许可以延迟。所以利用储蓄来开矿，不仅可以增加就业量，

■ **利息率的作用**

　　如果利息率可以改变，以补救储蓄倾向和充分就业之间可能出现的冲突，那么利息率唯一改变的趋向就是逐渐下降。土地是由市场利息率决定价格可以获取利息的相当稳定的生产资料。巴达维亚是爪哇岛的一个港口。17世纪殖民者刚刚到来时，曾以极低的价格买下大量的土地，为以后的高利息低成本打下了基础，也使当地人民向低储蓄和廉价劳动力的深渊里迈了一大步。

还可以增加有用的东西以及有用的劳役，也就是说增加真实国民的收入。然而如果我们已经知道决定有效需求的各种因素，那么在一个合理社会中，就不应当一成不变，再继续依赖这种偶然而且常常很浪费的补救办法。

# Ⅳ 用利率控制法改变社会弊端

　　现在假设我们已有办法调整利率，使得该利率下的投资量刚好能够维持充分就业，同时，国家也通过从事经济活动来弥补私人企业带来的不足，使得资本设备逐渐达到饱和点，同时又不使当代生活受到不利因素的影响。在上述各种假定的情况下，在一个已经走入轨道并且拥有现代生产技术的社会，如果人口增加不太快，那么在一代以内，就可以使均衡状态时的资本边际效率近乎于零，于是这个社会就进入了准静态（Quasistationary）的情况，除非生产技术、人口及制度等因素有所变动，否则这种状态的社会就不会再出现改变与进步。资本带来的产品

### 资本雄厚的国度

如果财富的逐渐积累得不到报酬，但人们依然有自由将其收入积累起来以备未来之需，也就是说，使资本品丰富起来的资本边际效率等于零的设想可以实现。那么，以这样的方式消灭坐收利益的阶级，也许是逐渐消除资本主义各种弊病最为合理的办法。荷兰作为 17 世纪一个名副其实的贸易共和国，在资本极大丰富之后，确实出现了利润率降低的现象。

的售价，也与其中所含的劳动力成一定比例，它的价值决定原则，与需要资本极少的消费品等同。

资本很容易丰富到一种程度，使得资本的边际效率等于零这个理论能够成立。而如果想慢慢去掉资本主义的一些缺点，这是个很合理的办法。我们稍微设想一下就可以知道，如果我们累积财富，但不能因此而得到报酬，那么这将是多么大的社会改革！如果个人把他的劳动力或所费心血的收入积聚起来，留待以后使用，但他所积累的数额，不会自己增大。这种处境与波普（Pope）之父相同，他从商业上退休下来时，即携带一箱金币，迁入乡间别墅，留待以后生活所用。

虽然坐收利息的阶级会被消灭，但由于人们对于未来的看法，还是持有不同意见，所以在推测未来收益这一方面，企业精神与经营技巧还有一定的活动余地。以上只是就纯利率而言的一些理论，没有计算负担风险所需的报酬，所以不适用于资产的毛利润，因毛利润含有负担风险的报酬在内。因此，除非利率是负数，否则如果想投资一项资产，而这项资产的未来收益又不确定，那么只要投入的方式足够巧妙，收益仍为正数。如果人们都不太愿意负担风险，那么由这一类资产中得到的净收益也仍然是正数。然而在这一类情况下，也很可能因为人们过于热衷从事不健全的投资，以此获取收益，结果使投资者收入的净收益总额变为负数。

# 第17章

# 利息与货币的特性

## 本章要点

利息率的一般特征，以及不同商品间利息率的不同和论证过程；

不同类型的资产在一段时间中利息率可能出现的情况；

持有一资产可预期的总收益的计算方法；

货币的几种特殊性质；

货币利息率的重要性及利息率和就业的关系；

货币利息率成为唯一利息率的原因和重要性；

在特定经济制度下，利息率和货币的存在和土地的关系；

自然利息率和中立利息率。

# Ⅰ 利息率的一般特征

通过前面的文字可以看出，货币利率在限制就业水准方面的地位似乎很特殊，因为货币利率制定了一个标准，如果有新资本资产的产生，那么它的边际效率必须达到这个标准。这点乍一看似乎很难叫人理解，所以我们要进而追问：货币与其他资产不同，那么它的特殊性体现在哪里？是不是只有货币才有利率？在非货币经济体系中，情形又将怎样？在回答这些问题以前，我们的学说的重要性就不能被完全理解。在这里，读者们需要注意，所谓货币利率只是把一笔在将来（例如一年以后）交付的货

■ **利息率的本质**

货币的利息率虽说与就业量边际效率有着特殊的联系，但就其本身的概念而论，它只是一笔为契约合同所规定的将来支付的款项超过其现值的百分比。在布鲁日港口，商人们正高兴地品尝着由起重机卸下来的交货的酒，正是这酒和它带来的高利息率使布鲁日的居民日益富裕起来。

**⑤**
秒钟经济学

## 商品

商品是用来进行交换、满足人们需求的劳动产品。它首先是通过劳动生产出来并凭借自己的属性来满足人们需求的有利用价值的物品。同时，它又必须是用来进行交换的有用物。

## 中立利率

所谓中立利率，就是在特种均衡状态下的利率，在该均衡状态时，产量与就业量已经达到一个水准，以致就业弹性（就全体而论）等于零。

币减去这笔货币的当前价格，用这个差值作为分子，再把当前的价格作为分母，化成百分比而已。这样说来，似乎每一种资本资产都有货币利率的类似物。

假设在现在交货的 100 石麦子，能够抵得一年以后交货的麦子，有一个一定的数量，设定后者为 105 石，那么麦子利率为每年 5 厘，设为 95 石，那么为年息负 5 厘。因此每一种持久的商品都有它本身的利率，譬如说麦子、铜、房屋，甚至于钢铁厂的利率。

这里以麦子为例，麦子在市场上的期货价格及现货价格，与麦子利率有一定关系，但由于期货价格的计算单位是在未来交付的货币，而不是麦子现货，所以货币利率也夹杂在其中。它们的准确关系可表述如下：

假设麦子的现货价格为每 100 石 100 镑，一年以后期货的价格为每 100 石 107 镑，货币利率为年息 5 厘，那么麦子利率是多少？100 镑现款可购买一年后交付的货币 105 镑，一年后交付的货币 105 镑可购买一年后交货的麦子 105 ／ $107 \times 100 = 98$ 石。同时，100 镑现款可购麦子现货 100 石，所以麦子现货 100 石可购麦子期货 98 石，麦子利率为年息负 2 厘。

照这种说法来讲，各种商品的自身利率没有理由会相等—麦子利率没有理由会等于铜利率。因此就市场上现货价格与期货价格的关系而言，各个商品之间显然存在不同。以后我们会了解到，我们可以通过这一点找到我们研究的方向：会不会是由本身利率中最大的一种，来支配其他利率呢？货币利率是本身利率中最大的，是否有许多理由呢？这两个问题的答案都是肯定的。前者是肯定的，因为要有新资本资产的产生，那么它的边际效率一定达到最大的本身利率；后者也是肯定的，因为我们以后会知道，其他资产的本身利率容易下降，而货币却不容易。

我们在这里可以补充说明一下：在任何时间内，各种商品的本身利率都不一致。所以，从事外汇交易的人都很清楚，两种货币（例如英镑与美元）的本身利率也并不一致。因此外币的现货价格与期货价格的差别，如果以英镑作计算单位，那么各种外币也未必都相同。

我们可以用任何商品作为标准，来衡量资本的边际效率，它的便利性与货币是一样的。譬如我们以麦子为标准，用麦值来计算一资本资产的未来收益以及该资产的现在供给价格，那么使这组年金与现在供给价格（二者皆以麦子作计算单位）相等的折现率，就是用麦子作为标准而计算出的这项资产的边际效率。假设两种标准的相对价值在未来不会发生改变，那么不论用哪一种标准来衡量，这种资本资产的边际效率都是相同的，计算等式的左右二方，都要做同比例的改变。但如果两种标准的相对价值，在未来会发生改变，那么资本资产的边际效率将随计算标准的不同而有所变化，不过在从一种计算标准改为另一种时，各种资本的边际效率都增（减）同样的绝对值。我们举一个例子来说明：如果两种标准分别是麦子与货币，麦价（用货币计算）的预期改变为每年增加百分之 a；那么某一资产的边际效率，如果用货币计算为百分之 x，如果用麦子计算则将为（x − a）%。因为所有资产的边际效率都增加（减少）同一绝对值，所以无论用什么商品作为标准，它的大小与程序都不会发生改变。

从某种意义上说，如果存在一种可以代表商品全体的复合商品，那么它的本身利率，以及用它作为标准计算得来的资本的边际效率，可以看作是唯一的利率，唯一的资本的边际效率。然而要找出这样一种复合商品，困难的程度不亚于找出一个唯一的价值标准。

到目前为止，货币利率与其他利率相比并没有什么不同，它的地位与其他利率也完全一样。然而货币利率究竟具有什么样的特殊性，使得我们在以上几章中必须要给予它很大的重要性呢？为什么产量及就业量会与货币利率的关系更密切，而不是与麦子利率或房屋利率的关系更密切呢？

# II 不同资产的利息率

我们可以用一年的时间来观察，各种资产的本身利率大致是怎样的。现在我们轮流用各种商品做标准，所以这里提到的商品的收益，以它本身作为计算单位。以下三种属性，各种资产所具有的程度都不尽相同：

（一）有些资产对某种生产过程或者可以提供劳动力的消费者是有益的，所以可以形成一定的收益或产物（Yield or Output），它的数量用 q（用各资产本身计算）来表示。

（二）除了货币以外，大多数资产，不论它是否在生产方面运用，也不论其相对价值是否发生改变，可能仅仅因为时间的消逝就蒙受耗损，从而带来成本开支。换句话说，这类资产有保藏费用（Carrying Cost），数量用 c（用各资产本身计算）来表示。至于哪一种成本应包括在 c 中，哪一种应在计算 q 时扣除，也就是成本的分界线是什么，这与现在所讨论的问题没有关系，因为我们以后只讨论 q − c 这一个数量。

（三）最后，资产持有人因为可以任意处置他的资产，所以在持有人心中有一种潜在的便利性。在这方面，各种资产也不太相同，即使开始时各种资产的价值是相同的。虽然这种潜在性最终归于无形，然而人们却愿意出一定代价来取而代之。人们愿意付出的代价，是资产—不包括它的产物及保藏费用在内—的处置权，

我们称它为灵活升值（Liquidity Premium），以 l 表示（l 也用各资产本身计算）。

因此，在一段时间内，持有一项资产预期取得的总收益，就等于这项资产的产物减去其保藏费用，再加上它的灵活升值，即 q − c + l。这就是说，q − c + l 是任何一商品的本身利率（q、c 及 l 皆用这种商品的本身计算）。

### ■ 建立资本边际的衡量标准

任何一种商品都可以作为衡量资本边际效率的标准，因为其资本资产的资本边际效率总是以相同的比例变化的，而且各资本边际效率的差别大小也不变。它们对资本边际的参照，使得模糊的资本边际可以被清晰地比量，这对于经济学的意义，并不亚于人类开始学会用各种仪器测量天空与大海。

正在使用的工具资本（如一台机器）或消费资本（如一座房屋），有一个显著的特征，即产物的价值常常超过它的保藏费用，而灵活升值总是微不足道的。对于未出售的商品，或闲置不用的工具资本及消费资本，它的产物等于零，存在一定的保藏费用。如果它的存量超过某一数值（不太大的），那么灵活升值往往也是微不足道的；至于货币，它的产物等于零，保藏费用微不足道，但它的灵活升值却很大。各种商品，也许也具有——虽然程度不同——一定的灵活升值，而货币也许也有保藏费用（例如保管费），但货币与所有（或绝大部分）其他种类资产的重要区别，就在于货币的灵活升值要大大超出其保藏费用；而其他种类的资产却刚好相反，其保藏费用远远超过灵活升值。现在我们来举例说明，假定房屋的产物为 $q_1$，其保藏费用及灵活升值都可忽略不计，麦子的保藏费为 $c_2$，其产物及灵活升值都很微小，货币的灵活升值为 $l_3$，产物及保藏费都很微小，也就是说，$q_1$ 是房屋利率，$-c_2$ 是麦子利率，$l_3$ 是货币利率。

### ■ 贴水大于持有成本的货币

在一般时间内，一定资本资产的可预期总收益，应该等于该资产的收益减去它的持有成本和它的流动性贴水的值。但货币与其他资产略有不同，因为保藏费用极低，它的流动性贴水要远远大于持有成本。图为新加坡发行的不同面额的纸币。

我们要想知道在均衡状态下各种资产的预期收益之间存在什么关系，一定要先了解在这一年内，各项资产的相对价值在预期中会发生什么变化。这里以货币——这时货币只是记账单位，我们一样可以用麦子来替代——作为衡量的标准，再假定房屋增值（或减值）的百分比为 $a_1$，麦子增值（或减值）的百分比为 $a_2$。在前面，我们把 $q_1$、$-c_2$ 及 $l_3$ 三者称为房屋、麦子及货币三者的本身利率，即 $q_1$ 是以房屋做计算单位的房屋利率，$-c_2$ 是以麦子做计算单位的麦子利率，$l_3$ 是以货币做计算单位的货币利率。现在如果以货币作为共同的价值标准，把三者简化成同一种单位，则变为 $a_1+q_1$，$a_2-c_2$ 及 $l_3$，称为房屋折成货币的利率（House Rate of Money Interest）、麦子折成货币的利率，以及货币折成货币的利率。有了这种符号，我们就容易明白，如果想持有财富，一定先看 $a_1+q_1$，$a_2-c_2$ 及 $l_3$ 三者哪种最大，然后使需求或者集中于房屋，或者集中于麦子，再或者集中于货币。因此在均衡情况下，麦子与房屋的需求价格（以货币计算）必须是这样的：在各种财富形态之间，无论选择哪一种，利益都不分轻重，即 $a_1+q_1$，$a_2-c_2$ 及 $l_3$ 三者完全相等。上面所述的结论，与选择哪一个商品作为价值标准毫无关系，如果从一种标准换成另一种标准时，各项都做相同的改变，其改变量就是新标准（用旧标准做计算单位）的预期的增值（或减值）的数目。

要有新资产的产生，那么这些资产的经常供给价格一定小于它的需

### 现实中不均衡的资产收益

从均衡状态下各种资产的相对价值在预期阶段的变化可以看出，持有任何一种资产的利益都是没有差别的，因为它们的利息率都相等。但现实的社会是以不均衡为主流的，资产的种类还是决定着收益的多少。拥有资产的数量和性质决定了有些人可以住在高高的城堡里，而有些人就必须为城堡的主人干活才能维持生计。

求价格；也就是边际效率（根据计算经常供给价格得到）一定大于利率（只要所用价值标准相同，利率与边际效率这两者，可以用任何一种商品作为价值标准来计算）。

当这种资产的数量逐渐增加时，一开始它的边际效率至少等于利率，以后会逐渐下降（下降的理由很简单，前面也已经说过），所以除非利率同时下降，否则总会达到某一点，超过这一点以后，就没有必要再继续生产。如果所有资产的边际效率都小于利率，那么资本资产的生产即宣告终止。

我们假设（在论证的现阶段，只有一个纯粹假定）有一项资产（例如货币），它的利率是固定的，或当它的产量增加时，它的利率下降速率比其他商品的本身利率慢，那么情形将怎样改变？因 $a_1 + q_1, a_2 - c_2$ 及 $l_3$ 必须相等，又因根据假定，$l_3$ 或者是固定的，或者比 $q_1$ 或 $- c_2$ 下降得慢，所以 $a_1$ 及 $a_2$ 必须上升；也就是说，除了货币以外，其他商品现在的货币价格，都倾向于比它的预期的未来价格低。所以设 $q_1$ 及 $- c_2$ 继续下降，那么总会达到某一点，使得生产任何商品都无利可图，除非一种商品的未来生产成本大于它现在的生产成本，而且二者的差足以抵销把现在生产的商品保藏到未来高价出售所需的保藏费用。现在我们认为货币利率限制产量，但这句话并不十分正确，我们最好将其表述为，各种资产的数量增加时，由于有一种资产的本身利率下降最慢，其他资产的生产最后都将变得无利可图，除非在目前的与未来的生产成本之间存在一种特殊关系。所以，当产量逐渐增加时，许多资产的本身利率都接连下降到一种水准，使得各种资产的生产不能实现利润，最后只剩一两个本身利率在很高的位置上，甚至将超过其他资产的边际效率。因此可得，假使把货币只是看作是价值标准，那么引起纷乱的不一定是货币利率。有人会认为，我们不能只下一道法令，宣布废除黄金或英镑，而用麦子或房屋做价值标准，就把一切困难都解决了。只要存在任何资产，当它的产量增加时其本身利率一直不降，那么困难仍继续存在。譬如在一个不兑换纸币本位国家中，黄金可能仍是具有这种性质的资产。

# III 货币的特殊性质

当人们非常重视货币利率时，我们心中即暗中假定：我们现在所惯用的货币的确具有一些特征，使其本身利率（以货币本身计算）随产量的增加而下降，但其下降速度，不会比其他资产的本身利率（用这项资产本身计算）大。这个假定能够成立吗？我想，以下所述现代货币具有的几种特征，可以满足这个假定的成

立。只要货币的确具有
这几种特征，那么以上
笼统的说法——即货币利
率是唯一重要的利率——
便可以成立。

（一）第一种特征
是：无论在长时期或短
时期中，如果仅就私人
企业着想，而不管金融
当局的行动，货币的生
产弹性就等于零，至少
很小。所谓生产弹性，
就是货币购买力（以劳
动力计算）的比例改变
除以劳工（从事于生产
货币者）人数的比例改

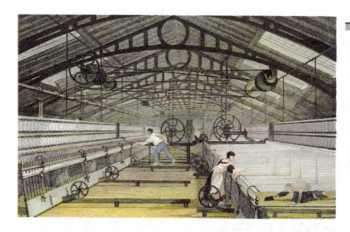

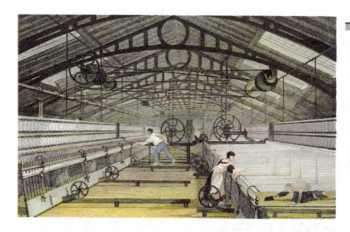

■ **利润不高的传统工业**

如果有新的资产出现，那么它的资本边际效率至少
在一开始要等于利息率，因为当产量增加导致边际效率
下降，除非利息率同时下降，否则就会出现这些资产不
再有利可图的情况。传统的工业，如骡机纺纱业就因为
企业家无法从中获得足够利润而渐趋消失。

变。这就是说，货币不能很容易就生产，当它的价格（用工资单位计算）提高时，
雇主们不能随意用他所雇的劳动力，转而增加货币的生产。在一个不兑换纸币或
管理通货的国家，这个条件完全可以得到满足。即使在金本位的国家，大概也是
这个样子，就是说，除非这个国家以挖采金矿为主要实业，否则用于生产货币的
劳动力，其最大限度的比例增加，仍然很微小。

对于有生产空间的资产，我们之所以认为其本身利率会下降，是因为我们可
以假定，当其目前产量增加时，其现存总量也将增大。至于货币（此处暂且不考
虑降低工资单位的影响，或金融当局有意增加货币供给的情况），它的供给是固定
的。我们有充分理由说明为什么货币的本身利率比其他商品的本身利率更难以下
降，因为它的特征是很难用劳动力来生产。假设货币可以像农作物一样生长，或
像汽车一样被制造，那么萧条现象就可以避免或者降低。在这种情形下，当其他
资产的价格（用货币计算）下降时，劳动力可转而生产货币。我们知道在挖采金
矿的国家里，这种情况是存在的，但就整个世界而言，即使劳动力可以从事采金
业，那么它的最大限度也是微乎其微的。

（二）很明显，不仅是货币，一切含有纯粹地租的要素都能满足上面这一条
件；因此一定要有第二个条件来使它区别于其他的地租要素（Rent Factors）。货
币的第二个特征是，货币的替换弹性等于零，或几乎等于零。这就是说，当货币

**取决于交换商品的货币价值**

货币区别于其他产品的地方在于：它的效用完全取决于它的交换价值。在市场中，货币的价值也会和其他商品的价值同起同落。图中这些蔬菜的价格在一定的时间内自然不会有变化，但当此地遭受经济波动的威胁或其他意外时，它们就会变得异常短缺和昂贵了。

的交换价值上涨时，人们并不倾向用其他因素来替代货币，除非货币这种商品，同时可用于工艺制作。即使是这样，空间也是很小的。这个特征是由货币的功效由交换价值而来，二者同时涨跌，于是货币与其他地租要素不同，当货币的交换价值上涨时，人们没有动机或倾向要用其他要素来替换它。因此，当货币的价格（用劳动力计算）上涨时，我们不仅不能增加劳动力来生产货币；而且，无论其价格如何上涨，人们不会像对其他地租要素那样，减少对货币的需求，转而需求其他商品。所以当货币的需求增加时，货币可以无限制地容纳购买力。

对于上面的说法，还有一个地方需要修正，即当货币的劳动力价格提高到某一种程度，使得人们对这种上涨程度在未来能否维持感觉不确定时，则 $a_1$ 及 $a_2$ 增加；若 $a_1$ 及 $a_2$ 增加，那么商品折成货币的利率提高，因此可刺激其他资产的产量。

（三）虽然我们不能雇用劳动力增加货币的生产，但是认为货币的有效供给量完全没有伸缩的余地，也是不正确的。因为当工资单位降低时，一部分现金可以从其他用途中挪出来以满足灵活偏好动机。而且，当物品的货币价值降低时，货币数量在社会总财富中所占的比例是增高的。

这些因素会不会对以上因素有影响呢？我们不能单从理论方面证明这种反应不能使货币利率出现适度的下降，然而我们可以借助几个理由，来说明为什么在我们熟知的经济体系中，货币利率很难出现适度的下降。这些理由加在一起，就具有了很大的力量。

第一，我们必须考虑，当工资单位下降时，资本的边际效率也会出现相应的反应，而我们关心的是后者与货币利率的差。如果工资单位降低，人们预测它以后会回涨，那么结果会非常好；相反，如果人们预测它以后仍会下降，那么资本的边际效率方面所出现的反应，可以抵销利率的下降。

第二，由于货币工资具有刚性（Rigidor Sticky），比真实工资稳定，所以工资单位（以货币计算）不容易下降。如果不是这样，那么情形可能会更糟，而不会出现好转；如果货币工资很容易下降，那么它一旦下降，人们就预测它会继续下降，以至资本的边际效率受到有利的影响。假设工资以其他商品（例如麦子）作为计算单位，它可能就不再具有刚性。正因为

### ■ 货币的刚性特质

货币工资比实际工资更稳定的刚性特质说明了以货币计算的工资单位的下降总是有一定限度的。当然，也只有规定用货币，而不是具有代替弹性的商品（如麦子）来计量工资，才能使工资具有刚性。画面中自各地来的人们纷纷涌向交易处，等待与大钱商兑换手中的货币，正是由于货币的刚性才使得类似的兑换得以持续进行。

货币存在一些特征，尤其是周转灵活这一特征，因此工资一经用货币规定以后，一般是不会轻易改变的。

第三，这里是我们要谈的最基本的理由。货币有很多特征使它满足灵活偏好，因此在某些（常常会发生的）场合，尤其是当利率已经降到某种水准时，即使货币数量比其他形式的财富大量增加，利率也不会出现敏感的反应。换句话说，当超过某一点以后，由于货币周转灵活的特征，所以它的心理产物虽然会随着货币数量的增加而下降，但它的下降速度，绝比不上其他资产作同等程度增加时，其产物的下降速度。因此，货币的保藏费用很低（或微不足道）在这里是很值得重视的一方面。假设保藏费用很可观，那么人们就不会因为对货币的未来价值的预期，而逐渐增加货币持有量。这也可以表述为，人们之所以对于相当微弱的刺激有反应，增加其货币持有量，是因为货币拥有周转灵活的特征，而又没有巨额保藏费用这种弊端。至于除了货币之外的其他商品，虽然小量持有会使使用者获得一定的便利，但当其数量增大时，那么即使它的价值一直很稳定，也可以把它作为一种保藏财富的方法，但持有人一定要承担保藏费用（堆栈费、耗损等）。所以在达到某一点以后，如果再增加它的持有量，那么一定会受损失。货币却不是这样，有众多理由使得它在一般人心目中成为最"灵活"的东西。有些改革家提出的补救方法，就想给货币造出人为的保藏费用，譬如说，每隔一段时期，人民必须按时缴纳一定费用，请当局在法偿通货上加盖印记，加盖印记以后，那么这种通货仍然可作为货币等。这些人的方向是对的，他们提出的方案是值得考虑的。

货币利率的重要性，是由三个特征共同构成的：第一，因为灵活偏好动机的存在，所以当货币数量比其他财富（以货币计算）有相对增加时，利率的反应或许不大；第二及第三，货币的生产弹性以及替换弹性都等于零，或微不足道。第一点表示，人们对资产的需求，可能绝大部分集中于货币；第二点表示，如果这种情形发生，那么劳动力不能用来增加货币的产量；第三点表示，即使其他商品很低廉，它也无法取代货币，因此也无法减少货币的需求。如果资本的边际效率不变，灵活偏好不变，那么增加货币数量是唯一的救济办法，或——在理论上是一样的——让货币的价值提高，使某一定量货币所能提供的货币劳役（Money Services）增加。所以当货币利率提高时，凡是有生产弹性的商品，它的产量都受到影响，而货币的产量却未能增加（依据假定，货币毫无生产弹性）。这就是说：由于货币利率能够决定其他商品本身利率下降的程度，所以投资从事于生产其他商品的人将会受到阻碍；但根据货币不能生产的假定，投资从事于生产货币的人不能够扩展。而且，投机动机引发的货币需求具有很大的弹性，所以当需求情况稍有改变时，货币利率也许不会有很大的改变；同时，因为货币的生产（除非当局采取行动）没有弹性，所以也不能

让自然力量从供给方面来压低利率。一般商品却不是这样的。由于人们对平常商品的持有量很少有伸缩性，所以当需求方面稍有改变时，就会使它本身的利率起伏不定；同时，这种商品又有生产弹性，所以它的现货价格与期货价格（都以这一商品本身计算）的差不能太大。所以对于其他种类的商品，若听任其自然发展，"自然力量"（即通常意义的市场力量）就可使它的本身利率降低，一直到达到充分就业为止。已经达到充分就业以后，一般商品就会具有货币经常具有的特征，也就是供给无弹性。如果没有货币，也没有其他商品具有货币的特征，那么各种利率只有在充分就

**货币的优势——流动性**

货币持有成本极低的特性，使人们可以任意加大对它的持有量，这是以抵销人们对货币未来价值预期所带来的影响。而人们之所以更愿意持有货币，是因为货币具有流动性，不会因时间流逝而消耗巨大的持有成本，而又可以任意在有所需要的时候兑换成相应的商品。

业的条件下，才能达到均衡。这就是说，失业问题的发生，是因为人们要天上的月亮——如果人民所要的东西（例如货币）不能生产，而对这种东西的需求又不容易压制，那么劳动力也就无法就业。唯一补救的方法就是要公众相信：纸币也是货币，由政府来管理纸币工厂，换句话说，中央银行由政府来统治。

有一点是值得深思的，人们常常把黄金作为价值标准，那是因为黄金的供给缺乏弹性。然而，现在我们已经知道，所有的困难大多是由这一特征产生的。我

们可以把它概括成：假定消费倾向不变，那么当所有各种资产的本身利率最大，等于所有各种资产的边际效率（用本身利率最大的资产作为计算单位）的最大者时，投资量就不能再增加。在充分就业情况下，这种条件一定能得到满足。在充分就业尚未达到以前，这个条件也能满足：只要有一个商品，它的生产弹性与替换弹性都等于零（或比较少），当它的产量增加时，其本身利率的下降速度，比其他资本资产的边际效率（用该商品做计算单位）要慢。

**充分就业的必要条件**

在没有货币及不存在任何具有货币特点的商品的条件下，利息率只有在充分就业时才会达到均衡状态。除非建立纸币工厂，否则劳动力无法就业。在没有货币存在的环境中，充分就业就像天空中的日月星辰，可见但却不能触摸。

# IV 货币利息率是唯一的利息率

前面说过，一个商品是否能够成为价值标准与它的利率是否是唯一重要利率，并没有一定的联系。我们有一个疑问，在货币利率成为唯一重要利率的种种特征中，有多少是因为货币是债务与工资的计算标准才具有的呢？我们可以把这个问题分成两方面来讨论：

第一，契约用货币来规定，以及货币工资相当稳定这两点，都与货币具有如此高额的灵活升值大有关系。假设持有的资产，可以直接用来应付未来的债务，以及预期的未来生活费，那么用这种资产作为计算标准相当稳定，持有这种资产也有一定的方便，这是很明显的。但如果被用作价值标准的是一种生产弹性很大的商品，那么公众也许不会相信：未来产品的货币成本会相当稳定。而且，货币利率之所以成为唯一重要的利率，除了高额的灵活升值以外，极低的保藏费用也很重要。但仅就利率而论，最重要的是灵活升值与保藏费的差值。如果用金银或钞票以外的商品作为价值标准来订立契约或规定工资，那么这类商品也会获得价值标准通常具有的灵活升值；而绝大部分这类商品的保藏费用，至少与其灵活升值相等，所以即使把现在英镑所有的灵活升值转移给麦子，麦子利率恐怕仍然不会大于零。由此，可得出如下结论：契约及工资常用货币来规定这一事实，虽然会大大增加货币利率的重要性，然而仅就这一个事实而言，还不足以证明我们看到的货币利率的特征。

第二点就更微妙。人们经常预测如果产物的价值用货币计算，要比用其他商品计算来得稳定，这并不仅仅因为工资率是用货币来规定的，而是因为用货币规定的工资比较有刚性（即稳定）。人们还会预测如果工资用另外的一两种商品作为计算标准，并且具有比用货币作为计算标准更大的刚性（即更稳定），那么情形又将怎样？这种预期的出现一定要满足两个条件：第一，这种商品的生产成本（用工资单位计算），无论产量是多少，无论是在长时期以内或短时期以内，一定是相当稳定的；第二，如果按照成本价格出售时，产量超过需求，那么这种剩余的数目，一定可以作为存货，而不必再多花成本，也就是说，这种商品的灵活升值必须超过它的保藏费用，如果不是这样，没必要一直等待高价来谋取利益，那么保藏存货一定会受到影响。如果可以找到一种商品，满足以上两个条件，那么这种商品的确能成为货币的强敌。要找出这样一种商品（如果用该商品作为计算标准，则产品的预期价值比以货币作为计算标准更为稳定），在逻辑上是有可能的，然而这种商品存在的可能性却是很小的，因此我敢肯定：如果有一种商品，工资用这种商品作为计算标准最富刚性，那么它一定是生产弹性最小的商品，而且一定是保藏费用超过灵活升值

### 必须具有稳定性的利息率

货币利息率之所以成为唯一的利息率，除了高额的流动性贴水外，低成本也起了很大的作用。因为就其他大多数商品而言，如果用金银或货币之外的商品作为价值标准来订立契约或工资，那么，它们的价值只能随商品价值的变动而变动了。这种不稳定性会使身处其中的人感到如蹦极般忽起忽落。

### 货币的稳定性

人们预期货币工资具有相当的刚性，那是因为与其他各种资产相比，货币的流动性贴水要很大程度上超过持有成本的数额。这是一张菲律宾发行的面值为 500 比索的钞票。

的数目最小的商品。换句话说，人们之所以预期货币工资相当有刚性，就是因为在各种资产中，它的灵活升值超过其保藏费用的数目最大。由此可以看出，种种特征联合起来，使得货币利率成为唯一重要的利率；而且这种种特征还以累积的方式互相影响。因为货币的生产弹性及替换弹性很小，保藏费用又很低，因此人们预期货币工资会相当稳定。由于这种预期的存在，所以当货币的灵活升值提高时，货币利率与其他资产的边际效率之间并无密切联系。如果真有这种现象存在，那么货币利率便无从作假。

通过庇古教授（还有别人）的假定可知，真实工资总比货币工资稳定。如果要使这一假定成立，那么一定要先说明，为什么就业量很稳定。另外还有一点说明起来会颇为困难：即工资品的保藏费用很大。如果真想用工资品作为计算单位来稳定真实工资，其结果只是使得物价（用货币计算）发生剧烈变动。在这种情况下，只要消费倾向或投资引诱稍微有所变化，那么物价或者骤降为零，或者骤涨到无穷大，所以如果经济体系要具有稳定性，那么货币工资一定比真实工资稳定。只要我们认为所研究的经济体系的确具有稳定性，也就是说，当消费倾向或投资引诱稍有改变时，物价（用货币计算）不至于有剧烈变动，那么假定真实工资比货币工资要稳定，不仅与事实经验不符，而且在逻辑上也是错误的。

## V 持有资本的方式和土地货币效应

本小节属于脚注的性质，用于解释以上已经讲述过的东西。只有一点值得强调：所谓"周转灵活性"，所谓"保藏费用"，都只是程度的问题；货币的特征，只是前者比后者大而已。

现在我们来研究一种经济体系，在这一体系之中，所有资产的灵活升值都小于其保藏费用（我认为这是所谓"非货币经济"的最佳定义），也就是说，除了各种消费品与各种资本设备以外，这个体系中再没有其他东西。虽然各种资本设备的寿命不同，所能生产（或帮助生产）的消费品也不同，但资本设备本身都有一个共同的特征：如果把它作为存货保藏，那么耗损与费用一定会超过它的灵活升值。

在这种经济体系中，资本设备要互相区别，只有三个方面：（a）其所能帮助生产的消费品不同；（b）其产品价值的稳定性不同（面包的价值经常比新奇商品的价值稳定）；（c）其所包含的财富，可以"流动转化"（Become Liquid）的速度不同，换句话说，它们生产产物的速度不同。因为出售产物的收入，可以用来转购其他类型不同的财富。

持有财富的人必须权衡二者的得失：其一，各种资本设备，根据前面所论及的，都缺乏周转灵活这一特征；其二，持有财富（在去掉风险成分以后）可以产生未来收益（后者是或然性的最佳估计）。请特别注意，灵活升值与风险费既有相同之处，又有不同之处。它们之所以不相同，是因为或然程度的最佳估计是一回事，作此估计的信心又是另一回事。在前面的几章中，当我们谈到未来收益时，并没有详细讨论

**■　衡量财产的得失**

假设生活在所有资产的持有成本都超过流动性贴水的经济体系中，那么财产的所有者必须权衡两方面的得失：一、各种设备是否都缺乏流动性，二、减去风险后持有财富可产生的预期收益为多少。这家富裕的美国家庭正在附庸风雅学着英国人喝下午茶，他们在闲暇之余，考虑最多的应该是已有财富的收益问题吧。

它的估计方法，为了使论证尽量简化，也没有分辨这种差别是缘于周转灵活还是缘于风险本身，但在计算本身利率时，当然二者都应当顾到。

很显然，所谓周转灵活的便利性并没有绝对标准，只是程度上的差别。在比较持有各种财富的好处时，除了估计保藏费用以及使用该财富可以得到的收益以外，多少也应该顾到灵活升值。从概念上基本无法说清"周转灵活性"是由什么组成的，因为它常常在改变，必须视社会习惯及社会制度而定。但在任何一段特定的时间内，财富持有人对于各种财富的周转灵活程度，拥有相对确定的看法。就分析经济体系的行为而言，这一点已经足够了。

通常在某一特定历史环境中，财富持有人很可能认为土地的灵活升值很高。土地与货币相似，它的生产弹性及替换弹性都可以很低，因此历史上可能有一段时期，当时利率过高的原因是人们更愿意占有土地，正如现代利率过高是因为人们更愿意持有货币一样。这种力量很难从数量方面来统计，因为严格说来，土地没有期货价格（用土地本身计算）可以与债务票据上的利率相比，然而我们可以找出相似的东西，那就是数字非常庞大、因土地抵押而借出的高利贷。土地抵押借款所付的利息往往超过耕种土地的净收益，这是农业经济中常有的现

### 抵押土地的高额利息率

抵押土地的高额利息率使我们拥有了可以和货币债务利息率进行严格比较的期货价格，所以在历史上，曾经一度出现疯狂热爱土地一如热爱货币的现象。因此争夺土地的战争也没有间断过。这是 11 世纪农民正在耕地的情景，拥有土地是他们心中最热切的愿望。

象。禁止高利贷法一向针对这种借款毫无疑问是正确的。假设在初期的社会组织中，现代式的长期债务票据并不存在，如果土地抵押借款的利率很高，那么它就将妨碍投资（生产新资产），阻碍财富的生长，正如在现代社会中，把长期债务票据上的利率定得太高所产生的效果。

经过了几千年人们的积极储蓄以后，世界上积聚的财富还是这么少，对此的解释，我认为既不是因为人类不肯节俭，也不是因为战争破坏，而是因为以前持有土地的灵活升值太大，并且现在持有货币的灵活升值也太大。就这一点而言，我不同意过去的看法。马歇尔在《经济学原理》第 581 页，把后一种看法说得异常肯定。众所周知，财富累积之所以受到抑制，利率之所以能维持，是因为大多数人都喜欢在现在满足他的欲望，而不喜欢等着以后再去满足，也就是说，他们不愿意"等待"。

# VI 自然利息率和中立利息率

我曾在拙著《货币论》中对所谓自然利率（Natural Rate of Interest）下过定义，我认为：所谓自然利率，就是使某一时期的储蓄量（根据这本书中的定义）与投资量保持相等的利率。当时我认为这是唯一的利率，并且相信这个概念，在一定程度上是威克赛尔的"自然利率"概念的演进，把他的概念进一步明朗化。威克赛尔所谓"自然利率"，就是使某种物价水准保持稳定的利率，至于到底是哪种物价水准，他并没有明确规定。

当时我忽略了一点，依照这个定义，在一个特定社会中，如果有一个假想的就业水准，那么就有一个相应的自然利率；同样，有一个利率，即有一个就业水准与之相对应，并且对于这一就业水准，该利率是"自然利率"——也就是说，在这个利率和相应的就业水准下，经济体系可以达到均衡。因此，只存在一个自然利率的说法是错误的。根据上面的定义也无法推断出，无论就业水准怎样，只能得出一个利率的结论。当时，我并不了解，在某种条件下，在没有达到充分就业以前，经济体系就可达到均衡。

当初我还认为"自然利率"这一个概念非常值得发展。但现在我不再这么想，相反，我认为对于这个概念的分析并不是很重要。自然利率只是一个维持现状的利率，而一般说来，我们对于现状本身并没有特殊的兴趣。

假定存在一个利率，如果它能被称为唯一的、重要的利率，那么就可称它为中立利率。这一点可叙述为，如果经济体系中的其他条件不变，那么在一组（根据前面的定义）自然利率中，如果有一个自然利率与充分就业不相悖离，那么这一利率即为中立利率（Natural Rate of Interest）。不过，如果把它称为最适度利率（Optimumtate），也许会更加合适。

严格来说，所谓中立利率，就是在某种均衡状态下的利率，在这种均衡状态，产量与就业量已经达到一个水准，使就业弹性（就全体而论）等于零。通过以上所讲，我们可以了解到，经典学派的利率论需要什么样的潜在假定，才具有真实的意义。它的利率论有时假定实际利率经常性地等于中立利率，有时假定实际利率常能维持在某一特定就业水准上而不改变。如果经典学派理论可以这样解释，那么实际的结论会很少出现错误。经典学派经常有这样不为人们察觉的假定：银行当局或自然力量，可以使得市场利率常常满足以上两个条件之中的一个。而古典学派的研究，就在这样的假定之下，寻找哪一种法则在支配社会生产资源的使用与报酬。由于这样的限制，那么只是假定不变的就业水准，以及当时的设备与生产技术，就可以决定产量，于是我们很平安地跨进了李嘉图的天地。

### 黑死病与中立利率的出现

假如经济体系中其他条件不变，在一系列自然利息率中，就会出现一个与充分就业相一致的自然利率，我们称这个利率为中立利率，也许称之为最佳利率更为合适。14 世纪时，一场黑死病席卷了欧洲，由于大量人员的死亡使劳动力变的短缺，就业在这一段时期内病态地充分，并畸形地导致了和充分就业相匹配的中立利率的出现。

# 第18章

# 就业通论提要

## 本章要点

在经济体系中，被我们视为不变、自变和因变的因素的详解；

对前几章就业论证的总结；

解释观察现实世界结果的几种稳定条件。

# Ⅰ 经济体系中，被我们视为不变、自变和因变的因素

现在已经到了把以上所有论证总结起来的阶段。在一开始，我们最好分辨清楚：哪几个因素在经济体系中是已知数，我们可以假定它不变，哪几个因素是自变数，哪几个因素是因变数。

我们所假定不变的，是现有劳动力的技巧与数量、现有资本设备的质与量、现有生产技术、竞争程度、消费者的嗜好与习惯、各种各类劳动力活动（包括监督组织等劳心活动）的负效用，以及社会结构，包括（除了下列变数以外）决定国民收入分配的种种力量。然而，并不是我们真的假定这些因素不会变更，我们只是说，在本书中暂不考虑因这些因素的改变所导致的影响。

我们的自变数是消费倾向、资本的边际效率表以及利率。前面说过，这些自变数都可以再加以分析。

**系统化的结果**

搞清在经济体系中哪些因素是我们忽略的，哪些因素是因变的，哪些因素是自变的，对我们把论证提纲系统地综合起来有决定性的作用。否则这一理论就像一盘没有穿线的珠子一样散漫没有规则。这些古埃及饰品的美丽和精巧令人赞叹，它们其实就是把零散的珠子规律化、系统化的结果。

## 秒钟经济学 5

### 市场

市场是商品经济发展到一定阶段的必然产物，是一切商品进行交换的总和，一切贸易活动的总和，商品供给和商品需求及商品流通的总和。

### 实物工资

实物工资是以实物的形式来当作工人工资。工资作为劳动力价值或价格的报酬方式，不论资本家采取货币形式还是实物形式来进行支付，工资的本质都没有发生什么变化。

我们的因变数是就业量与国民收入（后者以工资单位计算）。

通常认为不变的因素可以影响，但不能完全决定我们的自变数。譬如说，资本的边际效率表，一部分取决于现有资本设备的数量，这是我们认为不变的因素之一，但一部分也取决于长期预期状态，这并不能从不变因素中推导得出。由于存在着几个因素，它们可以完全从不变因素中推导得出，所以我们也可以把这种推演出来的东西看作是不变的。譬如，通过不变因素可以推知，假设就业水准是已知的，那么国民收入（用工资单位计算）的水准将会怎样。因此，在我们认为不变的经济体制中，国民收入只取决于就业量，也就是说，只取决于现在用于生产的劳动力数量，由此又可得出，国民收入与就业数量之间有唯一确定的关系。又由于从不变因素中，可以推知各种总供给函数、某一商品的总供给函数，以及该种商品的有效需求（用工资单位计算）是自变数，从事生产该物的劳动力数量为因变数。最后，由这些不变因素中，可以推知劳动力的供给函数是怎样的，所以又可知道到了哪一点以后，劳动力的就业函数不再具有弹性。

资本的边际效率，一部分取决于前面所述的不变因素，一部分取决于各种资本资产的未来收益；而利率则一部分取决于灵活偏好状态（即灵活偏好函数），一部分取决于于货币数量（以工资单位计算）。因此我们可以说，最后自变数只有三种：即（一）

### 个人收入与国民收入

从不变的因素中我们可以推知与一特定的就业量水平相对应的国民收入水平如何。因此，在我们认为不变的经济结构中，国民收入取决于就业量，即取决于用在生产的劳动力数量。在 14 世纪的英国，纺织业是财富的主要来源之一，图中一名学徒正在师傅的指导下学习剪羊毛。由于学徒的数量很多而且薪水极低，所以就业量与国民的收入在当时还是有一定出入的。

三个基本心理因素，即心理上的消费倾向、心理上的灵活偏好，以及心理上对资产未来收益的预期；（二）工资单位，由劳资双方议价决定；（三）货币数量，由中央银行决定。如果上述的不变因素不变，那么这三种自变数决定国民收入与就业数量。但这三种自变数还可以再加分析，所以并非原公式的最后自变数。

从任何意义上来说，把经济体系中的决定因素分为不变因素与自变数两类，都是很武断的。分类的标准，只能完全根据经验。凡是改变得很缓慢的，或与我们所研究的问题关系很轻微的，并由此在短时期内所产生的影响是微乎其微的，都可列为不变因素。相反，凡是对于我们所要研究的问题有支配性的影响因素，都列为自变数。我们现在所要研究的问题就是，在任何时间里，什么将决定某一特定经济体系的国民收入，或者它的就业数量（二者几乎是完全等同的）？经济学的研究既然如此复杂，我们不能希望有完全准确的概括性结论，所以我们只能提出几个主要因素。作为自变数，它们的改变最足以影响我们所要研究的问题。我们的最终任务，也许就是在我们实际生活的经济体系中找出几个重要的变数，交由中央当局来加以统御或管理。

# II 就业通论的纲领

通过前面所讲，在这里应该把各章的论证列成一个纲领。提要中各因素的出现次序，与以上各章中的次序相反。社会上有一种动力把新投资的数量扩充到某一点，使得一般资本的边际效率（由各种资产的供给价格及其未来收益决定）约等于利率。也就是说，共有四个因素决定投资的数量。它们分别是资本品工业的生产情形、对于未来收益的信心、心理上的灵活偏好以及货币数量。由于投资量的增加（或减少），一定会导致消费量的增加（或减少），因此一般说来，只有当收入增加（或减少）时，公众才愿意扩大（或缩小）其收入与消费的差额。这也就是通常所说的消费的改变与收入的改变是相同的，但数量却很小。至于储蓄与消费量的相互关系，可以通过边际消费的倾向得知，投资增加时，总收入将增加多少，可由投资乘数得知。最后，如果我们假定（作为第一接近值）就业乘数即等于投资乘数，那么以此乘数乘以投资工业中的就业增量（或减量），即得到总就业增量（或减量）。而投资量之所以有增减，上面已经解释过了。就业人数增加（或减少），可以提高（或降低）灵活偏好表。这种影响可由三个理由说明：第一，当就业量增加时，即使工资单位不变，物价（以工资单位计算）不变，但产品的总价值仍会增加；第二，就业量增加时，工资单位有提高的趋势；第三，产量增

■ **受流动性偏好影响的市集**

　　市场上存在着一种投资诱导可以诱使新投资达到某一数量，从而促成每种资本资产的价格和它的预期收益在一起，使资本边际效率大致等于利息率。图中展示的是英国工业革命早期北方小镇的繁华景象，似乎这里的投资和需求正处于稳定均衡的状态。但是一旦心理的流动、偏好货币的数量等因素稍一改变，就会敏感地影响到新投资的数量。

加时，因为短期内成本递增，所以物价（以工资单位计算）上涨。

　　这三者都能增加货币的需求。这些反应（还有别种反应），都能影响均衡位置。而且，上述所说的自变数都可以无任何预兆地随时改变，有时改变甚至很大，所以实际上，事态的发展是异常复杂的。但即便这样，我们还是要对这几个变数做单独的讨论，因为这种做法比较简单、方便。用以上分析方法来研究某一实际问题，则这个问题比较容易处理，如果处理实际问题只凭直觉（直觉所能顾及的事实往往枝节太多，一般原理就很难处理），恐怕会因材料太多而无从下手。

# Ⅲ 持续经济稳定的四个条件

　　以上就是就业通论的大概纲领。因为消费倾向、资本的边际效率表，以及利率三者有一定的特征，致使经济体系的实际现象也蒙上一层相应的色彩。我们可以根据这些特征在经验上做概括性的结论，但这个结论在逻辑上并不一定发生。在我们的生活经济体系中有一个显著特点，即在产量与就业量方面，即使有剧烈变动，这个经济体系却并不一定是不稳定的，相反，它似乎可以在不正常状态下，停留一段很长的时期，既没有显著趋于复兴的倾向，也没有显著趋于完全崩溃的倾向。而且，根据以往经验，充分就业（或近乎充分就业）是一个罕见现象，即使存在，也不会维持太久。当变动刚开始时，可以很活跃，但在没有达到极端以前，似乎已无法支持，于是我们就经常处于庸庸碌碌的环境，不能说绝望，也不能说满意。因为变动在没有达到极端以前，就不能支持，后来竟向相反的方向变动，所以就有了经济周期理论。前面所谈到的一切，在物价方面也颇适用。经过一度纷扰以后，物价似乎会自发找出一个水准，然后暂时稳定下来。由于这些都是由经验中得来的，在逻辑上并没有必然性，所以我们只能假定，现代社会的环境与心理倾向一定存在某些特征，会导致这样的结果。因此，我们有两个问题要问。第一，哪一种假想的心理倾向会产生一个稳定的体系？第二，根据我们对于当代人性所有的一点常识，我们能否说当代社会的确存在这种心理倾向？

根据以上分析，要解释观察得来的结果就需要下列稳定条件：

（一）社会在它的资本设备上增加（或减少）劳动力，则当它的产量增加（或减少）时，该社会的边际消费倾向必然是：由该边际消费倾向推算得来的乘数大于1，但也不会大很多。

（二）当资本的未来收益或利率改变时，资本的边际效率表必须是：新投资量的改变，不能与前者的改变相差太多；也就是说，如果资本的未来收益改变、或利率改变，且走势相当平缓时，投资量的改变也就不会太大。

（三）当就业数量改变时，货币工资也会作出同一趋势的改变，两者存在一定比例；也就是说，如果就业量的改变相当温和，那么货币工资的改变也不会太大。因此我们最好表述为物价的稳定性条件。

（四）第四个条件并不是使得经济体系获得稳定性，而是使得这个经济体系向一个方向变动到一定程度后，会自动变换它的变动方向，向相反方向变动。这第四个条件是，如果每期的投资量较前期增加（或减少），并且这种状态已经持续相当一段时期（如果用一年作为计算单位，那么这一时期并不太长），那么，资本的边际效率就会蒙受不利（或有利）影响。

我们第一个稳定条件是指，乘数虽然大于1，但并不是很大。这个条件，作为人性的心理特征而言，看起来是很合理的。当真实收入增加时，现在所需满足的欲望的压力会愈来愈少，而生活费用（维持习惯的生活程度所需的费用）与收入的差距会逐渐增加，真实收入反而减少。就社会大众而言，当就业量增加时，当前消费量自然趋于增加，但不会比真实收入的全部增量更大；当就业量减少时，当前消费自然趋于减少，但不会比真实收入的全部减量更大：不仅一般人是这样，政府大概也是这样，在当今的世界，当失业人数继续增加时，政府往往也不得不通过借债来援救他们。

我们不能确定读者是否认为这一心理法则是入情入理的，但有一点很确定，如果这种心理法则不适用，那么实际情形一定会与现在不同。如果是后一种情形，那么无论投资增量多小，有效需求都将逐步地增加，直到达到充分就业那一点为止；相反，当投资减少时，有效需求将逐步减少，直到就业人数等于零为止。但实际情况并不一定是这样，我们并不趋于极端，也可能会处于两个极端之间。确实有不稳定性存在于某一范围以内，如果是这样，这个范围一定很狭小，而在这个范围以外，我们的心理法则在任何一个方向都适用。此外，还有一点也很明显，即乘数虽然

■ **畜牧业因消费需求改变而受到的影响**

第一个可以导致稳定经济体制的心理倾向是由边际消费倾向推算出来的。乘数数值应保持在比"1"略大一点点的位置。即当投资量有适当变化时，消费品的需求不会有太大变化。虽然生活水平的改善使市场对牛奶投资量的要求增高，但如果投资量没有太大改变时，需求的增加也不会很明显，不会影响到畜牧业规模的变化。

大于1，但在通常情况下，不会大得很多。假设它很大，那么当投资量改变一定额度时，消费量将大量改变（其改变限度是充分就业或全无就业）。

基于第一个条件，尽管投资量的改变很平缓，但消费品的需求不会有非常大的改变。基于第二个条件，当资本资产的未来收益或利率改变不太大时，投资量也不会有太大的改变。之所以这样，是因为要从现有设备上大量扩充产品，可能会引起成本的递增。假设在一开始，用来生产资本资产的资源存在大量的剩余，那么在某一段范围内可能很不稳定。如果这种剩余的资源大部分已被利用，那这种稳定性将不再存在。但是如果工商界在心理上出现了剧烈的变动，或者有划时代的新发明出现，以致资本资产的未来收益改变颇为剧烈时，那么第二个条件，也可以限制由它引起的不稳定性，但在限制向上变动时要比限制向下变动更加有效一些。

第三个条件，与我们所遇到的经验中的人性相符。前面虽然说过，关于货币工资的斗争，大体上只是要维持一份相对高额的工资，但当就业人数增加时，一方面因为工人的议价能力增大，另一方面因为工资的边际效用减少，工人的财政情况改善，愿意多冒一些险，所以货币工资的斗争大概在各个行业都会加强。然而这些动机是有一定限度的，货币工资不会因为工人就业情况有所改善或要避免失业而有所改变。

这里所说的与前面的陈述是一样的，不管从经验角度来说，这个结论是否入情入理，但这种心理法则却是一定存在的。如果事实并非如此，那么失业工人间的相互竞争一定会使货币工资减少许多，从而使得物价水准非常不稳定。不仅如此，恐怕除了充分就业以外，再没有其他稳定的均衡位置，如果货币工资率将无限制地降低，一直到货币数量（用工资单位计算）变得非常丰

### 工资议价引起的罢工

维持工资的斗争说到底就是维持高额的相对工资的斗争，而且关于它的斗争会因就业量的增加而在各行业中有所加剧。这是因为一方面劳动者的议价能力有提高，另一方面是工资递减的边际效用和工人们已经改善了的经济上的宽松程度使他们容易承担风险。1886年5月1日，美国芝加哥20万人为得到合理的工作条件和报酬举行罢工运动，最后终于争取到了8小时工作制的权利。

富，利率也因此降低到一种程度，直到足以恢复充分就业为止。除此以外，并没有什么可圈点的地方。

第四个条件倒不是稳定的条件，而是为什么经济衰退与经济复兴会不断地接连重复。这个条件只是源于一个假定，即资本资产的年龄参差不齐，但寿命都不太长，最后都会不堪再用。假设投资量低于某一个最低水准，即使其他因素没有大量变动，最后资本的边际效率的再一次提高，投资量再恢复到超过这一水准，也将只是时间问题而已。同样，如果投资量一期比一期大，那么除非其他因素有所变化，最后资本的边际效率又一次降低，导致经济的衰退也将只是时间的问题。由于存在前三个条件的限制，所以经济复兴与经济衰退的程度已经有了一定的限制。而因为第四个条件，所以即使是有限度的经济复兴与经济衰退，只要已经继续了一段时期，而没有其他外界因素的干扰，那么它会改变方向，自动向相反方向变动，以后按照这同一力量，又把变动方向再转换过来。经济发展实际经验中的显著特征可以用这四个条件来充分解释。就业量以及物价的变动不会趋向于两个极端，而只是绕着一条中线上下动荡。这条中线的位置，一定比充分就业低很多，但也比最低的就业量要高很多。所谓最低就业量，就是如果就业人数低于这个水准，那么生活就会受到威胁。但我们不能因此就妄下结论。由于这不高不低的位置，既然是由"自然"趋势所决定，而且这种"自然"趋势，如果我们不特意矫正，很可能会继续维持下去，所以，这个位置是建筑上的必然规律，无法加以改变。以上四个条件一向适用于各个领域，但这只是一个由实际经验得到的事实，并不是不可改变的必然原理。

**在两极间摆荡的经济社会**

四个经济体制稳定条件的结合，足以解释我们经验中的显著特征，即为什么就业量与物价的变化总是围绕着中间位置上下动荡，而不是趋于两个极端方向。就像坐在秋千上的人们一样，无论如何都是不会突破极限的。

# 第 5 篇

# 货币工资与物价

　　解决资本主义失业和经济萧条的对策是货币政策和财政政策，这两个办法的目的都是为了给社会注入更多的购买力，使过剩产品越来越少，企业从而变得趋向正常运营，资本主义也可以走出失业和生产过剩的危机。

　　在本篇中对价格论和工资论系统的理论和传统意义上的理论加以比较，能更好地说明它的合理化。

# 第19章

# 货币工资的改变

## 本章要点

古典学派推导劳动需求简化的研究；

解决就业问题的两部分讨论；

货币工资降低的影响；

影响利息率的几种方法；

伸缩性的工资政策与伸缩性的货币政策的四点显著区别；

对工资水平降低的分析和意见。

# ▌古典学派对劳动需求的简化

如果把货币工资改变时所产生的影响提前讨论，那么这对我们来说是一件好事。古典学派之所以认为经济体系有自动调整的性质，就是因为假想货币工资有伸缩性，而货币工资一旦有了刚性，便会把经济体系失调的过失推到刚性身上。

但由于我们自己的理论还没有建立，所以我们不能做这样的提前，也不能充分讨论这个问题。货币工资的改变所产生的后果相当复杂，在某种情形之下，降低货币工资的确能（像古典学派设想的那样）刺激产量。然而我与古典学派却在分析上有所不同，所以在读者还没有了解我的方法以前，我不能把这种差异说得很透彻。

据我所知，通俗的解释要比我以前所说的简单很多，并不是我所说的那样复杂。这个解释仅是认为，如果其他情形不变，那么当货币工资率降低时，制成品的价格将降低，所以可刺激需求，增加产量与就业量；但如果产量增加而资本设备不变，那么劳动力的边际效率降低；如果劳动力的边际效率与劳工同意接受的货币工资率相等，那么产量与就业量就不再增加。

我们可以把这种解释说成是，当货币工资降低时，需求不受影响。有些经济学家还是认为需求不会受到影响，因为他们有充分的理由，即总需求取决于货币数量与货币的收入流通速度这二者的乘积。当货币工资降低时，并没有显著的理由解释为什么货币数量会减少，或货币的收入流通速度会降低。他们只会说，如果工资降低，那么利润一定增加。但是我认为大多数经济学家都会承认，当货币工资降低时，一部分劳工的购买力降低，所以总需求的确要受到很大影响。然而他们还是会指出，在相反方面，有一部分人的货币收入并未减少，那么这类人的

**货币工资**

货币工资是指以货币数量为形式的工资。在资本主义制度下，它是劳动力劳动的等价物。它以劳动力价值为基础，只要是引起劳动力价值因素的任何变化，都会触动货币工资的变化。

**对外贸易差额**

对外贸易差额是一个国家或地区在特定时期内出口总额与进口总额的差额，表现为贸易顺差或贸易逆差两种方式。当出口额比进口额大时，其差额称为对外贸易顺差；当出口额比进口额小时，其差额称为对外贸易逆差；出口额与进口额相等，称为贸易平衡。

真实需求，就因物价的下降而增大。即使在劳工方面，除非劳动力的需求弹性小于1，否则当货币工资降低，就业人数增加时，劳动力方面的总需求也会增加。所以在新的均衡状态下，就业人数会比以前增多，除非是在非常特殊的极限情形，然而这种情形，实际上是不会发生的。

对这种分析我持不同观点。上面的分析虽说可以代表很多经济学家的想法，但他们却很少把所依据的经验详细地分析记录下来。

他们是通过下面的论证得出结论的。就一产业而言，该产业的产物有一组表示售价与出售量关系的出售表，又有一组供给表表示产量与生产该产量时生产者所要求的价格二者的关系，所以有一组供给表格，因成本的计算基础，各厂会有所不同。假设其他成本不变（除非是由产量改变所引起的），那么由这两种表格可推得劳动力的需求表，表示就业人数与工资水准的关系。该曲线在任何一点的形状能够决定劳动力的需求弹性。然后按照这个概念，不需加太大修改，转用在工业全体，工业全体也有一个劳动力的需求表，表示就业人数与工资水准之间的关系。至于所说的工资，到底是货币工资还是真实工资，对于论证没有影响。假设为货币工资，那么币值的改变一定需要矫正，但这不足以影响论证的主要意义，因为物价的改变，绝不会与货币工资的改变恰成同一比例。

如果上面所说的是他们的论证的全部依据（假使不是，我不知道他们根据的什么），那么这个论证一定是错的。因为要替一个产业建立需求表，一定要先假定其他工业的供需表不变，总有效需求的数量不变。所以，除非把总有效需求不变这个假定也搬过去，否则我们不能把仅仅适用于一产业的论证转而用于全体工业。

**新均衡下的失业者**

通常人们接受的解释都是相当简单而且表面合理的，如在其他条件都不变的情况下，降低货币工资可以使产品成本相应降低，固而可以刺激需求，进而增加产量和就业量。于是在新的均衡状态下，就业人数要比以往增多，除非在极端的情况下才出现意外。战后日本的经济恢复到了一个新的均衡水平，尽管产量和需求有大幅度的提高，可还是有一大批人找不到工作。这群衣衫褴褛的东京市民正坐在街头一筹莫展。

■ **古典经济学中含混的"个性"与"共性"**

古典经济学家犯的主要错误在于：把某一产业表示销售量和销售价格的供求曲线，与表示就业数量和不同工资水平的劳动力需求曲线等概念未做重大修正便转用于所有行业。就如这个非常具有艺术感但却价格昂贵的花瓶一样，如果用它作为大众代表来分析，由此推论所有的商品都昂贵而且销售量不高，那么显然是犯了和古典经济学家相同的以偏概全的错误。

不过如果真做出如这一假定，那么这个论证也一定是答非所问的。为什么呢？因为大家都承认，假设货币工资降低，而总有效需求仍与以前相同，那么就业人数一定增加。但争执的要点是，当货币工资降低时，总有效需求（用货币计算）会不会仍与以前相同？或至少总有效需求（用货币计算）的减少，并不与货币工资的降低完全成比例（即若用工资单位作衡量标准，总有效需求较以前增加）？假使我们不允许古典学派用类似的方法，把仅仅适用于一产业的结论推广到全体工业，那么该学派即完全不能回答当货币工资降低时，就业人数会受到什么影响？因为该学派没有一种分析方法可以用来处理这个问题。现在来看，庇古教授的《失业论》对古典学派的就业理论已经讲得很到位，但该书恰恰成了一个明证，说明古典学派对何种因素决定实际总就业量这一问题是没有办法的。

# II 解决就业问题的途径

现在通过我们自己的方法来解决这一问题。这里我们可以分为两部分来讨论：（一）假设其他情形不变，那么货币工资的降低是否直接使就业人数增加？这里所说的其他情形不变是指消费倾向、资本的边际效率表以及利率三者不变，如果就社会全体而言，依然和上面相同；（二）货币工资的降低，对于以上三个因素是否会发生必然或偶然的影响，因此有必然或偶然的趋势可以在某一方向上影响就业人数？

对第一个问题我们在第 1 章中是持否定答案的。我们知道，就业人数只与有效需求量（用工资单位计算）发生关系，而后者是预期的消费与预期的投资总和，所以假设消费倾向、资本的边际效率表以及利率三者不变，那么有效需求也不会改变。假设以上三个因素不变，而雇主们增加就业人数，那么就全体雇主而言，收益一定少于供给价格。

由于降低货币工资，可以降低生产成本，所以，由此得出可以增加就业人数的结论，显然是过于宽泛的。如果要证明这个结论是错误的，我们最好先假定（这是对于这种说法最有利的假定），起初雇主们的确预期降低货币工资会降低生产成本，然后再来观察事态的发展。如果就单独一个雇主而论，当货币工资降低时，他很可能只看到他自己生产成本的降低，而忽视了货币工资的降低对其产物的需求也会发生影响。于是人们认为，现在增加产量可以增加利润，因此逐渐增加产量。如果一般的雇主采取这种预期和做法的话，那么他们真的会增加利润吗？答案是否定的。除非该社会的边际消费倾向等于 1，因此收入的增量等于消费的增量；或者投资增加，这足以弥补收入增量与消费增量的空隙。但如果投资增加，那么资本的边际效率表一定比利率要相对增加。除非边际消费倾向等于 1，或货币工资的降低会使得资本的边际效率表

**■ 福特车销售市场**

如果边际消费倾向等于 1，企业家能够按照预期的价格销售产品，便能提供就业机会使公众增加收入，从而促使了储蓄倾向的增强，但当储蓄量超过短期投资量时，结果必然是企业家蒙受损失。这是福特车的销售市场，它的高额利润给设计者福特带来大笔财富的同时，也为世界的工业界带来了一个巨大的产业——汽车制造业。

比利率要相对增加，因此大幅增加投资量，否则增加产量以后的收益，一定会使雇主们失望，于是就业量又回到了原来的数目。如果雇主们真的根据他们预期的售价提供就业量，那么公众的收入将增加。这样，他们愿意储蓄的数目将超过当前投资量，所以雇主们一定会受损失，且这个损失的大小，恰等于愿意储蓄的数目与当前投资量的差。上述所说，不论货币工资率在什么水准，都是如此。当然，在一段时期中，雇主们可能自己增加他们对运用资本（Working Capital）的投资，二者的差值因而可以弥补，然而这只是把雇主们沮丧的时日推迟了而已。

因此，降低货币工资并没有直接趋向增加就业人数——除非该社会的边际消费倾向或资本的边际效率表和利率，因货币工资的降低而受到影响。因此要分析降低货币工资的效果，只能从追究这三种因素可能受到的影响入手。

这种影响主要表现在以下几个方面：

（一）当货币工资降低时，物价会下降，因此会导致许多真实收入的重新分配：(a) 从工资阶层转移给边际直接成本中的其他生产要素（如果前者的报酬不减少）；(b) 从雇主阶级转移给利息阶级，因后者的收入是用货币来规定的。

这种重分配对于全体社会的消费倾向有什么影响呢？真实收入从工资阶层转移给其他要素，大概会降低消费倾向；至于从雇主阶级转移给利息阶级，那么影响又会怎样呢？这是很难回答的问题。假设就大体而言，利息阶级在社会上比雇主阶级富裕，而它的生活标准的伸缩性又是很小的，所以重分配的影响会很不利。这里我们只能猜测，这种转移的影响或许是趋向不利，而不是趋向有利的。

（二）假设我们所讨论的并不是一个封闭的经济体系，又假设所谓货币工资的降低，又比国外货币工资（当二者都化成共同单位以后）相对降低，那么贸易差额将会扩大，这显然对于投资有利。这里我们只是假定，国外的关税、进口限额等，并未抵消这种好处。譬如就英美两国而言，英国在传统上之所以比较相信，降低货币工资可以增加就业量，也许是因为美国的封闭性强，而英国的封闭性弱。

（三）在一个非闭关体系，降低货币工资当然可以增加贸易的顺差，但也会使贸易中的物物交换条件（Terms of Trade）趋于有害的方面。所以除了新就业者以外，原就业者的真实收入将降低。这一点或许是趋于增加消费倾向的。

（四）如果当货币工资降低时，人们预期这种降低比它未来的货币工资要相对降低，那么（理由已见上）资本的边际效率将增加，因此对于投资有利；同理，它也许对于消费也有利。相反，如果货币工资的降低会导致预期货币工资的降低，那么情形却截然相反。在这种情形下，资本的边际效率将减少，投资与消费二者都将会延长。

（五）由于工资总支出（Wages Bill）的降低，再加上一般物价与一般货币收入的降低，可以减少为收入以及业务目的所需持有的现金，所以在该范围以内，

将足以降低社会全体的灵活偏好表。如果其他情形不变，那么这足以降低利率，因此利于投资。但利率的下降程度，也会受预期的影响。假设以上（四）最后所述，人们预期工资与物价以后还会上涨，那么短期利率所受的影响较大，长期利率所受影响很小。此外，如果由于货币工资的降低而导致人们的不满，就会导致社会上对政治前景的信任心减弱，所以灵活偏好增强，而增强的程度，仅从实际流通中腾出来的一点现金也不能抵销。

**■ 开放后的日本贸易**

在开放的经济体制中，货币的降低虽然能够增加贸易顺差，但也可能使贸易条件发生相应的变化。日本是一个国土狭小的国家，除海产品外，几乎任何一种资源都是缺乏的。因此，战后日本尽量使用被低估的货币对于恢复本国的经济，特别是与别国的贸易交往就显得越发重要。

（六）假设货币工资的降低，仅限于一厂或一个领域，那么对该厂或该领域一定是有利的。由于这个理由，当货币工资普遍降低时，即使其实际影响不同，但也可能在雇主们心目中产生一种乐观情绪，从而打破因为对于资本的边际效率做过度悲观的估计，所引起的一个恶性循环。因此一切事物又可用比较正常的预期做根据，如此重复进行。相反地，如果工人们对于工资普遍降低的后果，也像其他雇主一样，但在看法上都犯同一个错误，那么一定会引起劳资纠纷，可能把这种有利影响完全抵消。除此以外，一般来说，没有方法可以使各行业的货币工资同时降低，而且降低的程度相同，所以一切工人为其本身利益，都要抵抗其行业中货币工资的降低。实际上，当雇主们设法压低货币工资时，他们所遭遇的抵抗，要比当物价上涨，真实工资逐渐下降时，所遭遇的抵抗要强烈得多。

### 日本经济泡沫的破灭

当货币工资降低时，企业家们的债务负担就会加重，也许这种不利影响会抵消他们对货币工资降低的乐观情绪，但如果工资和物价都大幅度下降，那么企业家中那些负债沉重的，也许会很快濒临破产的境地，严重地阻碍了投资。20世纪末的日本，大量过剩的资本并没有与技术和产业创新相结合，而是流向房地产和股市，直接导致相当一部分技术和产业部门的资金水平降低，引发长时间的经济泡沫。许多日本企业家都在这次冲击中破产了，图为异常忙碌的日本股市。

（七）当货币工资降低时，雇主们的债务负担加重，那么这种不利影响可以部分抵消上述乐观情绪。如果工资与物价降得很厉害，那么雇主们的负债会非常严重，甚至将濒临破产的

危险。假使真到这个地步，对于投资非常不利。如果物价水准降低，那么公债会因为地租的实际负担而加重，所以对于工商界所获得的信任也是很不利的。

上述所说，当然不能全部囊括复杂的现实社会，但货币工资降低时可能引起的一切反应，通常是最重要的反应，或许也就是这样。假设我们只讨论一个闭关社会，并假定真实收入的重分配对社会的消费倾向并无影响，就算影响存在，也只是不利因素。所以当货币工资降低时，可以增加就业量的只有两个主要途径：(a) 如（四）所述，因为资本的边际效率增加，所以投资增加；(b) 如（五）所述，利率下降。现在我们就这两种可能性再做进一步的分析。

如果一般人相信，货币工资率已减至不能再减，而且工资以后如再有改变，就一定只会增加，那么对于资本的边际效率是有利的。而最不利的情况，就是货币工资正在逐渐下降，而且工资每降低一次，人们对此工资在未来能否不再降低

便更没有信心。所以在有效需求逐渐软弱时，要是把货币工资减至不能再减，且永远无法再减下去的境地，那么反而对有效需求是有利的。但是要这样做，只能依靠行政法令，所以在工资自由议价的经济体系中，这种可能性是不存在的。假使不能这样做，那么在以下二者之间选择：（a）货币工资非常固定，一般人认为不会有太大改变；（b）当经济衰退时，货币工资有逐渐下降的趋势。所以（例如）当失业人数增加1%时，人们即预期工资又要再减，还是前者要好得多。假设人们预期明年工资要降低2%，那么它的影响大约等于把明年所付利息增加2%。以上所说如果稍加修正，那么也适用于经济繁荣时期。

因此，在当代实际的制度下，与其制定一个政策，使得货币工资非常有伸缩性，很容易地随失业人数的增减而改变，不如制定一个政策，使得货币工资非常刚性，而不容易改变。这只是专就资本的边际效率这一点而言。那么，如果就利率而言，上述结论是否仍站得住脚呢？

相信经济体系有自动调整性的人，只能把其论证的重点放在工资水准与物价水准下降对货币需求方面所造成的影响上。但是据我了解，他们并没有这样做。如果货币数量也是工资水准与物价水准的函数，那么在这方面也毫无获得成果的希望。但假设货币数量是几乎不变的，那么只要货币工资的降低程度够大，货币数量（用工资单位计算）便可以无限制增加，且在收入中所占的比例也可大为增加；后一种增加的程度，取决于工资成本在边际直接成本中所占的比例，以及当工资单位下降时，边际直接成本中其他要素的反应。

仅就理论而言，我们有两种方法来影响利率：一是降低工资，而使货币数量不变；二是增加货币数

### ■ 好政府的宏观调控

政府对经济进行宏观调控时，比较恰当的目标是寻求货币工资固定不变的政策，而不是轻易实行有波动性的工资政策。人们对好政府的理想从中世纪的壁画中就可看出来。整个画面都在描绘人们安居乐业、店铺交易、商队络绎不绝的欣欣向荣的场景。

量，而使工资水准不变。因此，要想达到充分就业就需要降低工资与增加货币数量这两种方法，而且两者受到同样的限制。上面已经举出种种理由来说明为什么不能仅从增加货币数量着手，使得投资增加到最适度水准；同样，如果想在降低工资方面也适用，那么只要在枝节上稍加修改就行。如果货币数量的增加很平缓，那么它对于长期利率的影响也许不够；如果增加得很多，那么又怕要动摇社会信心，因此抵消货币数量增加时的其他好处。同样，假使货币工资的降低，也是很平缓，那么也许影响不足；假使减得很多，尽管实际可以行得通，恐怕也要动摇信心。

因此，相信一个有伸缩性的工资政策便能继续维持充分就业，就像毫无根据地相信仅用公开市场交易的政策，而不用其他方法辅助，就可以得到相同的结果一样。我们不能通过这些途径使得经济体系自动调整。

如果每当就业量小于充分就业时，劳工们便一致联合起来，自动降低他们的工资要求，使得货币数量（用工资单位计算）增加，利率下降，以便达到充分就业。假如真是这样，那么货币管理就是以维持充分就业为目的，实施管理者是工会，而不是银行体系。如果仅就增加货币数量（用工资单位计算）这一点而言，伸缩性的工资政策与伸缩性的货币政策，在理论上是一样的，但在其他方面，二者却大不相同。现在我们先说一下其中的三个区别，来警示读者。

（一）想让一纸法令可改变工资政策，只能在一个已经实行国家统治的社会中，否则没有方法可以使得各级劳工的工资一致地降低。要

### 劳动者联合

每当就业量小于充分就业量时，劳动者便会联合起来一致采取行动或准备采取行动，使得以工资单位衡量的货币数量增加，以达到利息率下降的目的，实现充分就业。其实对这种情况实施货币管理的，不是银行，而是工会。这是欧洲第一个"工程师联合会"会员证上的图案。工会是否团结已成为劳动者充分就业中一股不可忽视的力量。

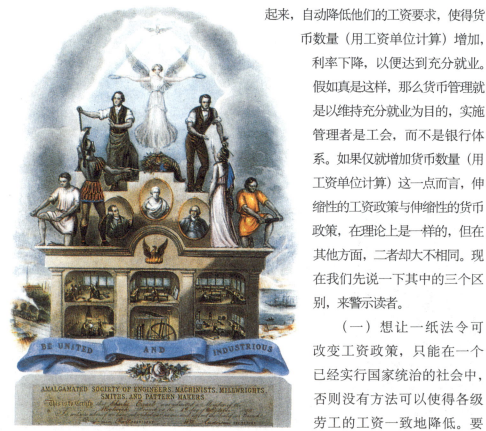

The General Theory of Employment, Interest and Money

达到这个结果，只能经过一组逐渐的、零星的、不规则的改变，而且恐怕还要经过几度劳资争执以后才能完成。用这种方法来完成改变，无论从社会正义来看，或从经济权益来看，都没什么益处；而劳资争执又是浪费的、不幸的，且在争执过程中，议价能力最弱的工人要比其他工人受害更深。相反，要改变货币数量，那么只要用公开市场政策或类似办法便可办到，所以已被大多数政府掌握。人性与制度既然是这样，那么只有愚蠢的人才会挑选有伸缩性的工资政策，而不挑

**■ 生产设备决定价格**

如果货币工资没有伸缩性，那么除了"支配的"垄断价格以外，其他价格的变化主要是因为现有生产设备随着产量的增加而变化的。图为汽锤正在捶压铁块。工业化使得制造业的产品数量倍增，可随着设备的添加，边际生产力反而下降。

选有伸缩性的货币政策。除非他能够指出，前者要比后者的好处多，而且，假使其他情况相等，那么一个比较容易实施的方法当然比一个晦涩难行的方法好。

（二）假使货币工资保持不变，那么除了独占价格（决定独占价格的不只是边际成本，还有其他因素）以外，其他物价之所以改变，主要是因为在现有设备上增加产量，将有边际生产力递减的现象发生。社会上有一部分人的收入是通过契约用货币规定的，譬如说，利息阶级以及公私机关中的薪水的固定阶层。假使货币工资不变，那么在这批人与劳工之间可以达到最大限度的、实际可行的公平办法。假使有若干主要阶级的货币收入依然保持不变，则从社会正义来看，或从社会权益来看，最好所有生产要素都以货币的方式固定下来。有一大部分收入，既

用货币规定，而且比较固定，那么只有不义的人才会挑选有伸缩性的工资政策，而不挑选有伸缩性的货币政策—除非他能够指出，前者要比后者的好处多。

（三）要想使货币数量增加，那么减少工资单位这一个方法（用工资单位计算），将使债务负担作同比例增加，但如果增加货币，而让工资单位不变，那么债务负担所受的影响恰恰相反。许多种债务的负担，既然已经太重，那么只有不谙世故的人才会选择前者。

（四）如果要想使利率逐渐下降，那么工资水准必须逐渐下降，而且上面已经说过，资本的边际效率将受双重不利影响，所以就有了双重理由要暂缓投资，经济复兴也将被推迟。

# III 工资水平降低的原因

假设当就业量逐渐减少时，工人们也将逐渐降低他们货币工资的要求，这种政策因为对于产量不利，所以一般说来，不仅不会降低，恐怕还要增加真实工资。采取这种政策的结果，只会导致物价不稳定。也许物价要剧烈变动到一种程度，使得在一个像我们实际生活的经济体系内，一切业务核算都毫无用处。因此，认为在一个大体上是自由放任的经济体系之中，有伸缩性的工资政策是应有的、必要的附属品，这种看法恰与真理相反。在高度集权的国家，政府的一纸法令能够起很大的影响，有伸缩性的工资政策才能运用自如。这个政策可以想象在意、德、俄运用，但不能在英、美、法实施。

假设像澳洲一样用法令规定真实工资，那么只有一个就业水准与这种真实工资相适应。至于实际就业人数，在一个闭关体系中，要依据投资量是否与该水准不悖离，而且会在该水准与无就业之间剧烈变动。假设投资量刚刚好，恰好与该水准不悖离，那么物价处于不稳定的均衡状态，只要投资量再少一些，物价即骤降至零，只要再多一些，物价即无限制突涨。如果从统制货币数量着手，使得货币工资水准与货币数量配合起来，从而建立一个利率，而该利率与资本的边际效率的关系，又恰恰使投资量不多不少，要达到这些条件，就是我们要在经济体系中找出的稳定性。如果是这样，那么就业水准（与法定真实工资相应的就业水准）不变，但货币工资与物价则常常急剧变动，来保证投资量维持在恰当的水平。就澳洲的实际情形而言，不曾有这样的极度不稳定现象发生，一部分当然是因为法令总不能完全达到目的，还有一部分是因为澳洲不是闭关体系。因此货币工资本身是一个国际性的投资量—总投资量—的决定因素，而贸易条件对于真实工资又有着重要影响。

依据这些想法，我们认为就一个封闭体系而言，在权衡得失以后，最好还是维持一个稳定的一般货币工资水准（General Level of Money Wages）。就非闭关体系而言，如果能用变动外汇率的方法与世界其他各国维持均衡，那么以上结论也适用。就个别工业而言，如果货币工资有相当伸缩性当然很好，可以加速工人从衰退的工业转移到较繁荣的工业，但是在短时期中货币工资水准还是愈稳定愈好。如果采取这种政策，那么物价水准相当稳定—至少比在有伸缩性的工资政策下稳定。除了独占价格以外，在短时期中，物价的改变只是因为就业人数改变，以致边际直接成本受到影响；在长时期中，只是因为设备增加或有新技术的发明、新设备的产生，以致生产成本改变。当然，假使就业量变动很大，那么物价水准的变动还是很大，但是我已经说过这种变动程度比在具伸缩性的工资政策下要小。如果采取刚性工资政策，那么在短时期中要物价稳定，必须避免就业量的变动。

**■ 新式文明对闭关社会的冲击**

在一个封闭的经济体系中，实际的就业量会因投资量物价和货币流通速度等因素，在该就业水平和完全没有就业之间产生剧烈波动。可如果不是一个封闭的经济体制国度，它的货币工资水平本身就是一个决定对外投资的因素。图为英国19世纪伦敦的世界博物馆，它象征着自工业革命后世界的领先者的地位。在日本门户开放以后，非常多的日本人都来参观。他们认识到英国的繁荣的同时，也对自己本国的落后和闭塞有了一个全新的认识。

而在长时期中，我们还可以在两种政策之间选择：其一是假设工资稳定，而让物价随技术与设备的进步慢慢下降；其二是假设物价稳定，而让工资慢慢上涨。就大体而言，我推选后者，一部分是因为要使得实际就业水准接近充分就业，那么在未来工资会上涨这种预期下，比较容易办到，而在未来工资会下降这种预期下，比较不容易办到；另一部分是因为逐渐减轻债务负担，对于社会有利，在衰落工业与兴旺工业之间，比较容易调整，还有，假使货币工资有平缓上涨的趋势，那么心理上也许会感觉到一种鼓励。不过这里并没有原理上的重要差别，因此现在不必把两方面的论证详加发挥。

# 论庇古教授之《失业论》

## 本章要点

庇古教授的两个受条件设定的、关于代表劳动实际需求函数的"研究起点"的函数及其意义；

《失业论》名副其实的原因及全书理论所依据的假设；

庇古教授劳动力供给曲线的错误理论；

庇古教授同一假设下反对公共工程的两个矛盾的论点；

庇古教授关于"失业原因"的狭隘性。

在《失业论》中，庇古教授使就业量取决于两个基本因素，即（一）工人所要求的真实工资率（Real Rates of Wages），以及（二）劳动力的真实需求函数（Real Demand Function for Labour）的形状。这本书的重点，即在讨论哪种因素决定此函数的形状。这本书中并没有抹杀掉工人所要求的不是真实工资率，而是货币工资率这一事实，不过该书认为用工资品的价格除实际货币工资率收入商数，即可作为工人所要求的真实工资率。

在该书第 90 页，庇古教授提出两个方程式，认为这是研究的起点。但是有几个暗中的假定，限制了庇古教授分析方法的应用，而这些暗中的假定又在论证一开始时就已混入，所以我必须把他的处理方法一直到争执所在为止，作一个简明提要。

庇古教授把工业分为两类，即（a）在国内从事制造工资品，及从事制造出口品，推销出国外，来换取国外的工资品；（b）其他工业。为方便起见，一般将这两类工业，称之为工资品工业及非工资品工业。他设想前者雇用 x 人，后者雇用 y 人。x 人所产工资品的总价值，他用 F（x）来表示，一般工资率用 F′（x）来表示。虽然庇古教授自己不说，但是这就等于假定边际工资成本等于边际直接成本。他又假定 $x + y = \phi(x)$，这就是说，总就业量是工资品工业中就业量的函数。他于是说，全体劳动力的真

■ **庇古教授所执教的剑桥大学**

庇古教授的《失业论》虽然有些理论与现实存在很大的偏差，可他的思想一直影响着西方经济学研究。图为庇古教授所执教的剑桥大学。

**劳动力**

劳动力是人类本身就具有的、并在物质资料生产过程中发挥的体力和智力的总和。也称为劳动能力，是社会生产力的主要因素之一。

**通货膨胀**

通货膨胀是货币发行的数额超过商品流通中需要的数额，而产生的货币贬值和物价上涨的现象。这是纸币流通下的一种社会经济现象，主要形式为物价水平的持续上升，也就是用货币衡量的商品价值的普遍下降。

### 给劳动力带来方便的新技术

庸古教授给出的两个"代表"对劳动总量实际需求函数的"研究起点"的方程式，其实是一个复合概念，其中一些组成部分与凯恩斯的概念相似，这部分一方面取决于工资品行业的物质和技术条件，另一方面取决于对工资品的消费倾向。19世纪新技术也传入了欧洲的葡萄园。图为葡萄园工人在使有技术制成的防冰雹加农炮来人工影响天气，防止了大雨季节雇佣许多人手忙脚乱的情景。

实需求弹性（Elasticity of the Real Demand for Labour in the Aggregate），可以写作（从这个弹性中可推知函数的形状）

$$E_r = \frac{ø'(x)}{ø(x)} \cdot \frac{F'(x)}{F''(x)}$$

如果仅就符号而言，那么他的表示方式与我的并没有太大区别。只要我们能够把庸古教授的工资品作为我的消费品，把他的"其他物品"作为我的投资品，则因 $\frac{F'(x)}{F''(x)}$，于是（用工资单位计算）工资品工业所产产物的总值，即等于我的CW。如果工资品即等于消费品，那么 ø 就是我所说的就业乘数k′的函数。

$\triangle(x+y) = K'\triangle y$，所以 $ø'(x) = 1 + \frac{1}{K'}$，因此，这一复合体就是庸古教授所说的"全体劳动力的真实需求弹性"其中构成分子，类似于我自己所用的许多因素。所以此弹性，一部分取决于工业上的生产情况（他用函数F表示），一部分取决于人们对工资品的消费倾向（他用函数 ø 来表示）。上述所讲只限于，边际劳动力成本等于边际直接成本这种情形。

为了决定就业量的大小，庸古教授就把劳动力的真实需求函数与劳动力的供给函数二者联合起来。他假定后者只是真实工资率的函数。不过，因为他已经假定着真实工资率是工资品工业中所雇工人人数 x

的函数，所以说劳动力的供给只是真实工资率的函数，也就是说在现行真实工资率下的劳动力总供给量只是 x 的函数。用符号表示，则 $n = X(x)$，其中 n 代表在真实工资率 $F'(x)$ 下所可能有的劳动力供给量。

把所有复杂因素看透以后，我们知道庇古教授的分析方法，是想从下列二方程式中，发现就业量。该二方程式是

$$x + y = \phi(x) \text{ 及 } n = X(x),$$

但有三个未知数在这两个方程式中。避免这种困难的方法，似乎只有假定 $n = x + y$，当然，也就是假定非自愿的失业（依以上所下的严格定义）并不存在，也就是说，在现行真实工资率下所可能有的劳动力供给量，事实上都已就业。于是 x 的值，可从 $\phi(x) = X(x)$ 这一个方程式中求得。设由此所得 x 的值为 $n_1$，那么 y 一定等于 $X(n_1) - n$，总就业量 n 则等于 $X(n_1)$。

在此我们最好先停下来好好研究一下这里是什么意思。这个含义是说，假设劳动力的供给函数改变（即在一特定真实工资之下，劳动力的供给量较前增大），那么由 $\phi(x) = X(x)$ 中所得 x 之值现在变为 $n_1 + dn_1$，所以非工资品的需求一定使得非工资品工业中的就业量增加，以保持 $\phi(n_1 + dn_1)$，$X(n_1 + dn_1)$ 二者相等。除了供给函数的改变以外，唯一可使总就业量改变的，就是因为非工资劳动者（Non Wage Earners）的嗜好改变、多购非工资品，少购工资品。

假定 $n = x + y$，那么当然就是假定劳动力总可以自己决定真实工资率；而假定劳动力总可以自己决定其真实工资率，就等于是说非工资品的需求情形一定会遵守上述法则，也就是说，为了保持充分就业，无异于假定利率一定会常常与资本的边际效率表相适应。如果这个假定不存在，那么庇古教授的分析即不存在，同时他也提不出解决就业的方法。令人不解的是，庇古教授竟会认为，他可以不必提及因为利率或信任状态改变，而不是因为劳动力的供给函数改变，所引起的投资量的改变（即非工资品工业中就业量的改变），就可以提出一个失业理论。

因此我认为这本书以《失业论》为名，确实有点欠妥。这本书并没有讨论失业问题，而是讨论如果劳动力的供给函数不变，且充分就业常能维持，就业量将怎样变化。全体劳动力的真实需求弹性这个概念，它的目的也只在说明当劳动力的供给函数作一特定移动时，充分就业量将提高或降低多少。或者，我们可以把该书看做是一种没有因果性的（Non－Causative）研究，所研究的是真实工资水准与就业水准的函数关系。然而该书没有告诉我们，决定实际就业水准的因素是哪些，而并未对非自愿性失业这个问题作正面回答。

即使庇古教授否认我所谓存在非自愿失业这种东西的可能，但我们依然很难理解他的分析可以应用于哪些领域。一个很重要的条件由于疏忽而没有讨论，即他没

**可计算就业人数的工厂**

　　庇古教授的《失业论》多少有点名不符实，因为他的书实际上讨论的不是失业问题，而是就业函数不变，充分就业条件满足时，就业人数为多少的问题。图为人们在铸造厂工作的场面，该阶段的就业人数用庇古教授的公式应该可以很好地计算出来。

有讨论哪些因素决定 x 与 y（工资品工业中的就业量与非工资品工业中的就业量）之间的关系。

　　而且，他也承认在某种限度以内，劳工们在事实上所要求的常常不是特定真实工资率，而是特定货币工资率。如果承认这一点，那么劳动力的供给函数不仅只是 $F'(x)$ 的函数，而是 $F'(x)$ 与工资品的货币价格二者的函数。于是他以前的分析也就不攻自破了。因为这里添加了一个因素，却没有多添一个方程式来求得这个新未知数。用数学方法处理经济问题，如果要得到结果，一定要先假定一切函数都只含一个自变数，使得所有偏微分（Partial Differentials）都不存在。庇古教授的分析法提出了一个最佳例证来证明事后承认这种方法的偏颇。事实上确有其他变数存在，但并不把以前的结论再改写一遍，那么这种承认有什么用处？假使在某种限度以内，劳工要求规定的是货币工资，那么除非我们知道哪种因素决定工资品的货币价格，否则即使假定 n＝x＋y，也还是资料不足。工资品的货币价格，取决于总就业量的多少，因此要知道总就业量，就一定先知道工资品的货币价格；要知道工资品的货币价格，那么一定先知道总就业量。就是以前我所说，我们缺少一个方程式。然而假使我们暂时假定货币工资率有刚性，而不是真实工资率有刚性，这恐怕倒与事实很接近。譬如在 1924—1934 年这 10 年中，英国的经济情形颇为起伏不定，但在这 10 年内，货币工资的变动范围只有 6%，而真实工资的变动范围却超过 20%。一个理论，假使可被称为通论，那么必须不论货币工资是否固定（或不论是否存在一个范围，在该范围以内货币工资固定不变）都可以适用。政治家当然可以说，货币工资应当有高度伸缩性，但是一个理论家在分析时，对于货币工资是否有高度伸缩性应该是客观公正的。一个科学的理论不能要求事实来配合其假定。

　　当庇古教授进而讨论降低货币工资的影响时，据我看来，由于他所用资料很少，因此不能提出一个具体答案。起初（同书第101页），他批驳了一种论证，这种论证认为，假设边际直接成本等于边际工资成本，那么当货币工资降低时，非工资劳动者的收入将与工资劳动者的收入作同比例的改变。他之所以持反对意见，是因为这一论证只有当就业量不变时才能成立，而就业量是否不变还待研究。但在下一页（同书第102页），他自己也犯下同样错误。他假定"在开始时，非工资劳动者的货币收入不变"，而他自己刚指出这个假定只有当就业量并非不变时才能

■ **工资品决定就业人数**

工资品的货币价格将取决于就业量的大小，所以只有知道了总就业量的大小，才能知道工资品的价格。很明显，庇古教授在分析的时候少了一个方程式。以此推理自然不适用于二战结束后的英美两国。图为1926年，在美国芝加哥福特汽车厂工作的人们，在以后的几年中，他们将面临着巨大的实际工资的波动。

成立。而就业量是否要变，正是我们有待研究的地方。实际上，要想得到答案，必须在研究资料中加上其他因素。劳工们在事实上所要求规定的，不是一个特定真实工资率，而是一个特定货币工资率（只要真实工资不低于某一最低限度），如果承认这个结论，那么整个分析都受到影响，所以不能同时再假定，除非真实工资提高，否则劳动力供给量不会增大。但这一假定又是大部分论证的基础。譬如，庇古教授反对乘数理论（同书第75页），那是因为真实工资率不变，也可说成充分就业既已达到，所以降低真实工资不能使劳动力的供给量增大。在这种假定下，他的论证当然是对的。不过在这里，庇古教授所批评的是与实际政策有关的一种方案，当英国失业人数超过200万时，就意味着有200万以上的工人愿意接受现行货币工资而工作。此时，如果还假定只要生活费用比货币工资稍微提高一些，就有工人要从劳动力市场退出，而且退出的人数还大于200万人，实在与现实有一定距离。

这里我们要强调的是，庇古教授的整本书都基于一个假定，即当生活费用比

**庇古教授改变失业的方法**

庇古教授通过提出实际工资不变，即充分就业已经实现的情况下，降低工资不能再增加就业，当然这在假设的情况下是对的，可庇古教授用此理论反驳实际方案。这幅比利时画家弗里德里克在 19 世纪所绘的作品，而庇古教授竟然假设只要生活费用比货币工资稍有提高，就会使他们都退出劳动市场。

货币工资相对增加时，不论增加的如何平缓，都有一部分工人要从劳动力市场上退出，而且退出的人数，大于现有全部失业人数。

并且，庇古教授没有注意到他在该段（同书第75页）所说的政府投资政策不能引起"第二级"就业（Secondary Employment）的观点，根据同样理由，该政策也不能增加"第一级"就业（Primary Employment）。假设工资品工业中的真实工资率不变，那么除非非工资品劳动者肯减少其工资品的消费，否则就业量无论如何不能增加。因为在第一级就业中新雇的工人，大概会增加其工资品的消费，于是真实工资降低，于是（根据他的假定）有一部分以前在别处已经就业的工人，将退出劳动力市场。然而庇古教授似乎认为，第一级就业确有增加的可能。第一级与第二级就业的分界线，似乎也是心理上的分界线，超过该线以后，庇古教授的常识就再抵抗不了他的谬论。因为假定不同、分析不同，所以结论自然不同。下面这段文字可以引以为例："设在工人之间有自由竞争，劳动力又可以完全移动，那么二者（即工人所要求的真实工资率，以及劳动力的需求函数二者）的关系很简单。在这种假定下，一定常有一种强烈趋势，让工资率与需求情况互相适应，使得每个人都就业；如果情况稳定，那么实际上每个人的确都可就业。也就是说，如果在任何时间真有失业现象，那么这种失业完全是因为需求情况在继续改变，而摩擦阻力使得工资不能即刻作出适度的调整"。

他的结论是失业是源于工资政策未能与劳动力的真实需求函数的变动充分调整。因此，庇古教授相信，在长时期中调整工资就可以治疗失业问题。而我的观点是真实工资固然有最低限度，即不能低于就业量的边际负效用，而且调整货币工资也许会影响真实工资，但主要决定真实工资的却并不是货币工资的调整，而是经济体系中的其他因素。其中有几个因素，尤其是资本的边际效率表与利率的关系，据我所知，在庇古教授所讲的经济体系中并没有提及。

最后，当庇古教授讨论"失业的起因"时，他固然—像我一样—说到需求状态的变动，把劳动力的真实需求函数作为需求状态，可是他忘记了，依据他的定义，前者的意义是多么狭窄。通过上面我们可知，依据他的定义，所谓劳动力的真实需求函数，只取决于两个因素，即（a）在一特定环境中，总就业量与工资品工业中的就业量二者的关系（工资品工业的产物，为全体劳动力提供了消费品）；(b) 工资品工业中边际生产力的情况。但在《失业论》第 5 篇中，"劳动力的真实需求"的改变，却占据重要地位。他把"劳动力的真实需求"，看作是在短时期中可以有极大变动的一个因素（《失业论》第 5 篇，第 6 章至第 12 章）。他似乎认为，"劳动力真实需求"的变动，及工资政策不能马上与这一变动相适应，是形成经济周期的主因。读者乍看上去，这些似乎都很合理，都很熟悉，因为除非他们追问这些名词的定义，否则在很容易把"劳动力真实需求的变动"，与我所谓"总需求情况的变动"，混为一谈。但一追溯前者的定义，那么庇古教授的观点，就令人难以置信。在短期中，最不会有剧烈变动的，莫过于"劳动力的真实需求"。其理由如下：依据定义，庇古教授所谓"劳动力的真实需求"，只是两个因素的函数，即 F（x）及 φ（x），前者是工资品工业中的生产情况，后者是工资品工业中的就业量与总就业量的函数关系。除了在长时期中的逐渐改变，很难找出理由来说明为什么这两个函数会改变；至少我们没有理由假定它们在一个经济周期中会有变动。F（x）只能慢慢改变，而且在生产技术逐渐进步的社会中，只能向前进方向改变；至于 φ(x)，除非工人阶级突然倾向于节俭，或说得更概括一些，除非消费倾向突然改变，否则是很稳定的。这样说来，劳动力的真实需求，在经济周期中，应当几乎不变。这里我再强调一遍：庇古教授的分析体系中漏掉了一个不稳定因素，即投资量的变动，而这个因素往往是就业量变动的根本原因。

我之所以对庇古教授的失业理论作这般详细的批评，并不是因为他比古典学派其他经济学家有更多可以批评之处，而是因为据我知道的，他是第一个把古典学派的失业理论精确写出来的人。所以我觉得要反对古典学派的失业理论，必须把该理论中最完备、最难击破的一部分，作为批评的对象。

### 无法解释现实的理论

庇古教授所说的"劳动力"实际需求只与工资品行业中生产的物质条件和与之相应的工资品行业中就业量之间的函数关系有关。但此二者的变化速度实在太慢了。面对市场中日新月异的需求变化和种类繁多的商品，这一理论就会显得非常无力。

# 第20章

# 就业函数

## 本章要点

就业函数用来替代普通供给曲线，与本书的方法及目的相一致的两点理由及原因；

表示就业弹性函数的几种方式和劳动力数量函数；

当有效需求（用工资单位计算）改变时，物价弹性以及产量弹性的和等于 1；

生产时期的概念及意义；

假设产量不变，而物价的上涨恰与 MV 成比例的两个限制条件。

# Ⅰ 就业函数和就业弹性函数

通过第 3 章中的第 1 节，已经知道我们对总供给函数 $Z = \phi(N)$ 下了定义。所谓总供给函数，是就业量 N 与其相应产量的总供给价格的关系。就业函数（Employment Function）与总供给函数的不同在于：（a）前者是后者的反函数；（b）用工资单位作计算标准。就业函数表示有效需求（用工资单位计算）与就业量的关系。它们的共同目标是指出，假设一厂、一个企业或工业全体面临某一特定量的有效需求，那么该厂、该企业或工业全体将提供怎样的就业量，才能使其产量的总供给价格恰恰等于该特定量有效需求。现在我们假设对一厂或一企业的有效需求（以工资单位计算）为 $D_{wr}$，在该厂或该企业所引起的就业量为 $N_r$，那么就业函数可写作 $N_r = F_r(D_{wr})$。或更笼统一些，设我们可以假定 $D_{wr}$ 是总有效需求 $D_w$ 的唯一函数，那么就业函数可写作 $N_r = F_r(D_w)$，也就是说，如果有效需求为 $D_w$，那么 r 工业中所提供的就业量将为 $N_r$。

在本章中我们将探讨就业函数的若干性能（Properties）。除了这些性能的本身以外，我们有两点理由，说明为什么要用就业函数来替代普通的供给曲线，以求与本书的方法及目的相一致。第一，"这个函数只用我们已经决定选用的单位，来表达有关事实，而一律不用其他在数量方面性质不明的单位；第二，这个函数较其他普通的供给曲线，更容易处理有关全体工业或全体产量等问题（以区别于在一特定环境下，单独一厂或一企业所遭遇的问题）。其原理如下：如果就一种商品而言，要替该商品作一普通的需求曲线，一定要先假定社会各阶层的收入不变。如果收入改变，那么需求曲线一定会重新调整。同样，要替一种商品作一普

**商业资本家**

商业资本家指经营商品或货币的资本家，是人格化了的商业资本。他们直接地剥削商业劳动者，间接地剥削产业劳动者。

**工作日**

工作日指在一个自然日（一昼夜 24 小时）内，工人从事劳动的那部分时间，也称为"劳动日"。在资本主义制度下，工作日是由必要劳动时间和剩余劳动时间共同构成的，且这一部分是由完全不同的规律调节的。

通供给曲线，一定先假定工业全体的产量为某一特定
量；如果工业的总产量改变，那么该供给曲线也将随
之而变。所以，当我们研讨许多工业因总就业量的改
变所引起的反应时，我们所遇到的，决不是每种工业
只有一条需求曲线以及一条供给曲线，而是随我们对
总就业量所作假定的不同，有两组曲线。但对于就业
函数，要想找到一个适用于工业全体的函数，足以反
映总就业量的改变，实际上很容易就能办到。

现在假定消费倾向不变，假定第 18 章中作为不
变因素的其他因素也不变，再假设我们所要讨论的问
题，就是当投资量改变时就业量将会怎样变化。在这
种假定下，有一个有效需求量（用工资单位计算），
便有一个总就业量与之相应，而且这一有效需求量，也一定要依一定比例分配给
消费与投资。不仅如此，因为有一个有效需求水准，便有一个特定的收入分配法
与之相适应，所以我们更可进而假定，某一特定量的总有效需求，它分配给各领
域的方法只有一个。

由此，如果总就业量为已知，我们便可推测各领域中的就业量。也就是说，

### ■ 增加供给量的广告

如果要给某一商品做
供求曲线，必须考虑社会
成员收入和行业全体产量
的变动等因素，才能如实
地反应此商品的供给情
况。这幅借助美女进行自
行车宣传的广告，凡是从
事商业经营的人都明白，
美女是商业的万金油，在
一定程度上，它会摆脱人
们的收入和行业产量的影
响，促使产品达到意想不
到的销售额。

**■ 廉价的中国苦力**

就业弹性公式反应出该行业预期的以工资单位衡量的产量需求变动时，该行业所雇佣的工资单位的数量对它所做出的反应。图为19世纪来到美国东部劳动的中国苦力，他们以廉价的薪水为代价为美国的发展作出了巨大贡献，而且他们埋头若干，不计报酬的作用也给当地人的就业带来很大压力。

如果总有效需求量（用工资单位计算）为已知，那么我们便知道各领域的就业量，于是我们便可把领域中的就业函数写作 $N_r = F_r(D_w)$，这就是就业函数的第二种形式。写成这种形式的好处是，如果我们要知道，相当于一特定量有效需求时，工业全体的就业函数是什么，那么只要把各领域的就业函数加起来，即

$$F(D_w) = N = \sum N_r = \sum F_r(D_w)$$

其次，我们要给就业弹性（Elasticity of Employment）下一个定义。某一领域的就业弹性即等于

$$e_r = \frac{dN_r}{dD_{wr}} \cdot \frac{D_{wr}}{N_r}$$

如果该领域的预期产物的需求（用工资单位计算）将有改变，那么其雇用的劳工人数也将改变，这个公式即可衡量这种反应。工业全体的就业弹性，则可写作：

$$e_e = \frac{dN}{dD_w} \cdot \frac{D_w}{N}$$

如果我们能够找出一个满意的方法来衡量产量，那么定义产量或生产弹性（Elasticity of Output or Production）这个概念也是有用的。当任一领域所面临的有效需求（用工资单位计算）增加时，其产品的增加率是怎样的，用符号来表示，则为

$$e_{or} = \frac{dO_r}{dD_{wr}} \cdot \frac{D_{wr}}{O_r}$$

如果价格等于边际直接成本，那么

$$\triangle D_{wr} = \frac{1}{1 - e_{or}} \triangle P_r \quad 。$$

其中 $P_r$ 是预期利润。由此，设 $e_{or}=0$，也就是说，设该领域的产量毫无弹性，那么全部有效需求（用工资单位计算）的增加量，都将变成雇主利润，即 $\triangle D_{wr} = \triangle P_r$，相反，设 $e_{or}=1$，换句话说，设产量弹性等于 1，那么有效需求的增加量，都被边际直接成本中的构成分子吸收进去，丝毫不变成利润。再假设一领域的产量，是该领域所雇劳工人数的函数，则有

$$\frac{1 - e_{or}}{e_{er}} = -\frac{N_r \phi''(N_r)}{P_{wr}\{\phi'(N_r)\}^2}$$

其中 $P_{wr}$，是一单位产物的预期价格（用工资单位计算）。所以 $e_{or} = 1$ 这个条件，即表示 $\phi''(N_r) = 0$，也就表示当就业量增加时，该领域的报酬既不递增，也不递减。

古典学派假定真实工资常等于劳动力的边际负效用，后者随就业量的增加而增加，所以假设其他情形不变，那么当真实工资减少时，劳动力的供给也降低。作这种假定，也就是说，如果用工资单位计算总支出，那么总支出在事实上不可能增加。如果这种说法是对的，那么就业弹性这个概念毫无用处。而且，在这种假定下，我们也不能用增加货币支出这个方法来增加就业量，因为货币工资将随货币支出作同比例的增加。于是如果用工资单位计算，支出没有增加，就业量也不会增加。如果古典学派的假定并不正确，那么我们可以靠增加货币支出来增加就业量，一直到真实工资降低至与劳动力的边际负效用相等时为止；依据定义，我们可得知这一点正是充分就业。当然，在通常情形下，$e_{or}$ 的值总在 0 与 1 之间。因此当货币支出增加时，物价（用工资单位计算）上涨的程度（亦即真实工资下降的程度），一定要看当支出（用工资单位计算）增加时，产量弹性取决于哪种反应。令 $e'_{pr}$ 代表：当有效需求 $D_{wr}$ 改变时，预期价格 $P_{wr}$ 的弹性，则

$$\frac{dP_{wr}}{dD_{wr}} \cdot \frac{D_{wr}}{P_{wr}} \quad 。$$

由于 $O_r \cdot P_{wr} = D_{wr}$，所以

$$\frac{dO_r}{dD_{wr}} \cdot \frac{D_{wr}}{O_r} + \frac{dP_{wr}}{dD_{wr}} \cdot \frac{D_{wr}}{P_{wr}} = 1$$

或者，

$$e'_{pr} + e_{or} = 1 \quad 。$$

也就是说，当有效需求（用工资单位计算）改变时，物价弹性以及产量弹性的和等于 1。有效需求按照这个法则，一部分影响产量，另一部分影响物价。如果我们所讨论的是工业全体，同时又假定我们可以找出一个单位来衡量总产量，

那么运用同样的论证，可得 $e'_p + e_o = 1$，其中 $e'_p$ 及 $e_o$ 是适用于工业全体的物价弹性及产量弹性。

现在不用工资单位计算，而改用货币计算，以便我们的结论可推广至全体工业。假设 w 代表一单位劳动力的货币工资，p 代表一单位总产量的货币价格，那么当有效需求（用货币计算）改变时，货币价格的弹性可写作 $e_p \left( = \dfrac{D d_p}{P d D} \right)$，货币工资的弹性可写作 $e_w \left( = \dfrac{D \, dW}{W d D} \right)$。这时我们很容易知道

$$e_p = 1 - e_o(1 - e_w).$$

我们在下一章中可以知道，这一个方程式是推广货币数量论的第一步。如果 $e_o = 0$，或如果 $e_w = 1$，

**物以稀为贵**

以工资单位衡量的有效需求变动时，物价弹性和产量弹性之和为 1。根据这一规则，有效需求的一部分用在影响产量上，另一部分则用在物价上。图为法国贵族妇女收藏的颇具东方特色的珍奇艺术品，昂贵的价格注定了它们并不是人人都能拥有的。"物以稀为贵"在此很好地说明了物价和产量之间的关系。

那么产量将不变，物价将与有效需求（用货币计算）作同比例上涨。但如果不是这样，那么物价的上涨比例要小些。

# II 有效需求和物价弹性以及产量弹性的关系

现在我们再谈论就业函数。上述我们假定,某一特定量总有效需求,其分配给各领域的方法只有一个。但当总支出改变时,一般说来,其用以购买各领域的产物的构成部分,不会作同比例改变它一部分是因为当个人的收入提高时,其对各领域的产物增购量不成同一比例,一部分是因为当各种商品的需求加大时,其价格的反应程度不同。

因此,如果我们承认,当收入增加时,这个增加量的使用法不止一个,那么以上所作假定—就业量仅仅随总有效需求(用工资单位计算)的改变而改变—只是一个第一接近值而已。当总需求增大时,视我们假定这一增加量如何分配于各个领域,就业量可以大不相同。譬如,如果需求增加了,大部分趋于就业弹性高的产物,那么就业量的增加较大,如果趋于就业弹性低的产物,那么就业量的增加小。同样,设总需求不变,但需求转向就业弹性较低的产物,那么就业量也会降低。

这些在讨论短期现象时,显得尤其重要。这里所说的短期现象,是指事先未曾预料的需求转向或需求数量的改变。有些物品的生产需要时间,所以要很快增加其供给几乎不可能。如果在事前没有通知,突然把需求的增大量集中在这些物品身上,那么就业弹性就会很低;但如果提早通知,并作充分准备,那么这类物品的就业弹性也许接近 1。

我认为生产时期(Period of Production)这一个概念,其主要用处就在这里。按照我的说法,假使必须把需求改变,在 n 个时间单位以前通知,然后某一物品才能提供最高的就业弹性,那么这一物品的生产时期为 n。照这样的说法,就大体而言,显然消费品的生产时期最长,因为消费总是每个生产过程的最后阶段。如果有效需求的增加源自于消费的增加,那么较投资的增加相比,其就业弹性的最后均衡值小,而其初期的就业弹性就更小于其最后均衡值。不仅是这样,如果对就业弹性太低的物品增加需求,那么需求增量大部分将变为雇主的收入,只有小部分变为工资劳动者以及直接成本中其他要素的收入,结果可能对于消费不利,因为雇主由收入增量中储蓄的数目,大概比劳动者工资大。但两种情形的差别,不应该被过分夸大,因为大部分反应还是基本相同的。

无论提前多久把未来需求的改变通知雇主,除非在每一个生产阶段都保有剩

### 可吸收就业量的地租

不管预期需求变动提前多少天告诉雇主，除非在每一生产阶段都有剩余的生产能力，否则一定数量投资增加时，初始就业弹性值是不可能同最终均衡值大小相同的。然而，当就业量增加的支出增量被利息率的提高或地租吸收了，则有可能使我们的结论重新修订。这是英国某地的农庄，它一般都会因高昂的地租和廉价的农民为庄园主挣得财富。

余存货或剩余生产能力，否则当投资作特定量增加时，初期就业弹性的值总没有最后均衡值那么大。在另一方面，出清剩余存货是负投资，所以对于投资增量有抵消作用。假定一开始，在每一阶段都有剩余存货，那么初期的就业弹性也许接近 1；但在存货已经吸收完毕之后，而生产阶段内早期产物的增产量还不能充分供给之前，弹性继续降低；当新的均衡位置逐渐接近时，就业弹性又回涨而趋于 1。当就业量增加时，利率提高，或地租要素所吸收的支出增大，那么结论须加以修正。由于这种种理由，在动态经济体系中，物价不能完全稳定，除非是有一种特种机构可以使得消费倾向的暂时变动恰到好处。但由此引起的物价不稳定，并不构成一种利润刺激，因而不能消化过剩的生产能力。这种情形是不容易发生的，只有当时恰巧

持有生产阶段上较后期产物的雇主才能取得这种意外财富。不持有这种特殊资源的人就不能将它占为己有。如果经济体系有变化，物价当然也会受到牵连，但由于这种物价不稳定，所以也不影响雇主们的行为，只是把意外财富送给当时的幸运儿而已（若变动的方向相反，则以上原理仍适用，但须作枝节上的修正）。我认为在当代讨论稳定物价对策的人，常常忽略了这一点。由于社会总是出现变动，所以物价稳定政策不会完全成功，但并不能认为只要物价出现暂时的不稳定，就会导致累积的失衡。

# Ⅲ  假设产量不变，物价上涨恰与MV成比例的两个限制条件

上面说过，当有效需求不足时，就业量也不足。所谓就业量不足，是指有人愿意接受比现行真实工资更低的报酬去工作，但无业可就。所以当有效需求增加时，就业量也增加，但真实工资率要比现行的小，或至多相等，像这样继续下去，一直到某一点为止，且在该点时，依照届时通行的真实工资率，已经没有可用的剩余劳动力。换言之，从这点以后，除非货币工资比物价涨得更快，否则工人人数及工时都不能再增加。有一个问题是假使已经达到这一点，如果支出还在继续增加，那么情况将会变成怎样呢？

一直到这点为止，在一特定量资本设备上增加劳工，虽然报酬逐渐递减，但

**迷惑的表象**

企业家们已经习惯了把（货币计算的）销售进款的增长作为扩大生产的信号，所以他们往往会把就业量增加到超过他们能获得最大利润的水平上，可实际上这种政策有时对他们并不利。因此，我们要时刻牢记耶稣的训导："判断一件事情的是非，是不能按照表象来判定的，而应该按照准则来判定。"这个被服务生搬运的货箱看起来很大，但可能并不太沉重。

劳工所肯接受的真实工资也在递减，所以二者相抵消。在这点以后，再要增雇一人，必须提供较高的真实工资率（即较多的实物），但由增雇一人收入的产物要比前面的小。所以为了维持均衡，工资与物价一定随支出作同比例的上涨，以便使"真实"情况（包括就业量与产量）仍与之前相同。如果能达到这种状况，则宽泛的货币数量论（把"流通速度"解释为"收入流通速度"）完全适用。假设产量不变，而物价的上涨恰与 MV 成比例。

但要把以上结论应用于实际，那么也有很多修正条件必须记在心上：

（1）至少在一个时期以内，物价的上涨使得雇主们一时懵懂，所以他们雇用的人数超过了为获得最大利润（用产物计算）所需的就业量。这些雇主们一向以总售价（用货币计算）的增加作为扩充生产的信号，所以即使事实上这种政策已经对他们不利，他们也许还继续奉行。换言之，雇主们也许会低估他在新物价环境下的边际使用成本。

（2）雇主必须把一部分利润转交给固定收入者，因为这部分利润是用货币规定的，所以当物价上涨时，即使产量不变，也会引起收入的重分配。这种收入重分配有利于雇主而不利于固定收入者，因此消费倾向也许因而受到影响。然而这一过程并不是在达到充分就业以后才开始的，而是在支出渐增这段时期中一直进行着。如果固定收入者比雇主节俭，且前者的真实收入又逐渐减小，那么为了达到充分就业，所需货币数量的增加以及利率的降低，比在相反假设（即雇主比固定收入者节俭）下程度要轻。在充分就业已经达到以后，如果第一种假设仍继续适用，那么当物价再上涨时，利率一定提高，以防止物价的无限制上涨。货币数量的增加比例，也将小于支出的增加比例。如果第二种假设适用，那么情况截然相反。当固定收入者的真实收入减少时，因为这个阶层逐渐变得贫乏，所以也许会有一个转折点，从第一个假设改为第二个假设。这一点可以在达到充分就业之前达到，也可以在之后达到。

# IV 真实工资、边际负效用和劳动力的相互关系

通货膨胀与通货紧缩显然是不相对称的。如果把有效需求紧缩到充分就业所必需的水准以下，那么就业量与物价都降低。可能有一点令人不解，即如果把有效需求提高到这个水准以上，那么只有物价受到影响。然而这种不对称是由以下事实反映出来，即如果某就业量的边际负效用大于真实工资，那么劳工可以拒绝工作，不能实现此就业量；但劳工却不能因为某就业量的边际负效用并不比真实工资大，而一定要别人提供该就业量。

■ **充满就业和失业的桑树街**

当实际工资小于就业量的劳动边际负效用时，劳动者总是可以拒绝工作使就业量不能实现，但当实际工资不小于边际负效用时，劳动者却不能强行就业以达到应有的就业量。1895年，美国的桑树街挤满了无数的商人、店主、搬运工和马车。每年大量的移民在给北方工业添加了无数的劳动力的同时，外来人口的大量增长也使失业问题时时刻刻笼罩着美国。

# 第21章

# 物价论

## 本章要点

经济体制的划分；

影响价格水平的因素；

货币变动对物价水平影响的进一步简化解释；

现实中对货币数量发生影响的各种复杂因素；

更为详细地讨论这几种复杂因素；

通货膨胀的定义和现象；

用公式表示货币数量、货币价格、物价及有效需求之间的关系；

在长时期中，货币数量对价格的影响。

# I  经济体制的划分

经济学家在讨论所谓价值论时，总认为物价决定于供需情况，尤其是边际成本以及短期供给弹性是很重要的。但当他们进入第二卷或另一本书，讨论所谓货币与物价论时，我们仿佛又进入了另一个世界，这些肤浅的概念都不提了，取而代之的是，决定物价的是货币的数量、货币的收入流通速度、流通速度与交易额之比、囤积、强迫储蓄、通货膨胀或紧缩等。类似这些空泛的名词简直没有人能把它们和以前的供需弹性等观念联系起来。如果我们回顾一下人家传授给我们的东西，并设法使其合理化，那么在比较简单的讨论中，似乎要假定供给弹性一定等于零，需求必须与货币数量成比例。但到更复杂一些的讨论中，我们好像又置身于雾中，什么也不清楚，也什么都可能。我们都已习惯了，在这样捉摸不定的东西忽左忽右，自己也不知道怎样从这一边跑到那一边。二者的联系似乎是醒与睡的关系。

前面几章中的论证，其目的之一即在避免这种情况，而使整个物价论重新与价值论发生密切接触。我认为把经济学分为两部分，一部分是价值论与分配论，另一部分是货币论，这实在是错误的分法。我认为正确的两分法应当是：一方面是关于一个工厂或某一领域的理论，研究怎样把一特定量资源分配给各种用途，它们的报酬又是怎样的；另一方面是适用于社会全体的产量论及就业论。如果我们所研究的，只是某一领域或一个工厂，假定就业资源的总数不变，又暂时假定其他领域或其他厂的情况也不变，那么我们的确可以不顾货币的特性。但当我们进而讨论哪些因素决定社会产业量及就业量时，我们就需要一个关于货币经济（Monetary Economy）的全盘理论。或者我们还可以把界线这样划分，一方面是静态均衡论（Theory of Stationary Equilibrium），另一方面是移动均衡论（Theory of Shifting

**5**
秒钟经济学

### 经济学

经济学是研究人类社会在各个发展阶段的一系列经济活动及相应的经济关系和其运行、发展的规律的科学。

### 生产价格

生产价格是在资本主义下的商品价值转化形式，也就是商品的成本价格加平均利润之和。

### 离不开的货币

货币最重要的属性就在于它微妙地联系着现在与未来，除非是利用货币，否则我们甚至不可能讨论预期的变化对当前活动的影响。哪怕取消了金银和法定的货币工具，我们还是摆脱不了货币。其实，我们只要稍稍环视一下自己的周围，就会发现，几乎所有的生活用品都是靠货币换来的。图为在超市中选购生活用品的消费者。

Equilibrium）。在适用后一种理论的经济体系中，对于未来的种种看法，足以影响目前的情况。我们之所以作如此区分，是因为货币的重要性主要是从现在与未来的联系这一点产生的。我们可以先讨论一下，如果在一经济体系中，人们对于未来的看法在各方面都是保持不变的，人们也依据正常经济动机而活动，那么在均衡情形下，资源将如何分配给各种用途。这种经济体系还可以细分为两种，其一是完全不变的，其二虽有改变，但一切都在事先的预料之中。我们以这些简单的情况为引论，再进而讨论现实世界的各种问题。在现实世界中，以往的预期不一定实现，而对于未来的预期又可以影响现在的行为。当我们从前一种讨论进入第二种讨论时，货币是现在与未来的联系这一特性就要被考虑了。虽然移动均衡论必须以货币经济为依据，但还只是一个价值论或分配论，而不是一个单独的货币论。货币最主要的特性在于巧妙地联系现在与未来，我们除非利用货币，否则简直没办法讨论当预期改变时，当前活动会受到什么样的影响？货币是我们永远必须依赖的，即使把金银以及法定的货币工具都取消，只要有任何持久性资产的存在，这种资产就会有货币属性，就会引起货币经济所特有的许多问题。

## II 决定价格水准的因素

如果就单独某一领域而言，那么其产物的价格水准，一部分取决于边际成本中各生产要素的价格，另一部分则取决于生产规模。这个结论同样适用于全部工业。因此一般物价水准（General Price Level），也是一部分取决于边际成本中各生产要素的价格，一部分取决于生产规模。由于我们假定设备与技术不变，所以生产规模就是就业量。因此，当我们讨论到社会总产量时，我们要顾及到任何一个行业的生产成本一部分须取决于其他行业的产量。但我们更应该考虑到需求改变对于成本与产量二者的影响。当然我们的新提议都建立在这种假设下—即当我们所讨论的是总需求，而不是单独某种商品的需求（总需求则假定不变）。

## III 影响货币数量的各种因素

如果我们把情况简化，假设边际成本中各生产要素收入的报酬以同一比例改变，换言之，都随工资单位作同比例的改变，又假设设备与技术不变，则一般物价水准，一部分取决于工资单位，一部分取决于就业量。因此，改变货币数量对于物价水准的影响，是以下两种影响的总和，其一是货币数量对于工资单位的影响，其二是货币数量对于就业量的影响。

为更好地说明，我们可以把情况解释得更详细一些。假定：（一）所有闲置资源，就生产效率而论，完全相同，可以交换；（二）边际成本中的众多生产要素，只要还没有全部就业，便不要求货币工资增加。在这种情形下，只要有失业现象存在，工资单位就不会变更，生产的报酬既不递增也不递减。因此，当货币数量增加时，如果还有失业现象，那么物价毫不受影响，而就业量会随有效需求作同比例的增加。有效需求的增加是因为货币数量的递增，但充分就业一经达到，那么会随有效需求作同比例增加的就是工资单位与物价。假设有失业现象时，供

给有完全弹性（Perfectly Elastic），充分就业已经达到后，供给毫无弹性，又假设有效需求的改变比例恰与货币数量的改变比例相同，那么货币数量论即为："有失业存在时，就业量随货币数量作同比例改变；充分就业一经达到后，物价随货币数量作同比例改变"。

这里我们为使情况更加简单易懂，已经引入了许多假定，货币数量论之所以成立，在这里是因为满足了传统学说的成立；现在我们再进一步讨论，事实上可以加入的很多种可能的复杂因素。

**就业和物价稳定的乡村**

我们假设进入边际成本的不同生产要素收入的报酬都以相同的比例变动，又假设设备和技术不变，则一般价格水平一部分由工资单位决定，一部分由就业量决定。乡村狭小的市场范围并不会像城市一样很快地革新，而且技术或设备改革在乡村也不容易快速执行，所以乡村的经济体制比较稳定，物价也不会有太大的变化。悠闲地坐在驴车上是埃及小镇常见的景象，这张轻松的画面显示了乡村经济宁静、和谐和稳定的特性。

（1）有效需求与货币数量的改变不能恰好成同一比例。

（2）由于资源的性能并不一致，所以当就业量逐渐增加时，报酬并不一定递减。

（3）资源不能互换，所以有些商品已经达到供给无弹性的处境，而有些商品则还有闲置资源可供生产之用。

（4）在充分就业没有达到以前，工资单位还有上涨的趋势。

（5）边际成本中各生产要素的报酬，并不以同一比例改变。

因此第一步我们必须考虑，货币数量的改变对于有效需求量的影响是怎样的。一般说来，有效需求的增加，一部分用于增加就业量，一部分用于提高物价水准。事实上并不是当有失业存在时，物价不变，而一达到充分就业，物价即随货币数量作同比例增加；而是当就业量增加时，物价逐渐上涨。物价理论分析货币数量与物价水准的关系，以便决定当货币数量改变时，物价弹性将会怎样变化，因此我们必须研究以上所列的五个复杂因素。

现在我们一一加以讨论分析，但我们不能就此认为这些因素是绝对独立的。譬如说，当有效需求增加时，一部分增加产量，一部分提高物价，这两部分的比例，可以影响货币数量与有效需求量之间的关系。如果各生产要素收入的报酬改变比例不相同，那么也有同样的作用。我们分析的目的，不在于提出一部机器或一种盲目的计算方法，使我们可以得出万全的答案；而在使我们获得一种有组织的、有次序的思维方法，探索若干具体问题。我们可以先把这些复杂问题分开而得出暂时性的结论，然后再尽我们的能力，考虑这些因素之间的所有

可能。涉及经济的思维理应如此，否则，用任何方法来应用死板的思维原则，都会导致错误。当然，没有这些原则，却又有茫然无所适从的苦恼。把一组经济分析用符号的方法变成公式，并形式化，像本章第 6 节要做的那样。这种做法最大的弊端是它明白地假定它所讨论的各因素绝对独立，而只要这个假设不能成立，那么这种方法的力量与权威便一扫而空。在平时的讨论中，我们并不只是盲目地计算，而是知道自己在做些什么以及这些文字代表的意义是什么。我们可以把以后必须要进行的保留、修正与调整都一一记在心上，然而我们却不能把简化的偏微分记在几页代数的推导之中，因为这几页推导根本假定这些偏微分的导数都为零。近代所谓"数理"经济学，大多数只是拼凑，并不像开始假设的那样精细；这些假设条件使得作者陷入神气十足但毫无用处的符号迷阵中，把现实世界中的复杂性与息息相通都抛到了脑后。

### 衡量物品价值的法则

一般说来，有效需求的扩大量，主要作用在增加就业量和提高物价水平上。所以当就业量增加时，物价实际上也逐渐上涨，而不是当失业存在时，物价就不变，也不是当达到充分就业时物价与就业量作同比例地增加。这幅画是仁慈的画家在自己死去的宠物面前哭得死去活来的样子。人们一向如此，当发现有价值的物品与自己产生某种感情联系而又失去时，这个物品会变得格外珍贵而且不能以价格而论。

# Ⅳ 进一步讨论几种复杂因素

（1）决定有效需求量受到的主要影响的因素是货币数量的改变，因为货币数量可以左右利率。如果这是唯一的反应，那么这一影响力的大小可由下列三个因素中推出：(a) 灵活偏好表，此表可以告诉我们，如果有人愿意吸纳新货币，那么利率必须降低多少数值；(b) 资本的边际效率表，此表告诉我们，利率降低一特定量时，投资将增加多少；以及（c）投资乘数，这一数字告诉我们，投资增加某一特定量时，总有效需求将增加多少。

但 (a) (b) 及 (c) 三点，部分地也与（2）（3）（4）及（5）几个复杂因素有关系，假定我们忘了这一点，那么以上分析虽然有价值，可以使我们的研究有层次，有着手处，但实在是一种容易产生误解的方法。灵活偏好表本身，也关系到所涉及业

**投资数量改变后的小镇**

货币数量的变动对有效需求的主要影响，是通过它对利率的影响产生的。如果这是唯一的反应，那么影响的大小可以由流动性偏好资本边际效率和投资乘数推算出来。这本来是 19 世纪一个平凡的小镇，可它在资本家投资建厂以后，随着当地就业物价和有效需求等因素的变化，也日益成为繁忙喧嚣的工业中心了。

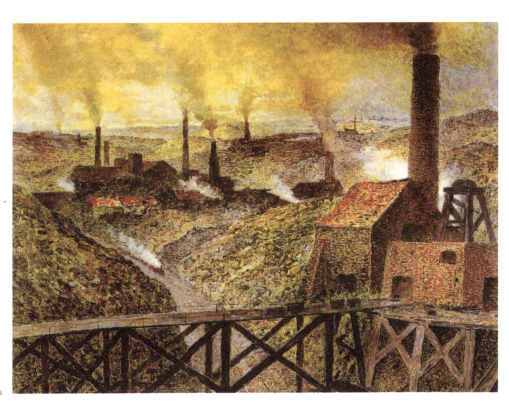

务及两种动机将吸纳多少新货币；而这一吸纳量的多少，又好像关系到有效需求增加的大小，以及这一增加量的分配法即用于提高物价的因素有多少，提高工资的因素有多少，增加产量与就业量的因素有多少。至于资本的边际效率表，部分取决于货币数量增加对于未来货币情形的预期影响，又当有效需求增加、收入扩大时，新收入分配于各种消费者的方法也足以影响投资乘数。以上种种，当然不足以包罗一切可能的反应，但假设我们可以取得所有资料，那么很容易找出一组联立方程式，求出具体结果。譬如，我们可以知道，当货币增加到某一特定量时，把一切因素都考虑到以后，有效需求量一定会增加多少，以与该特定量货币增加相符合、相均衡。但在非常特殊的情况下，货币数量的增加反而会引起有效需求量的减少。

有效需求量与货币数量之比，与通常所谓"货币的收入流通速度"颇为相仿，所不同的地方是，有效需求相当于预期的收入（即决定生产活动之收入），而非真正实现的收入，它只是毛收入，而非净收入。但"货币的收入流通速度"，也只是一个名词而已，没有什么可解释的。我们也没有理由预期它不会改变，因为前面说过，速度是由许多不定的因素决定的。我认为用这样一个名词，把真正的因果关系给蒙蔽了，没有什么好处，反倒会引起混乱。

（2）前面已经讲过（第4章第3节），报酬递减与报酬不变的区别，一部分取决于工人收入的报酬是否绝对与其效率成比例。假设绝对成比例，那么当就业量增加时，劳动力成本（用工资单位计算）不变，但假设某一级劳工收入的工资，不论各人的效率怎样，都是一样的，那么不论资本设备的效率如何，劳动力成本总是渐增。假设资本设备的效率也不一致，利用某一部分设备生产时，每单位产品所需的直接成本较大，那么边际直接成本的增加，除了由于劳动力成本渐增以外，还多出一个原因。

所以，一般说来，如果要在某一特定设备上增加产量，那么供给价格一定要增加。因此不论工资单位是否改变，产量增加总连带着物价上涨。

（3）在上述的（2）中，我们已想到供给弹性可能会不完全的情况。假定各种专业化的失业资源配合得非常适当，那么各类资源可以同时达到充分就业这一点。但一般来说，有些商品或劳役的产量已达到一种水准，如果需求再增加，那么该商品或劳役的供给将暂

**主动就业的日本纺织女工**

一般说来，随着某一特定设备的产量增加，供给价格也要增加。于是，不论工资单位是否有所变动，产量的增长将会带来价格的上升。分工的细化使人们工作越来越熟练，产量越来越多。随之供给价格也有变动。门户开放时期的日本妇女便不满足于做家庭主妇，商品价格的提高和工作机会吸引她们走出家庭，进入工厂挣钱以赚取生活费用。

时毫无弹性；而在其他方向，还有大量剩余资源未曾就业。因此当产量增加时，会接连产生一组"瓶颈"（Bottle Necks），换句话说，若干种商品已经毫无供给弹性，它们的价格必须上涨到一种程度，使其需求转移方向。所以当产量增加时，只要每一种资源都可用而尚未就业，那么一般物价水准大致不会上涨太多。但当产量已经增加到有"瓶颈"现象发生时，那么若干商品的价格将急剧上涨。

本项及（2）项所谓供给弹性，一部分是取决于时间长短。如果时间很长，资本设备数量也可以改变，那么供给弹性的值，在最后一定大于初期的值。当普遍失业出现时，如果有效需求有平缓的增加，那么提高物价的因素就很少，主要都用在增加就业量；如果增加较大，而又出人意外，导致暂时引起"瓶颈"现象，那么有效需求用于提高物价方面的因素（以别于就业量），在初期要比后期大。

（4）我们没必要过多解释在达到充分就业以前，工资单位有上涨趋势的现象。如果其他情形不变，由于每一个工人团体都因其本身工资的提高而受益，所以所有团体都要求增加工资，也是很理所当然的；并且当雇主们营业情况良好时，也会答应这种要求。因此，有效需求的增加，大概有一部分被工资单位的上涨趋势吸收了。

因此，充分就业固然是一个最后分界点（Critical Point），到达这点以后，如果有效需求（用货币计算）再增加，那么货币工资一定会随工资品价格的上涨作同比例的提高。但在这点以前，还有一组半分界点（Semicritical Points），在这许多点上，当有效需求增加时，货币工资也提高，只不过不如工资品价格上涨的幅度大而已；有效需求减少时也是这样。在实际经验中，并不是有效需求稍有改变，工资单位就有所改变，工资单位的改变是不连续的。决定这些不连续点的因素就是工人的心理以及雇主与工会的政策。在某一国际经济体系中，如果一个国家改变它的工资单位，那么各国之间的工资成本便产生相对变动。在一个经济周期中，即使在某一闭关体系以内，工资的改变，也会使当前的工资成本与未来预期的工资成本之间，发生相对变动，因此这些不连续的半分界点，其实际的重要性可能很大。又因在这些点上，有效需求（用货币计算）如果再增加，将导致工资单位作不连续的上涨，因此从某个角度来说，这种状态可称为半通货膨胀（Semi - Inflation）。它与下述所说的绝对通货膨胀相似，虽然相似的地方很少。所谓绝对通货膨胀，是在充分就业下，再增加有效需求时所产生的。这些点在历史上的重要性也很明显，但是却很难用理论来说明。

（5）本章第3节开头即假定边际成本中各生产要素的报酬做同一比例改变。然而实际上，各种生产要素的报酬，以货币计算，它们的刚性程度是不相同的。通常情况下，如果货币报酬改变了，那么它们的供给弹性也不同。如果不是这样，那么我们可

### ■ 成本低廉的劳动力

如果其他条件不变，一切劳动团体都会因工资提高而受益，所以，一切劳动团体都会理所当然地要求增加工资，而企业家在生意兴隆的时候也比较乐意接受这种要求。可当一些资本家考虑到工资增长给他们多增加成本时，他们便雇佣工资更低廉的妇女和儿童来为他们工作。

以说，工资单位与就业量是决定物价水准的两个因素。

我们会首推边际使用成本是最重要的边际成本要素，因为在边际成本中，它改变的比例与工资单位不同，且变动范围也是相对较大的。假设当有效需求增加时，人们改变了从前的想法，认为设备必须重置的时间会比以往提前，假设这种情形（往往正是如此）存在，那么在就业状况开始好转的时候，边际使用成本就会急剧上涨。

从许多研究目的的另一面去考虑，假定边际直接成本中，各生产要素收入的报酬随工资单位作同比例改变，这当然是一个非常有用的第一接近值。但更好一点的办法，是将边际直接成本中各生产要素的报酬加权平均，我们称为成本单位（Cost Unit）。

我们可以把成本单位看做是价值的基本标准，而一旦各生产要素的报酬的确以

Christian Dior
La ligne corolle
Jaquette cintrée en shantung,
jupe longue finement plissée.

**有效需求给迪奥带来财富**

　　有效需求的增加，可以迅速改变人们对以往的预期，以致他们认为设备必须提前更新，那么在就业状况就会开始改善时，边际使用成本就会急剧上升。1947年，迪奥一鸣惊人，设计出光彩夺目、韵味十足、深受人们青睐的时装。为满足全世界更爱时髦的女性的需求，他立即扩大生产，在给人们提供了就业机会的同时，也使自己一跃成为世界上最富有的人之一。

同一比例改变，那么工资单位也可作为此种标准。假设技术与设备不变，那么物价水准一部分取决于成本单位，一部分取决于生产规模。因为短期内有报酬递减现象，所以当产量增加时，物价水准的上涨比例大于成本单位的上涨比例。假设产量已经达到一种水准，在该水准时，众多生产要素代表的单位边际产物，仅等于各该生产要素为继续维持该产量所要求的最低（真实）水平时，那么我们已达到充分就业的环境。

# Ⅴ 通货膨胀的定义和现象

　　有一种情形我们称它为通货膨胀，即当有效需求再增加时，已无增加产量的作用，仅使成本单位随有效需求作同比例上涨。到目前为止，货币膨胀的效果，只是程度的问题，在该点以前，我们找不出一点可以划一条清楚界线，表明已达到通货膨胀的处境。因为在该点以前，货币数量每增加一次，有效需求还能增加，这部分作用，一部分用于提高成本单位，一部分用于增加产量。

　　在这条分界线的两侧，情形却并不对称。当有效需求（以货币计算）降至这条界线以下，那么如果用成本单位计算，它的数量也会降低；但如果有效需求（以货币计算）扩张至这条界线以上，那么通常来讲，如果仍用成本单位计算，它的数量并不会增加。这个结论源于一个假定，即生产要素（尤其是工人）对于其货币报酬的降低总要抵抗，但并无动机拒绝其货币报酬的增加。这个假定看起来与事实很相符，但这种货币报酬的改变并

## 生产要素影响下的薪水制度

　　对于某一局部的而不是全面的货币工资的波动来说，局部的生产要素一向是升则受益，降则受损。所以，劳动者总是倾向于抵制货币工资的减少。罢工、示威游行一般是劳动者得到较高工资的手段，但考虑到激烈的竞争和残酷的现实，矿工们还是不得不到工资很低、劳动条件恶劣的矿井中工作。

不是全面的，只限于局部，那么这一局部要素将因其货币报酬的上涨而受益，随它的下降而受到损失。相反，当就业量小于充分就业时，货币工资将无限制下降，那么这种不对称即告消灭。在这种情形下，除非利率已降至无可再降，或工资已等于零，否则工资在充分就业以下，将找不到固定点。实际上，在货币经济体系中，我们必须要有若干要素，以保证价值的稳定性，它的货币价值即使不固定，至少很有刚性。有一种说法认为任何货币数量的增加都有通货膨胀性。但除非我们把通货膨胀性一词仅仅解释为物价上涨，否则这种看法还是跳不出古典学派的基本假定，即当生产要素的真实报酬降低时，它的供给量一定减少。

# VI 货币数量、货币价格、物价及有效需求之间的关系

如果可用第 20 章中所用的符号，将上面所说的用符号形式来表示：

令 M 代表货币数量，V 代表货币的收入流通速度（此定义与通常情况稍有不同，已在本章第 4 节（1）中交代过），D 代表有效需求，则有 $MV=D$。设 V 为常数，又设 $e_p = \left( \dfrac{Ddp}{pdD} \right) = 1$，那么物价与货币数量的改变是一样的。$e_p$ 等于 1 的条件，是 $e_o = 0$，或 $e_w=1$（第 20 章第 1 节末）。$e_w = 1$，是表示货币工资将随有效需求作同比例上涨，据此可知，$e_w = \dfrac{DdW}{WdD}$。如果 $e_o=0$，表示有效需求再增加时，产量不再起反应，所以 $e_o = \dfrac{DdO}{OdD}$。在以上二种情形下，产量都不变。

其次，若 V 并不是常数，那么一定要再引进一个弹性，即有效需求对货币数量的弹性，写作 $e_d = \dfrac{MdD}{DdM}$

其中

$$\frac{Mdp}{pdM} = e_p \cdot e_d, \quad 式中 \ e_p = 1 - e_e \cdot e_o (1 - e_w)$$

所以，
$$e = e_d - (1 - e_w) e_d \cdot e_e e_o$$
$$= e_d (1 - e_e e_o + e_e e_o \cdot e_w)$$

其中 $e = \left( \dfrac{Mdp}{pdM} \right)$ 是金字塔的顶尖，衡量当货币数量改变时，对货币价格的影响。最后的公式表示的是，货币数量比例改变所引起的物价比例改变，因此它可以

看作是货币数量论的推广。我自己对于这种演算并不重视，我愿意把上述所说的警告再重复一遍：这种演算就像我们平时所说的那样，暗中假定着哪些是自变数，而忽略了许多偏微分式。

### "9·11"影响下的经济环境

用来衡量货币价格对货币数量变化的公式虽然暗含着把某些变量当做自便量的假设条件，但却在一定程度上反应了货币数量变动时影响物价的种种原因。2001 年 9 月 11 日，一场恐怖袭击活动使美国从根本上陷入危机之中，一度致使全球的股票呈下跌趋势，强烈地冲击了各种物价的价格。此次事件也成为研究美国现代经济学时不容忽视的话题。

我很怀疑，这种演算并不比平时的论述更先进。把货币数量与物价的关系用公式来表示，它的最大用处，或许是可以分辨出两者关系的复杂程度。货币数量的改变，对于物价的影响，须看 $e_d$，$e_w$，$e_e$，及 $e_o$ 的这几个因素。这四个元素之中，$e_d$ 代表灵活偏好因素，决定每种情况下货币的需求；$e_w$ 代表劳动力因素（说得更严格些，是代表直接成本中的各生产要素），决定就业量增加时，货币工资的上涨程度；$e_e$ 及 $e'$ 代表物质因素，决定在现有设备上增雇工人时，报酬递减的速率。

如果公众所持有的货币，常与它们的收入保持一定比例，则 $e_d = 1$；如果货币工资保持不变，那么 $e_w = 0$；如果生产报酬总是不增不减，所以边际报酬等于平均报酬，则 $e_e e_o = 1$ ；如果劳动力或设备已达充分就业，则 $e_e e_o = 0$。

设 (a)= $e_d = 1$， $e_w = 1$ ；或 (b) $e_d = 1$， $e_w = 0$， $e_e e_o = 0$ ；或 (c) $e_d = 1$， $e_o = 0$ ；则 $e = 1$。很明显，除此以外，还有许多特例使 $e = 1$。但通常来讲，$e$ 不等于 1。我们可以大胆地下一个结论，即不论根据任何假定，只要不离现实世界太远，又不讨论"通货逃避"（Flight from the Currency）情况（若有通货逃避情况，则 $e_d$ 及 $e_w$ 变大），那么 $e$ 大概总小于 1。

# VII 货币数量对价格的长期影响

上述我们都是讨论在短期内，货币数量的改变对于物价的影响，那么在长时期中，这一关系能否要简单一些呢？

对于这个问题，我们最好在历史上寻找答案，而不要用纯理论讨论。假设在长时期中，灵活偏好状态相当有规则，那么就悲观时期与

### 市场的作用

在一段时期内，利息率变动的净作用就是在于确定一个适合于国民收入与货币数量之间的稳定比例的固定值，而且公众的心理状态迟早会倾向于使利息率重复这一数值。市场作为物物交换的主要集中地，在实现了人们平等交易的同时，也使人们的消费水平和货币流通数量达到一个稳定的状态，从而出现一个固定的利息率。图为19世纪的伦敦自由交易的市场，它是当时全球最重要的现金交易市场之一。

乐观时期的平均值而论，国民收入与货币数量之间是有某种关联的。譬如说，人们愿意用货币保持国民收入的几分之几。由于这个比例数值在长时期中也许相当稳定，所以在长时期中，如果利率大于某种心理上的最低限度，那么人们便不会把超过这一比例以上的国民收入用货币形式保持。所以除流动所需以外，货币数量在国民收入中所占比例过高，因此迟早会出现一个趋势，使利率降低到最低限度左右。利率降低，如果其他情形不变，那么有效需求增加。有效需求增加，则会达到一个或一个以上的半分界点，于是工资

**■ 受利率影响的消费**

利率的变化会直接影响社会的有效需求，并从而接连地引起工资单位和物价的变化。确立一个合理的利率，往往就可以促使投资量、平均就业量达到最低限度的平衡。在法国巴黎某个咖啡馆内饮酒休闲的人们，利率如果降低，他们就可能将更多的储蓄用于消费。

单位也作不连续地上涨，物价会因此受到影响。如果剩余货币数量在国民收入中所占比例太低，那么发生趋势相反。因此在一段时期中，利率变动的净结果是确立一个平均值，来适合于国民收入与货币数量之间的稳定比例，由于这种稳定比例既基于群众心理，所以迟早总会恢复。

向上的趋势要比向下的趋势受阻碍小。如果货币数量并不很多，时间又很久，那么通常总是改变货币本位或货币制度，以提高货币数量，而不是压低工资单位，导致债务负担。因此就极长时期而言，物价总是向上，因为当货币比较丰富时，

### 边际效率丰厚的农场主

今天的边际效率永远也不会比 19 世纪的边际效率高，而且还要低很多。因此，当代问题的尖锐性和特殊性可能是由于平均利息率的降低造成的。工业化推动各种技术革新后，各种需求因素的迅速增长使农场的经营者得到了丰厚的利润回报。

工资单位上涨，而货币比较稀少时，总有增加货币的有效数量的办法。

在整个 19 世纪，就每 10 年的平均数字而论，像人口的增加、发明的迭现、新区域的开发、公众的信心以及战事的频繁，这种种因素再加上消费倾向，仿佛已能够建立一个资本的边际效率表，一方面使得就业的平均水准可以相当令人满意，另一方面利率也高到一种程度，这样财富持有人在心理上也认为可以接受。由历史记录可知，大概有 150 年这么长一段时间，各个主要金融中心的典型长期利率，总在年息 5 厘左右，金边债券（Gilt-Edged Securities）的利率，也在年息 3 厘与 3.5 厘之间。然而这种利率，在当时还不觉得太高。在这种利率下的投资量，平均就业量还不至于低得很惨。有时工资单位调整，但是调整得更多的是货币本位或货币制度，其中尤以银行货币的运用最为显著。当调整以后，货币数量（用工资单位计算）足够满足正常的灵活偏好，而利率又不比上述的标准利率低很多。工资单位的趋势，大体上和平常一样，是一直向上，但劳动力的效率也在增加。各种力量势均力敌，所以物价相当稳定。依据索贝克物价指数，在1820年至1914年之间，如果取5年的平均数，那么最高的也只比最低的大50%。这个并非偶然，要归功于各因素的势均力敌，在这一时期，各雇主集团的力量强大，所以工资单位的上涨并不能超过生产效率的增加速度。同时金融体系既很开放，又很保守，它们所提供的平均货币数量（用工资单位计算），使得平均利率水准恰等于财富持有人在其灵活偏好势力下，所愿意接受的最低利率。当然，平均就业量确实比充分就业低很多，但也不至于相差到严重的地步，以至于引起革命。

而现在的（未来大致也是如此）情形却不同，资本的边际效率表的数值，因为种种理由，要比19世纪低许多。如果平均利率低得可以使平均就业量相当合理，那么又低得使财富持有人认为不能接受。因此要使利率降至该水准，我们很难仅仅从操纵货币数量着手。因此现代问题的尖锐性与特殊性都是从这里引起的。只要货币供给量（用工资单位计算）充分，20～30年以内的平均就业量刚刚能够说得过去。如果问题只是这样，那么19世纪就可以找出一条出路。但如果这是现在仅有的问题，换言之，如果我们所需要的，只是适度的通货贬值，那么我们今天一定可以找出一条出路。

但到目前为止，在当代经济体系中，最稳定、最不容易改变的因素是一般财富持有人能够接受的最低利率。如果要就业量还过得去，利率必须比19世纪的平均利率低许多，因此这种利率是否仅仅操纵货币数量就能够达到还是一个问题。资本的边际效率，是借款人可以预期取得的收益，然而在这项收益中，还须减去（1）拉拢借贷二方的费用，（2）收入税及附加税，及（3）补偿贷款人所付风险，所剩的数才是净收益，才可作为财富持有人牺牲他的周转灵活性的代价。假使平均就业量还过得去，这一净报酬却是微不足道的，那么即使老办法也不起作用。

回到我们眼前的问题：在长时期以内，国民收入与货币数量的关系取决于灵活偏好；而物价的稳定与否，要看工资单位（或说得更精确些，是成本单位）的上涨情况，及生产效率的增加速度两者之间的对比。

# 第 6 篇

# 通论引起的社会问题的分析

经济周期是指一个国家的经济活动交替性地经历繁荣和萧条的经济状态。繁荣时期，经济活动就兴旺，消费和投资高涨，就业量接近充分；而经济萧条时期，经济活动就萎缩甚至恶化。

流行于 15 世纪到 17 世纪的重商主义，实际上是资本主义的原始积累时期，但却受到西方经济学的否定。其实，它还是发挥了自己重要的作用。

节俭是美德还是弊端？这对促进资本主义形成作出巨大贡献的清教徒来说，当然是美德，但在许多贵族和思想偏激的经济学家看来，则不一定是如此。

# 第22章

# 略论经济周期

## 本章要点

经济周期的基本特征及变动；

讨论经济繁荣和经济衰退时期的特性和原因；

过度投资的定义及引起的后果；

补救经济衰退的办法；

解决就业问题的双管齐下的好办法；

其他学派关于经济周期的观点。

**周而复始的经济周期**

所谓经济的周期循环运动是指，推动经济体系发展的经济力逐渐加强而又减弱，使该体系在达到一个最高点后向相反的方向发展，而推动它在这一相反方向前进的经济力也会出现上述变化，使得该体系最终达到某一最低点时再次转向相反方向。大都市的建筑业往往需要调动数量庞大的资金，因此建筑业的兴衰往往被看做是经济周期出现拐点的象征。

前面所讲的一直是在研究哪些因素决定了就业量，如果这种理论是正确的，那么它可以用来解释经济周期现象。

如果我们以任何一个经济周期的实例来仔细研讨，就会发现它是非常复杂的。如果想要加以全面解释，那么以上分析中的每个因素都有用处；而最为突出的是消费倾向、灵活偏好状态以及资本的边际效率。这三者的变动，在经济周期中各有各的作用。然而我认为经济周期之所以可以称为循环，特别是在时间先后上及期限长短上的规则性，主要是因资本的边际效率的变动产生的。虽然当资本的边际效率改变时，经济体系中的其他重要短期因素也随之改变，因而情况就变得更加复杂，更加严重，但我认为经济周期的主要原因，还是资本边际效率的循环性变动。如果要想把这个观点说明白，恐怕要讲一本书，一章是完全不够的。下面的几节中，只是依据以前的理论，为我们指出研究的方向而已。

# Ⅰ 繁荣和萧条的周期运动

所谓循环运动（Cyclical Movement），是指当经济体系向上前进时，使它向上前进的力逐渐扩大，相互加强，随后即慢慢减弱，当下降到某一点时，转而出现向下的力，后者也是开始逐渐扩大，相互加强，达到最高发展；然后逐渐衰退，最后也调换到相反的力量（即向上力）。但是我们所谓的循环运动，并不只指：向上或向下趋势一经开始以后，不会在同一方向一直继续下去，最后物极必反；我们所指的还是：向上与向下运动在时间先后及期限长短二点，都具有很明显的规则性。

要充分解释经济周期，还有一个不容忽略的特征，即危机现象。换句话说，我们要解释：为什么从向上趋势变为向下趋势时，转变得非常突然；但从向下趋势变为向上趋势时，通常来讲，并无突出的转折点。

如果投资量变动，而消费倾向不变，那么一定会导致就业量的改变。但决定投资量的因素非常复杂，因此我们认为投资本身或资本的边际效率全都会改变，都具有循环性，是很不合理的。其中的一个特例，即由农业变动所引起的经济周期，将在本章的下一节中分开讨论。即便如此，我还认为在 19 世纪的环境中，就工业上典型的经济周期而言，我们有充足的理由相信，资本的边际效率变动确有循环性。这一理由是很容易理解的，因此常被用来解释经济周期。在这里只是把这些理由和以上理论联系起来。

### 经济周期论

经济周期论是资产阶级经济学对资本主义再生产过程中，经济繁荣和危机循环出现的现象进行解释的理论。

### 资本积累

资本积累也就是剩余价值的资本化。资本家把攫取的剩余价值其中的一部分转化为资本，投到再生产中去，购以更多的生产资料和劳动力，扩大再生产的规模。

**规律化的运作**

经济周期的基本特征，尤其是周期的时间过程和周期长短的规律性，主要是资本边际效率的波动引起的。就像四季耕种一样规则、有序可循。这是15世纪法国的一幅手抄本绘画，洋溢着浓重的农业气息。

# II 经济衰退的根本原因

在此我所说的，最好从经济繁荣（Boom）的后期，也就是"危机"的来临说起。

我们在前面已经讲过，资本的边际效率，不仅与现有资本品的多少及其当前生产成本的大小有关，还要根据现在人们如何预期资本品的未来收益。因此对于持久性资产而言，在决定新投资的数量时，人们对于未来如何预期会有很大影响，这也是意料之中的事。但预期的基础非常脆弱，它的支撑力量也是变化多端，因此预期常常有突然的猛烈变化。

对于"危机"的一般解释，要在利率上涨方面着重讲解；利率上涨是由于商业及投机二方面对于货币的需求增加。这一因素有时可使事态严重化，偶尔也会导致危机，但是我认为，一个典型的（常常是最普通的）危机，它的起因往往不是利率上涨，而是资本的边际效率突然崩溃。

繁荣后期的特征，是一般人对资本品的未来收益作乐观的预期，因此即使资本品逐渐增多，它的生产成本逐渐加大或利率上涨，都不能够阻止投资的增加。但在有组织的投资市场上，大部分购买者都茫然不知自己要购买什么物品，投机者所注意的是，不在于对资本资产的未来收益作合理的估计，而在于推测市场行情的动态，因此在乐观过度、购买过多的市场，当失望来临时，气势一定会很凶猛。不仅如此，当资本的边际效率宣告破灭时，人们对于未来的看法，也随之而变得黯淡、担心，于是灵活偏好增加，利率上涨。而当资本的边际效率破灭时，会牵连着利率一起上涨，这一点可以导致投资量减退得非常厉害；但是事态的重心仍在于资本的边际效率破灭——特别是对于那些曾经被人所喜爱的资本品。至于灵活偏好，除了由于业务增加或投机增加所引起的之外，一定会在资本的边际效率崩溃以后才增加。

因为以上的情况，所以经济衰退（Slump）非常难于面对。以后，降低利率对于经济复苏（Recovery）会大有帮助，而且这有可能是后者实现

**■ 边际效率崩溃下的混乱**

利息率的上升虽然有时会使经济事态发生变化，甚至引起危机。但危机的真正原因是资本边际效率的突然崩溃，尤其是那种有助于早期新的大型投资的资本边际效率的崩溃。1995年，风靡巴尔干国家的"金字塔式投资资金"的发财梦破灭后，整个国家陷入一场混乱中，图为两名男子试图爬上一艘开往意大利的船只，远离自己混乱的国家。

的必要条件；但在目前，资本的边际效率可能崩溃到一种程度，以至于在实际可行范围以内，利率无论怎么降低都不能使经济复苏。如果仅仅降低利率就已经是有效的补救办法，那么不必经过相当长一段时间便能复苏，而且复苏的方法，多少已在金融当局的直接控制之下。然而实际上并非如此，使资本的边际效率复苏，并不是一件容易的工作，而且决定资本边际效率的，是不受控制、无法管理的市场心理。一般来说，信任在个人主义的资本主义经济体系中是最难操纵，最不容易恢复的。银行家与工商界一向重视经济衰退这一现象的做法是正确的；但经济学家却并不重视，因为后者过分相信"纯货币的"补救办法。

### 人口增长将延长经济周期

要想解释经济周期中的时间原因，必须明白影响资本边际效率复苏的因素。即：与某一时代人口正常增长率有关的耐久性资产的寿命和多余储备的保管费。这张照片是摄影师为反映美国科罗拉多州的人口增长面临的问题而特别制作的，其目的在于警醒人们意识到移民人口给本国带来的经济设施等方面的危机。

这里就自然出现了我的观点。要解释经济周期中的时间因素，要解释为什么一定要经过或长或短的一段时间以后经济才会开始复苏，一定首先要追究在什么情形下资本的边际效率才会复苏。这里有双重理由，一是持久性资产的寿命，以及某时代人口的增加速度这两者间的关系，二是过剩存货的保藏费。这两者使得向下运动的期限，总有一定的时间阶段，而且这期限并不是变化无常的，而是有一定的规则的，总在 3 年至 5 年之间变动。

回过头来，再看危机的情况。只要经济繁荣仍在继续，那么许多新投资的当前收益总不会太坏。

幻想的破灭，或者由于人们突然怀疑未来收益的可靠性，或由于新生产的持久品数量一直增加，所以当前效益有下降的现象。假使人们认为当前生产成本要比以后更高，那么在说明为什么资本的边际效率要下降时，便又增加了一个理由。当怀疑开始时，传播速度是很快的，因此在经济衰退的开始，也许有许多资本品，它的边际效率变得微不足道，甚至成为负数。但经过一段时间以后，因为使用、腐蚀或折旧等原因，资本品又显得稀少，于是边际效率又再度提高。这段时间的长短，也许是一时代（Epoch）资本品的平均寿命的函数，而且这函数关系是很稳定的。如果时代的特征改变，那么标准的时间间隔也会随着改变。例如，某个时代是从人口渐增时期进入人口渐减时期的，那么衰退时期将会延长。通过以上的论证，我们可以了解，为什么衰退时期的长短和持久性资产的寿命，以及某时代人口的正常增加速率——两者存在着具体关系。

第二个使危机持续稳定的因素，是过剩存货的保藏费，由于保藏费的存在，所以一定要把过剩存货在某一时期内吸收完毕，这个时期既不会太长也不会太短。危机出现以后，新投资突然停止，而半制成品也许会使大量过剩存货堆积下来。这些存货的保藏费，很少会小于每年 10%，所以它的价格一定下降，从而使它的产量缩减，以便在 3 ～ 5 年之内，把这些存货吸收完毕。由于吸收存货等于负投资，在这个吸收过程中，就业量会更受打击，所以只有等吸收完毕以后，就业量才会有显著改善。

另外，向下时期的产量会缩小，运用资本必然会跟着减少，这又是一项负投资，而且可能很大；衰退开始时，加强了这一项的下降趋势。在一个典型的经济衰退时期中，最初，存货的投资也许增加，可以帮助抵消运用资本方面的负投资，而在以后，可能在短时间内，在存货及运用资本两方面都有负投资，最低点过去之后，存货方面大概还是负投资，但运用资本方面已有新的投资，所以二者互相抵消一部分，等到经济复苏已经进行了一段时期，那么两者才会都有利于投资。只有在这样的背景下，才能继续研究：当持久品的投资量变动时，究竟会产生什么样的后果？假设由于持久品方面的投资减退，而引发了一个循环性的变动，那么在这个循环还未完成其一部分进程以前，这种投资是很难获得成效的。

更不走运的将是，如果资本的边际效率降得很厉害，那么消费倾向也将受到不利的影响。因为前者引起证券市场上证券市价的剧烈下降，所以对证券投资发生强烈兴趣，尤其是用借来款项从事投资的人，当然会因证券市价的下落而感到非常沮丧。因此这些人决定其消费量的多少时，不大会受其收入多少的影响，更多的是被他们投资价值的涨落所影响。在当今的美国，公众的"证券意识"（Stock Minded）非常强，消费倾向好转的必要条件是证券市价上涨。这种环境，当然加强了资本的边际效率降低时所产生的不利影响，然而至今为止这种现象几乎一直被忽视。

The General Theory of Employment, Interest and Money

### 边际效率下降引起的股市崩溃

资本边际效率的大幅度下降常常反过来影响消费倾向，因为这种下降会引起证券市场上证券的急剧下跌。1929年华尔街的股市大崩溃使得富人的财产和穷人一生的积蓄化为乌有。图中这位在股市中失去所有的商人正试图以100美元的价格卖掉自己的汽车。

复苏一旦开始，它的力量生长有多么强，是显而易见的。但在经济衰退期间，固定资本及原料存货都被认为是过多的，运用资本又在缩减，因此资本的边际效率表可能低到一种程度，以至于在实际可能的范围内，不管利率降低多少，还是无法满足新的投资量。就当今情况来说，市场的组织是一种情况，而市场所受的影响又是另外一种情况。因此，市场上对于资本的边际效率的估计可能会有非常大的变动，并不是变动利率所能抵消的。不仅如此，当资本的边际效率降低时，证券市场也随之变坏，于是在我们最需要消费倾向扩大时，消费倾向反而缩减。在自由放任的情形下，我们没有办法避免就业量的猛烈变动，除非投资市场心理有彻底改变，然而我们并不能预料这种改变的出现。因此我认为，我们不能把决定当前投资量的权力放在私人手中。

## Ⅲ 补救经济衰退的方法

上述的分析似乎和某种看法是一样的。有人以为经济繁荣的特征是投资过度，要避免以后发生经济衰退，唯一可能的办法在于避免这种投资过度；虽然我们不能用低利率来防止经济衰退，但是经济极度繁荣是可以用高利率来避免的。根据以上分析，这种观点似乎也有一定的道理。

如果从以上分析得出这样的结论，恐怕不仅是误解我的分析，而且还犯了严重的错误。投资过度（Over Investment）是含义不清的一个词，既可指预期收益注定不能实现的投资，或在失业严重时无法从事的投资；同时也指另一种情况，即其中每一种资本品都已非常丰富，因此即使在充分就业情形下，也没有任何新投资可以在某一投资品的寿命中，使它的收益超过其重置成本。严格说来，只有后一种状态，才能称之为投资过度，意思是指：投资如果再增加，就完全是浪费资源。但即使采取这种解释，即使这种投资过度是经济繁荣期间的正常特征之一，弥补的方法也不在于提高利率，因为如果提高利率，也许很多有用的投资都会受到阻碍，消费倾向也会降低；因此要采取严峻的方式，比如重新分配收入或其他办法，来刺激消费倾向。

然而以我所知，只有采取前一种解释，才能认为经济繁荣的特征是投资过度。我想在典型情况下，资本并不是已经丰富到一定程度，如果再多一些，社会便无法加以合理利用，而是从事投资时的环境既不稳定，又不能持久，因而投资时所作预期是绝对不能实现的。

当然，在繁荣时期，有些人可能会眼花缭乱，导致某些资本资产的确生产得过多，甚至其中有一部分无论用什么标准来判断都是浪费资源。即使不在繁荣时期，这种情形有时也会发生。我们说它是投资方向错误（Misdirected Investment）。在这种情况发生以前，

### 容易遭受利率冲击的小杂货店

即使过度投资是经济繁荣期间的正常特征，提高利息率也解决不了问题，因为利息率的提高有可能妨碍某些有用的投资，也可能会进一步削弱消费倾向。经营一家小杂货店并不容易，店主必须身兼多职才能有效节约资源，剩余多一点的资产。所以当利息率提高时，类似的小企业很可能入不敷出，面临歇业的命运。

繁荣时期的一个重要特征是出现许多投资。在充分就业的情形下，人们常会有错误的预期出现，譬如实际上只能产生年息2厘，但在人们预期中，却以为可以产生年息6厘。但一旦真相大白时，这些勇往直前的人却往往会过度悲观，于是许多投资在充分就业的情况下，本来可以产生年息2厘，但在人们的预期中，认为它们不但不能生息，还要赔本，结果是新投资破灭，出现失业状况。于是在充分就业情形下原本可以产生年息2厘的投资，现在不仅不能生息，还要赔本。我们所处的这个环境，就好像是闹房荒，但现有的房子，却又没有人住得起。所以要挽救经济繁荣，方法不在提高利率，而在降低利率，后者也许可使繁荣延长下去。

弥补经济周期的良方，不在取消繁荣，使我们永远处于半衰退状态；而在取消衰退，使我们永远处于准繁荣的状态。

**对经济采取疏导的方法**

对经济周期的正确补救方法，不是要取消经济繁荣，使经济处于半衰退状态，而是要取消经济衰退，永远处于接近繁荣的状态之中。就像好的水利工程一定是对水患的疏导而不是阻扰，这样才能避免洪水带来的灾难。图为造福人类2000年的都江堰的水利工程。

经济繁荣之后，紧接着会有经济衰退的现象发生，这是由利率及预期状态二者的存在导致的：如果预期完全准确，那么利率已经太高，与充分就业不相匹配；但预期不准确，因此即使利率过高，但实际上并不发生影响。用冷静的目光来看，利率已经太高，但如果这种过度乐观还能战胜利率，那么这种境界就是经济繁荣。

在最近经验中我很怀疑，我们到底有没有过一个强烈的经济繁荣，并带来充分的就业。美国在1928～1929年，就业量是很让人满意的，但除了少数高度专业化的工人集团以外，我看不出有不足的劳动力现象；"瓶

颈"是有几个，但总产量还可以扩充。假使所谓投资过度是指住宅的标准已经高到一种程度，数量已经丰富到一种程度，那么在充分就业情形下，每个人已各得所需，而房屋在它的寿命中所带来的收益也仅能够抵消它的重置成本，不能产生利息；再来看运输、公用事业及农业改良等方面的投资，已经达到一个高点，如果再增加一些，它的未来收益也不再能补偿它的重置成本；假使依据这样一种解释，那么美国在1929年还没有达到投资过度，相反，认为当时美国存在这种投资过度，反而是错误的。当时情况和性质并非如此。在以往的5年内，新投资总量的

确很大，所以如果用冷静目光观察，那么要再增加投资，它的未来收益一定会急剧下降。如果我们能提早预料，资本的边际效率实际已经降到了前所未有的低潮，除非把长期利率压低至非常低的水准，或避免方向错误、被人过分热衷的投资，否则"繁荣"再继续下去，基础就不健全了。而当时的情况恰好相反，极高的利率足以遏制新投资，只有

在投机冲动下，被过分热衷的那些领域里，投资还继续进行；如果把利率提高到足以克服这种投机冲动，那么又把一切合理的新投资都一起遏制了。所以如果大量投资已经持续了一段时间，想用提高利率办法来挽救由此所产生的情况，那就好像是想要救人却反而把他医死。

像英美那样富有的国家，假定消费倾向与现在一样，而且充分就业状态能够延续一段年月，那么新的投资量很可能会增大到一种程度，最后达到了一种充分投资（Full Investment）的环境。所谓充分投资，是指无论哪一类持久品，如果再增加一些，那么它的收益总和，根据合理的预计不会超过它的重置成本。而且，这种情况可能在相当短

**■ 错误的补救方法**

一般认为在1929年，美国曾出现过过度投资的现象，实属荒谬。因为此时利息率已经高得使某些合理的新投资望而却步。所以，如果再用一贯解决这种长期大量投资所产生的问题的补救方法——提高利率，那么此种行为无异于把想解除病痛，奄奄一息的病人（像图中）杀死的愚蠢做法相同。

的时期内（例如 25 年或更短）就可达到。这里请特别注意，不要因为我曾说过，这种意义的充分投资状态在过去连昙花一现都不曾有过，而误认为我不认可这种可能性。

也就是说，即使我们假设，当代的经济繁荣时期，确实曾暂时达到充分投资或投资过度（依照上述定义）的环境，但我们还是不能把提高利率作为适当的补救方法。如果真是如此，那么那些把病根归于消费不足的人将会更加理直气壮，振振有词。真正的补救办法，是采用各种方法，使得一个较小的投资量就可维持某特定就业水准，例如说可以通过增加消费倾向来增加收入的重分配。

# Ⅳ 降低失业率的方法

这里有几种学说，它们从各种不同观点出发，都认为当代社会之所以存在就业不足的长期趋势，就是因为消费的不足，也就是说，是由于社会习惯以及财富分配使得消费倾向过低，因此我们可以做以下几点评论：

在现有情形下（或至少是在不久以前的情形下），投资量是没有计划，也没有统筹的，受资本的边际效率以及长期利率二者支配。前者决定于私人判断，而作此判断的人，或者对此茫无所知，或者从事投机的事务，因此资本的边际效率变幻多端；后者可以达到最低水准，但不能（或很少）再低。在这种情形下，用这种学说作为实际施政的指南，是一种正确的做法。因为除此以外，没有别的方法可以把平均就业量提高到更令人满意的水准。假使事实上不大可能增加投资量，那么除了增加消费以外，没有别的方法可以达到较高的就业水准。

从实际政策的角度来说，只在一点上，我和这些学派有所不同：我认为他们不免太着重于增加消费，而在现在这个时候增加投资，或许对于社会有更多的好处。就理论而言，之所以要批评他们，是因为他们忽略了增加产量的方法不止一个，而有两个。即使我们决定最好让资本慢慢增加，集中力量来增加消费，我们也应当放开目光，考虑周全以后，再做决定。我个人觉得，增加资本数量，使得资本不再处于稀少状态，对于整个社会来说是有好处的。然而这种看法只是从经验中得来的，理论上并不一定这样。我也认可，最聪明的办法还是双管齐下，一方面设法由社会来统制投资量，让资本的边际效率逐渐下降，同时运用各种政策来增加消费倾向。在目前的消费倾向下，充分就业是很难维持的，因此我们不妨两种方法同时运用：增加投资，同时提高消费。投资既然已经增加，那么即使只在目前的消费倾向下，消费也一定会提高，以与投资的增加相符合；所谓的提高消费，并不只指这些增加，而是还要再提高一层。

这里可以举一个例子。假设当今的平均产量比充分就业情形下所可能有的

产量，要低 15 ％，再假设在当今的平均产量中，10％是代表净投资，90％是消费，然后，再接着假设在目前消费倾向下，如果要达到充分

**■ 维持市场平衡的高层干涉**

对于就业来说，最好的办法莫过于双管齐下，全面地调整资本边际效率和投资相应的水平的关系。所以，在某些特殊的经济情况下，势必需要政府的干涉，来维持市场规律的平衡和避免民众遭受不应有的损失。图为 1851 年，德国政府的首脑们在水晶宫举行高层会议，以解决国内较为严重的经济问题。

就业，净投资必须增加 50％，那么在充分就业的环境下，产量由 100 增为 115，消费由 90 增为 100，净投资由 10 增为 15。所谓的双管齐下，是指或许我们可以修改消费倾向，使得在充分就业下，消费由 90 增为 103，净投资由 10 增为 12。

# V  其他学派的就业理论

另外，还有一个流派认为要解决经济周期的问题，既不在于增加消费，也不在于增加投资，而在于减少求职的人数，也就是说，把现有就业量重新分配一下，就业量或产量则不需增加。

我认为提出这种计划未免太早，与增加消费的计划相比，可能还太过早。将来也许会有一天，那时每个人都会权衡增加闲暇（Leisure）与增加收入两者的利弊得失；但就目前情况而言，绝大多数人都愿意选择收入增加，而不选择闲暇增加，我看不出为什么要强迫这些人多享受一些清闲。

# VI 其他学派的经济周期理论

我认为，竟然有一种思想认为要解决经济周期，最好是提高利率，防患于未然，在初期就把经济繁荣遏制住，这让人很不解。唯一可为这种政策辩护的就是罗伯森的学说；他实际上假定着充分就业是一种不能达到的理想，我们至多只能希望达到一个比现在更稳定的就业水准，平均起来比现在稍微高些。

如果在统制投资或消费倾向方面，想不出多少办法，且假定目前的状态大体上会继续下去，那么采取一种银行性的政策，使得所定的利率升高，足以遏制最过火的乐观主义者，使得经济繁荣在萌芽时期即被消除，这样是否反而好些，还可以再作讨论。经济衰退时期，由于预期不能实现，可能引起许多损失与

**帝国大厦**

纽约帝国大厦建于1930年3月，正值1929年美国经济大萧条后的绝望期。虽然这座鼓舞人心的大厦后来成了美国经济复苏的象征，但当年却因经济萧条而搁置多年。

浪费，假使提前作出遏制的举动，那么也许有用投资（Useful Investment）的平均水准倒反而要高些。根据他自己的假定，很难断定这个看法是否正确，因为这需要用事实来判断问题，而可作依据的资料却不够充分。这种看法或许忽视了一点，即使投资方向事后被证明为完全错误，但由此引起的消费增加，对社会还是有利的，所以即使是这种投资，总比毫无投资要好。此外，如果遇到美国 1929 年那样的经济情况，而手中所有的武器又只是当时联邦储备制度所拥有的那么有限几种，那么即使让最贤明的金融当局来处理，也不免会感到棘手；无论使用其权限中的哪一项，结果都几乎是一样的。无论如何，我认为这种看法太过相信命运，十分危险且不必要，太过默认现存经济体系中的缺点而不努力设法补救。

只要就业水准显著超过（例如）前 10 年的平均水准，那么立刻用提高利率的办法来加以抑制，这是一种严苛的看法。为这种看法辩护的言论，除了以上所举罗伯森的说法之外，大抵都是头脑不清，毫无依据。譬如有人认为在繁荣时期，投资会超过储蓄；提高利率，一方面可以抑制投资，另一方面可以刺激储蓄，所以有利于均衡的恢复。这种说法假定储蓄与投资可以不相等，因此在尚未对这两个名词下明确定义之前，这种说法是毫无意义的。还有些人认为，当投资增加时，储蓄当然也随之增加，但这种储蓄的增加是不应该出现的，是不公平的，因为物价往往也会随之增加。如果按照这种说法，那么当现有产量及就业量有任何向上的趋势时，都需要商讨。物价的上涨，主要原因不在于投资的增加，而是因为在短时期以内，生产上有报酬递减的现象，或者是因为当产量增加时，成本单位（用货币计算）有上涨趋势，因此供给价格常随产量的增加而增加。如果短时期内供给价格为一个常数，那么物价当然不会上涨，但当投资增加时，储蓄还是会随之增加，储蓄的增加是源于产量的增加，物价上涨只是产量增加的副产物而已；而且即使储蓄不增加，如果消费倾向加大，物价还是要上涨。物价

### 名都佛罗伦萨

即使经济繁荣是以"资本消耗"为特征的假设可以说得过去，但医治投资不足，降低利息还是比提高利息更为合理。佛罗伦萨作为文艺复兴的发源地，曾因建筑业的觉醒而一度空前繁荣，但还是由于协调商业周期的不足而不得不逐渐走入了下坡路。

低，只是因为产量低。没有人有合法的既得权利能够压低产量，以便低价购买。

又有些人认为，假使因为货币数量增加，利率降低，所以出现投资增加，那么这种投资增加是不应该的。然而先前利率并没有什么一定要保留不可的优点，也不能强迫别人接受新货币。既然利率和交易量都在增加，那么灵活偏好也必然增加，所以出现了新货币以令其满足。

持此新币的人，也是自愿存钱，而不愿低利出贷的。还有人说，经济繁荣的特征是资本消费（大概是指负的净投资），换言之，是过度的消费倾向。事实与此说法完全相反，除非偏要把经济周期现象和战后欧洲货币制崩溃时发生的通货逃避现象混为一谈。而且，即使这种论断是正确的，那么要医治投资不足，降低利率还是要比提高利率更合理些。总的来说，我不能完全明白这些思想，除非是加一个总产量不能改变的暗中假定，但一个假定产量不能变更的理论，当然无法阐明经济周期。

# Ⅶ 其他经济学家对经济周期的研究

在早期研究经济周期的人中，尤其是杰文斯（Jevons），想从受季节影响的农业变动中而不从工业现象中，找出经济周期的解释。通过前面的理论，可以知道研究这个问题用这样的方法是正确的。即使在今天，农产品存量的多少，仍然是年与年之间投资量之所以不同的重要原因之一。在杰文斯写作的时代，这一原因的重要性大概一定超过了其他的因素。

杰文斯认为经济周期主要是由于农作物的收获量不确定。他的说法如下：假设某年年景很好，获得丰收，那么留做接下来几年使用的谷物（即积谷）也常增加。积谷增加量的售价是农家当年的收入，而农家也把它看做是自己的收入。但社会其他各阶层的支出却并不因积谷量的增加而减少，因为这些增加量的售价是出自储蓄的。换言之，积谷量的增加是当年投资量的增加。即使物价下降很大，这种说法仍然成立。同理，假设某年歉收，那么将动用积谷作为本年度的消费，于是有一部分的消费支出并不构成农民本年度的收入。或者可说，积谷的减少就是当年投资的减少，所以在其他方面投资不变前提下，在两年之间，一年积谷增加很多，另一年积谷减少很多，那么这两年的总投资量可以相差很大。在以农立国的国家中，积谷增减这一个因素，要比其他可以引起投资量变动的因素影响更大，因此向上的转折点常出现在丰年，向下的转折点常常是荒歉的一年，这是很合情合理的。而至于是否有物理上的原因使得丰年与歉岁成为有规则性的循环，不在我们讨论范围之内，是另外的一个问题。

后来也有许多说法产生，认为荒年有利于工商业。它的理由是，如果五谷歉收，那么或者工人们肯接受较低的真实报酬而工作，或者在购买力方面有重分配而利于消费。不用说，我上面用农作物的丰欠现象来解释经济周期，所针对的并不是这些学说。

而在现代，农业的重要性却不那么重要了。原因有两个：第一，农产物在总产量中所占比例要比以前小得多；第二，自从农产品市场发展为世界市场以后，世界各国的丰欠可以互抵，所以全世界农作物产量的变动的百分比，比其中一国变动的百分比要小很多。但在以前，各国大致都只依赖本国的作物，所以除了战争之外，农产品存积量的增减要算是引起投资变动的最大原因。

在今天，想要决定投资量的大小，还得密切注意农矿产原料的存积量有什么变化。进入经济衰退以后，经济之所以不会很快复苏，我认为主要原因在于衰退期间存货逐渐由过多减至正常，而减少存货本应是有紧缩作用的。经济繁荣消失以后，存货渐渐累积起来，所以经济崩溃的速度不是很快；燃眉之急虽然可以解决，但也不是没有代价，以后复兴的速度会因此而迟缓。有时存货必须先降得相当低，然后经济才有复苏的可能。如果存货方面没有负投资，那么在其他方面作某种数量的投资，或许已足以使经济产生向上运动；但如果负投资仍继续发生，那么该投资量也许还不够。

**以农业为经济命脉的时代**

由于农业产量在社会总产量中比重的降低和各种农产品在各国贸易中丰收和欠收的相互抵消，所以在现代社会里，用农业原因来解释经济波动的现象的重要性比以前要大大降低了。这幅插图描绘的是古代北欧农民在七月收获粮食和修剪羊毛的情景，类似的农业年景在那个自给自足的时代里应该是决定经济命脉的最重要的因素了。

**以罗斯福命名的邮票和舰艇**

从萧条走向复苏的道路之所以缓慢，其根本原因是由于经济衰退期间的过多储存量在减少到正常水平过程中没有产生紧缩作用的缘故。挽救美国20世纪30年代经济危机的罗斯福总统，正是破釜沉舟的用"新经济政策"削减了以前的大量存储，使美国经济逐渐走向健康之路的。图为印有罗斯福头像的邮票和以他命名的舰艇。

我们可以以美国实行"新政"的初期为例。当罗斯福总统开始他的大量举债支出时，各种货物——尤其是农产品——的存货都很大。"新政"的一部分，即在于用缩减生产等方法想方设法减少存货。把存货量减至正常水准是一个必要步骤，因此我们不得不忍痛为之，但在减少的过程当中，在其他方面作举债支出的功效也大为削减。因此如果要想使经济走上光明大道，我们就必须先把这个过程完成。最近美国的经验又可说明如下这一点：制成品与半制成品二者存货数量的变动，可以在经济周期的主要运动中引起次要波动。制造商总是先预测几个月以后的消费量，从而调整当今的生产规模；但计算时总免不了稍有错误，一般都是估计过高。一旦发现错误时，则在短时期内生产量又低于消费量，以便让过多存货逐渐吸收完毕。这种步调偶尔抢先，偶尔落后，它对于投资量的影响，在统计完备的国家，如美国，完全可以在统计资料上显示出来。

# 第23章

# 略论重商主义、禁止高利贷法、加印货币以及诸多消费不足的学说

## 本章要点

重商主义的定义及地位；

贸易顺差及增加贸易顺差的双重限制；

各经济学家对重商主义的见解及其错误性；

高利贷法和格塞尔对土地和印花税的贡献；

关于消费说的争论。

# Ⅰ 重商主义

大约有 200 年光景，经济理论家和实行家都深信不疑：贸易顺差对于一个国家有特别的好处，贸易逆差则有严重危险，如果后者引起贵金属的外流，那么危险会更大。但在随后的近 100 年内，人们对于这一理论存在不同的意见。大多数国家内的大多数政治家还深信此说，英国虽然是相反意见的发源地，但即使在英国，还是有一半的政治家效忠于旧的学说。大多数经济理论家都认为替这种事情担心，完全是杞人忧天的举动，目光太短浅。国际贸易的机构会自动加以调整，那些设法干涉这种机构的人，都是徒劳的，会使本国更加贫乏，因为如此一来，就会丧失国际分工的利益。我们可以遵照传统称那种旧的学说为"重商主义"，把新理论称为"自由贸易"，但这两个词都分别有广义和狭义之分，读者可以参照上下文来看使用哪个意思更加恰当。

在通常情况下，近代经济学家不仅认为国际分工的好处，足以超过实行重商主义所可能取得的好处，而且认为重商主义的理论是完完全全混乱的。

这可以通过一个示例说明：马歇尔提到重商主义时，还算是有点同情，但他从不尊重重商主义的核心理论，甚至连论证中的正确成分也没有提到过。而这些正确论断是由什么元素组成的，下面将进行讨论。同样，在当代论战中，经济学家赞成自由贸易的人，虽然在鼓励幼稚工业、改善贸易条件等方面，愿意对重商主义者做理论上的让步，然而这些并不很重要。在本世纪开头 25 年内，有许多关于财政政策的争论。在这些争论中，据我了解，没有一个经济学家肯承认：保护政策也许可以增加国内就业量。在此我用自己所写的东西，作为例证，应当是最有说服力的了。在 1923 年

## 重商主义

重商主义是资产阶级最初的经济学说，主要产生和发展于欧洲原始的资本积累时期，是这个时期商业资本的利益和要求。

## 印花税

印花税是指从事商事活动、产权转移和权利许可证照授受等行为而必须接受的应税凭证，为课税对象征收的一种行为税。因为是在应税凭证上粘贴印花税票完成纳税义务的，所以名为印花税。

The General Theory of Employment, Interest and Money

那年，我还是古典学派的忠实信徒，对旧的学说毫无怀疑，对于这个问题曾经毫无保留地说过："假使有一件东西，让保护政策束手无策，那就是医治失业。赞成保护政策的理由很多，其中有些是基于可能得到的、但可能性不大的种种利益，因此不能这样简单地加以说明。但如果保护主义者认为保护政策可以医治失业，那么保护主义的错误恐怕是无可救药了。"由于当时关于早期重商主义理论，并没有什么好书可读，所以就追随先辈，相信重商主义只是一派胡说。古典学说的支配力，真是达到了无孔不入的地步！

**■ 重商主义时期的威尼斯码头**

我们把"贸易顺差对一个国家特别有利，而贸易逆差则有严重危害，尤其是当贸易顺差引起贵金属外流时，危害就更大"的古老学说称为重商主义。图为17世纪时，正值重商主义高峰的威尼斯码头。

## II 贸易顺差的定义对各国产生的影响

　　这里我要用自己的话来论述（我现在认为）重商主义学说里面含有的科学成分，然后再拿来和重商主义所用的论证相比较。当然，实行重商主义所能取得的好处，只限于一个国家，而不是整个世界。

　　当某国的财富正在急剧增加时，那么在自由放任的情形下，这种愉悦的状态，可能因从事新投资的动机不足而宣告中断。假设决定消费倾向的社会政治环境以

The General Theory of Employment, Interest and Money

**重商主义推动下的繁忙泰晤士河**

在重商主义的时代里，政府既不能直接控制利息率，也不能直接操纵对国内投资的其他诱导，所以，在这个限制情况下，增加外贸顺差就成为政府扩大国外投资的唯一直接方法。图中表现的是1588年伦敦泰晤士河上繁忙的水运状况，在当时鼓励对外贸易的前提下，这个港口为伦敦的经济发展起了巨大的推动作用。

及国民特性都不变，那么依据上面所讲，如果希望国家继续进步，那么这种投资的引诱必须相当充分。投资引诱既可来自对内投资，又可来自对外投资（后者包括贵金属的累积）；二者构成总投资。假设总投资量的多少，完全取决于利润动机，那么国内的投资机会，在长时期内，取决于国内利率的高低，而对外投资的多少，则必须取决于贸易顺差的大小。因此如果在一个社会内，国家不能直接从事投资，那么政府在经济方面，重视国内利率以及国际贸易差额这两方面，当然是很合理的。

现在假设工资单位相当稳定，不会自动出现很大的改变（这个条件几乎总是满足的），又假设灵活偏好状态，就短期变动的平均数而言，也相当稳定，而进一步假设银行所遵守的成规也不大改变，那么利率的高低，取决于国内有多少贵金属（用工资单位计算），可以用来满足社会的灵活偏好。在一段时间内，如果既无大量国际借贷，又不太可能在国外购置产业，那么贵金属数量是增是减主要取决于贸易是顺差还是逆差。

因此，当时政府当局重视贸易顺差的方法实在可谓一箭双雕，而且也只能采用这个办法。当时当局既不能直接控制利率，又不能直接操纵国内投资的其他引诱，因此，增加顺差是政府可以增加国外投资唯一的直接手段；同时，如果贸易为顺差，那么贵金属向内流动，所以它又是政府降低国内利率、增加国内投资动机的唯一间接手段。

　　然而我们不能忽视这种政策是受到两种限制的。如果国内利率降低，投资量增加，那么将导致就业量冲破若干分界线，工资单位上涨，国内成本增加，将对国际贸易差额有不利影响。因此增加顺差，以后会物极必反，走向失败。其次，如果国内利率下降，且要低于其他地方的利率，以致刺激了对外贷款，超过顺差额，那么将引起贵金属外流，于是情况出现变化，前功尽弃。国家愈大，它的国际地位愈重要，那么受这两种限制影响的危险性也愈大。假设每年贵金属的产量相当小，那么如果一个国家有贵金属内流的现象，就意味着别的国家有贵金属外流，因此如果重商主义的政策推行过度，因此不利影响的由来，不仅源于国内的成本上涨、利率下降，也源于国外的成本下降、利率上涨。

　　一个国家的国际贸易，可以因为贵金属太多、工资单位上涨而遭到毁灭，这可由 15 世纪下半叶

**■ 西班牙对墨西哥的疯狂掠夺**

　　如果过分地推行重商主义政策，国外的物价和利息率或许会强化国内的物价和利息率的不良影响。15 世纪后期的西班牙，被殖民地富足的财富冲昏了头脑，并没有注意到过多的贵金属对工资所造成的上升影响，反而摧毁了自己国家的对外贸易。这幅图中血腥的场面表现的就是西班牙为了获得贵金属，对墨西哥进行的疯狂掠夺。

### 没有保障的贸易限制

实行贸易限制政策，即使对显而易见的目标也是一个靠不住的手段。显然，日本幕府统治者的闭关政策也挡不住西方列强的觊觎之心。这幅20世纪初的浮世绘描绘的正是西方舰船汹涌而至的情景，他们将强迫日本打开国门，实行对外贸易。

及16世纪的西班牙经济史得到证明。至于20世纪，英国在战前的经验则可以说明，如果对外贷款以及在国外购置产业过分方便，那么往往使国内利率不能下降，充分就业不能实现。如果一个国家的灵活偏好太强，以至于即使贵金属长期大量内流，都不足以使利率下降、真实财富增加，这个国家就会总是处于贫乏状态，印度即属于这种范例。

即便是这样，假如有一个社会，它的工资单位、决定消费倾向的国民特性以及灵活偏好三者都相当稳定，它的货币制度又以贵金属为基础，在货币数量与贵金属数量之间常保持一种固定的关系，那么政府当局要维持繁荣，就必须密切注意贸易差额。如果贸易是顺差的，且顺差不是很大，那么对繁荣有鼓励作用；如果贸易是逆差的，那么可能很快就会产生不易消除的经济衰退。

并不是限制进口愈严格，国际贸易的顺差愈大。早期重商主义对这一点是很重视的，因此常常反对贸易限制，他们觉得，如果把目光放远些，那么贸易限制是不利于顺差的。在19世纪中叶英国所处的特殊环境中，实行自由贸易恐怕是最足以促进当时英国的贸易顺差的。就当代的经验而言，战后欧洲各国都为了增加顺差而设法限制贸易，而结果却适得其反。

由于以上这种种理由，读者绝不可轻易地下结论，认为我将主张某种实际的政策。贸易限制，除非有特殊理由可以为它辩护，否则一般说来，的确是有些值得批判。国际分工的利益，虽然被古典学派过分夸大，但这并不算过分，因为它毕竟是真实的、很可观的。而且，一个国家由贸易顺差得到的好处常常就是别国利益的受损（重商主义者很清楚这一点），因此要克制自己，不要过火，不要使得国家内部的贵金属数量超过公平合理的限度。况且如果这种政策推行过火，就会引起不必要的国际竞争，大家争取顺差，结果大家都受到损失。最后，由于有私人利益、行政无能以及事情本身的困难等原因存在，实行贸易限制政策也不一定能达到预期效果，甚至还很有可能事与愿违。

因此，我批评的重点是我以前接受的并且拿来教授别人的自由放任学说，它的理论基础远远不够充分。而我也反对认为利率与就业量会自动调整到最适度水准，所以重视贸易差额等于浪费时间的理论。在这方面，反倒是我的经济学界同仁犯了冒冒失失的毛病，而把几百年来执政者尽力追求的东西全当做是庸人自扰。

在这种错误理论的影响下，伦敦金融界慢慢选择了一个坏得不能再坏的办法来维持均衡：那就是一方面严格维持外汇率，另一方面让银行利率自由涨落。这样的话，国内利率就无法再和充分就业相对应。实际上我们还要考虑到国际支付差额，于是又设计了一个办法来进行管理。这个办法，不但不能保护国内利率，反而把国内的利率牺牲在盲目势力之下。后来伦敦的银行界吸取了许多教训，我们希望从此以后，英国再不要重蹈覆辙，为了保护它的国际支付差额而提高利率，从而引起国内失业。

古典学派的理论在解释一个独立的厂商的行为，以及解释雇用一定量的资源收入产物的分配方法方面，是有它的贡献的，而且不可抹杀。在这些方面，如果不利用这一套思想方法，简直无法形成清晰的思路。在这里请读者特别注意，不要因为我认为他们忽略了前人学说中有价值的部分，就以为我否认这一点。但政治家所关心的是整个经济体系，以及怎样使该体系中的全部资源达到最适度的就业。在这方面，16、17世纪的经济思想家有他们自己更好的办法，而李嘉图的不切实际的抽象思维，反而把这些优点先是遗忘，随即抹杀。重商主义者从禁止高利贷，维持国内货币数量，防止工资单位上涨等很多方面，竭力设法压低利率。如果国内货币数量，因为不可避免的贵金属外流、工资单位上涨等原因，过于不足，那么就要不惜使用货币贬值的方法来使它得到恢复。这一切都表示了重商主义的智慧。

## Ⅲ 各经济学家对重商主义的见解

有些人可能会说，早期从事经济思想的人，只是偶然获得了一些处世智慧，但对更深的理论基础还不太清楚。所以我们需要把他们的理由，以及他们的建议，都作一番简短的审视。由于现在有赫克舍尔教授的著作《重商主义》，所以这件事情很容易就可办到。赫克舍尔教授把两个世纪的经济思想提纲写了出来，供经济学领域的一般读者参考。下面的引述我们都引自这本书。

（1）重商主义者从来没有认为利率会自动调整，并达到适当的水准；相反，他们反复重申，利率太高是抑制财富扩张的主要障碍；他们甚至知道，利率取决于灵活偏好以及货币数量。他们所关心的是，一方面降低灵活偏好，一方面增加货币数量；其中有几个人还曾明白地提出，他们之所以要设法增加货币数量，是因为要降低利率。赫克舍尔教授把重商主义者在这一方面的学说，总结如下：

在某种限度以内，重商主义者在这方面和在其他方面一样采取了明确的观点。他们认为，用现在的术语来说，货币是一个生产原料，且和土地处于同等地位；他们有时把货币看做是"人为的"财富，来区别于"天然的"财富。利息是租用货币的代价，和地租的性质是一样的。在这段时间内，重商主义者探讨决定利率高低的客观理由的人越来越多，通常他们认为利率是由货

**里斯本港**

重商主义者从不认为利息率会自动调节到相应的位置，他们着重强调的是过高的利息率是财富增长的主要障碍，甚至认为利息率是流动性偏好和货币量决定的。里斯本在地理大发现时代是远航非洲的中心，当然也迟早会成为重商主义者们青睐的加速贸易的港口。

币数量决定的。此处为了清楚地加以说明，我们以几个例子为例来阐述为什么这个概念是如此的根深蒂固，由于时间长久，所以很难抹灭。

在 17 世纪 20 年代的早期，货币政策以及东印度贸易还曾引起一场论战，但论战两方面的领袖对于这一点，意见是完全一致的。杰拉德·梅林斯说："货币充沛可以减少高利贷"。

可以列举出许多理由，为这句话（《商法》[Lex Mercatoria] 以及《维持自由贸易》[Maintenance of Free Trade]，1622 年）作辩护。连它的强敌爱德华·弥赛尔顿 (Edward Misselden) 也说，"医治高利贷的方法，也许是让货币充塞"（《自由贸易或使贸易兴旺之道》[Free Tradeor the Means to Make Trade Flourish]，同年）。半世纪以后，重要作家中有蔡尔德 (Child) 这样的人。他是东印度公司的万能领袖，又很善于为公司辩护。他竭力要求由国家制定最高利率；他又讨论 (1668 年)，如果荷兰人把钱从英国提出去，那么对于法定最高利率将发生怎样的影响。他认为要抵制这个威胁，最好用债券作为通货，随便转让，这样一来，"至少有一半我国所用现款，能够弥补它"。还有一个作家叫配第 (Petty)，是一个超越了党派的争斗的人，他也和别人同样，认为利率之所以由 1 分降至 6 厘，是因为货币数量增加（《政治算术》[Political Arithmetic]，1676），他觉得如果一个国家铸币太多，那么放款取利是比较适当的补救办法（《货币略论》[Quantulumcunque Concerning Money]，1682 年）。

这种想法不仅适用于英国，几年之后 (1701 年，1706 年)，法国商人和政治家都不满意当时过高的利率；他们想增加货币流通量，设法降低利率。

洛克 (Locke) 或许是第一个用抽象语句来表达货币数量与利率的关系的人。这一点可从他与配第的争论之中看出来。配第主张用法律来限定一个最高利率，但他认为这是不切实际的，就像规定最高地租那样；他说："货币会从利息这一方面，每年获得一定收入；在这一方面，货币的自然价值（利率），取决于当时在某一国家内流通的货币总量，以及该国的贸易总值"。洛克解释说，货币有两种价值：(1) 使用价值，它的大小取决于利率，在这一方面，货币的性质与土地相同，只不过一种收入称为地租，另一种收入称为利息而已；(2) 在交换价值这一方面，货币的性质与商品相同，因此货币的交换价值取决于货币的多少，以及商品的多少；而与利率无关。因此洛克是两种货币数量说的鼻祖，第一，他认为利率取决于货币数量（要考虑流通的速度）以及贸易总值 (Total Value of Trade) 之比；第二，他认为货币的交换价值，取决于货币数量以及市场上的商品总量 (Total Volume of Goods) 之比。但他的两只脚分别处于重商主义世界和古典学派世界，我们对于这两种比例关系非常不明白，而且灵活偏好状态也可能变动的情况也被他完全忽略了。但洛克全力以赴地说明，降低利率，对于物价水准并不发生直接的影

### 西方的掠夺

重商主义者清醒地认识到：如果流动性偏好过强，把内流的贵金属囤积起来，那么有利于利息率的形势将丧失殆尽。这也可以用来解释为什么东方拥有无数让西方各国羡慕的金银珠宝，但他们国家的人民依然过着饥一顿饱一顿的日子的现象。图为亚历山大大帝攻陷东方城市以后劫掠财宝的情景。

响，"只有当利率改变，导致货币或商品的进口或出口，以致于商品与货币的比例与以前出现变化时，物价才会受到影响"。换言之，如果利率降低，那么将导致现金出口或产量增加，而且物价也将改变。然而（我认为）实际上他从来没有做过进一步的、真正的综合性工作。

在重商主义者来看，利率与资本的边际效率不同是很容易分辨的，关于这一点从洛克引自《与友人谈高利贷的一封信》（A Letter to a Friend Concerning Usury, 1621 年）一段文字中看到："高利息使商业解体。由于利息高于商业利润，于是导致富商停止经营，通过贷款谋利，而小商人则只能破产"。并且福特雷（Fortrey）在《英国的利益和改良》（England's Interest and Improvement）一书中也同样强调降低利率，可以增加国家的财富。

重商主义者也没有忽略掉，如果灵活偏好太强，把向内流动的贵金属，都囤积起来，对利率也是没有好处的。也有人［例如孟（Mun）］因为要增强国家的实力，主张由国家囤积金银；但其他人很直接地反对这样一种政策：

譬如施柔特，他借用重商主义者常用的论证，认为如果国家大增国库中的贮藏，那么流动中的货币将几乎被搜罗干净，其结果更加无法想象，他又认为，在寺院中贮藏的金银和贵金属过多，与前者的性质完全相同，他认为选择后者是极愚

蠹的行为。戴芬南（Davenant）解释说由于金银在国库停留不动，所以东方的国家极度贫困（当时人们都相信东方国家所贮藏的金银，要比世界任何其他国家都多），如果由国家来囤积金银，那么最好的情况是瑕瑜互见，还常常伴有很大的危险；至于私人囤积金银，我们最好是避免。重商主义者攻击私人囤积金银的说法，是无计其数的，没有一个人会对此持反对态度。

（2）重商主义者知道人们喜欢便宜的东西，也知道过度竞争不利于一个国家的贸易。就像梅林斯说《商法》（1662年）："不要为了增加贸易，而以比别人更低的价格出售商品，从而导致伤害到本国利益。贸易并不会因为商品的便宜才增加，商品之所以便宜，

**贸易频繁的泰晤士港口**

以增加贸易为幌子削价竞争是非常不明智的，因为物价的低廉是商品需求小且货币稀缺的结果，未必会引起贸易量的增加。可是，经济的较量也就是综合国力的较量，所以各个国家间为增加贸易，相互竞争斗智也是在所难免的。图为伦敦对外贸易的繁忙港口——泰晤士港很多货船从这里起航，将商品送往世界各地。

是因为货币的稀少，对商品的需求不大。相反，倒是货币充足，商品的需求加大，当物价上涨时，贸易才会扩大"。赫克舍尔教授把这一段重商主义思想，归纳为以下内容：在150年以内，这个观点经常被提到，并且提及这个观点的人，都认为：

如果一国的货币，比其他国家稀少，那么这个国一定是"卖价便宜，买价昂贵"。这种态度，在《公共福利的谈话》（Discourse of the Common Weal）一书的初版中，也就是在16世纪中叶时，已经很明显了。海尔斯（Hales）曾经说过："只要外国人肯买我们的东西，那么为什么我们要把自己的东西价格定得很低，反而把他们的东西

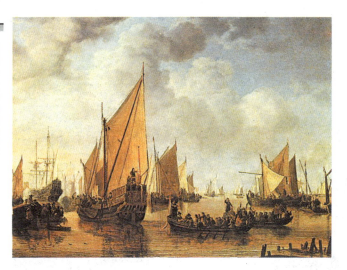

**促进就业的重商主义政策**

　　"商品恐惧"和货币稀缺作为失业的主要因素是重商主义者最早提出来的，但却在两百年后遭到古典学派的攻击。重商主义者并不关心人民的失业情况，但不可否认的是，他们的远航在掠夺货币的同时，确实在一定程度上促进了就业。

（其中有我们要向他们购买的）价格提高呢？如果他们出售东西的价格很高，从我们这里买进东西时出低价，这样岂不是让他们获利，而我们赔了吗？不是他们变富，我们变穷吗？因此我宁愿采取现在实行的办法，当他们抬价时，我们也抬价。虽然有人因此受损，但受损人数要比采取其他办法少。"在几十年以后（1581 年），该书校订者也完全赞成这个观点。17 世纪以内，这种态度一直没有什么改变，而一直在反复出现。就像梅林斯所担心的那样，这种不幸情况的产生，是因为外国人把英汇定得太低。这种观念在以后仍在继续使用，在《哲言》(Verbum Sapienti) 一书中（1665 年作，1691 年出版），配第相信，"要等到我们所有的货币，不论是在绝对方面或相对方面，超过一切邻近邦国的所有者时"，我们才能停下来，不再努力增加货币数量。从上述所引开始写作直至出版这一时期中，考克 (Coke) 说过，"只要我们所有金银比邻邦多，那么即使减少到现有量的 15%，我也不在乎"（1675 年）。

　　（3）重商主义者同时也是最早认为"怕货"（Fear of Goods）以及货币稀少是失业的原因的；两个世纪以后，古典学派认为这是一种谬误：

　　用失业现象作为禁止进口的理由，最早的例证是，1426 年意大利的佛罗伦萨。……英国在这方面的立法，至少可追溯至 1455 年。1466 年的法国法令，虽然建立了里昂的丝织工业，而且以后很有名，但并不很长久，因为它并没有抵制外货；但该法令也曾提及：众多的失业男女，可能由此而获得工作。由此可知，这种论据在当时是很流行的。

　　英国是最早对这个问题（其余社会经济问题也是一样）作热烈讨论的国家，时间大约是在 16 世纪中叶或更早些，在亨利八世以及爱德华六世两个朝代。这里只能提些书名，而著作年代大概不会晚于 1530 ～ 1540 年；其中有两本书，大概出于克来蒙特·阿姆斯特朗 (Clement Armstrong) 的手笔。根据他的说法"每年进口的外国货，充塞着英国的市场，不仅引起货币稀少，而且破坏了手工业，也因此导致许多平民无法谋生，不得不去乞讨、偷窃"。

重商主义者对这种情况的最典型的讨论，应该以 1621 年英国下议院关于货币稀少问题的辩论为最好的实例。当时经济非常不景气，布匹出口也是一样。国会中声望最高的议员之一，爱德文·桑迪斯 (Edwin Sandys) 爵士，把当时的情形描写得很清楚：他说农工几乎到处受到打击，布机停下来，不从事生产，由于国内货币不足，农民被迫违约，"并不是因为—感谢上帝—土地出产的不足，而是因为货币缺乏造成的"。于是英国全体总动员来调查货币的去向。货币为什么会这么缺乏？那么使贵金属向外流动的人，或虽然没有使贵金属向外流动，但其活动足以使贵金属在国内消失的人，这些人都受到了许多攻击。

重商主义者也意识到，他们的政策用赫克舍尔教授说法，有"一箭双雕"的妙处，因为不但"一方面可以出清过剩物资，解除失业；另一方面又可以增加货币数量，压低利率"。

从实际经验中重商主义者提取了许多理论；因此我们在研究这许多理论之后，不能不说，在人类史上，储蓄倾向总有超过投资引诱的长期趋势。投资引诱的弱点，一直是各个时代经济问题的枢纽。而在当前，主要导致这种引诱弱势的原因是现在资本数量累积得太多

**■ 为商业机会而战**

重商主义者所追求的是国家利益和国家力量的共同增长，具有很强的国家主义色彩，因此往往形成国与国之间的对立，挑起战争。图为 16 世纪末，英国把西班牙"无敌舰队"击败的情景。这一仗沉重地打击了在国力和经济上都堪称英国最强竞争对手的西班牙。

了；而在以前，各种风险因素，也许相对比较重要。但结果其实是一样的，个人可以依靠自己的节俭而累积财富，但要国家富强，雇主必须要雇用工人，从事制造持久性的资产，然而个人的储蓄意愿，总是比雇主所感觉到的投资引诱更加强烈。

（4）重商主义者很清楚，他们的政策带有国家主义色彩，可能引起战争。而且他们承认，他们所追求的是国家的利益以及国力的相对增加。

重商主义者接受国际货币制度必然产生的后果，而对此无动于衷，这显然是不正确的；但现在却有一些糊涂的人，主张采取国际金本位制，对于国际借贷采取自由放任政策，相信只有这种政策才能够促进和平。两者比较之后，显然还是重商主义者的现实态度要高明得多。

如果在一个经济体系之内，有货币契约以及风俗习惯的存在，而且可以历时很久而不轻易改变，假设这一体系国内的货币流通量以及国内利率，主要都由国际支付差额来决定（如战前英国情形），那么除了争取更多出口，由邻国输入币材（贵金属）之外，当局实在没有更好的办法来遏制失业问题。至今还没有一个办法比国际金（以前为银）本位更有效的方式，来解决各国的利益冲突。在国际金本位下，一个国家的国内繁荣与它争取市场以及争取贵金属的成绩有直接关系。如果金银的补充相当丰富，那么这种争夺可能降低。随着财富的增加，以及边际消费倾向的逐渐减少，这些冲突将变得更加尖锐。正统经济学家的逻辑既然有毛病，而常识又不能够纠正他们的逻辑，于是便错得一塌糊涂。如果有一些国家，想要在暗中摸索出一条使国家利率自主的道路，抛弃它在金本位下的种种义务，正统经济学家就会说：如果要有一般性质的经济复苏，那么第一步先要恢复以前的这些桎梏。

实际情况刚好相反。采取利率自主政策，是不受国际关系支配的，而采用全国投资计划，使得国内就业量达到最适度的水准，这倒是利人利己的办法。如果各国都同时采取这种政策，那么国际间的经济健康以及经济力量（用国内就业量或国际贸易量来衡量）才能恢复。

# Ⅳ 忽视现实的古典学派

重商主义者发现了问题的所在，但他们的分析还不能解决问题；古典学派则根本忽视这个问题，根据古典学派的前提，这个问题是不存在的，于是导致了由古典理论得出的结论与由常识得出的结论有很大分歧。古典学派的卓越之处在于，能在自己错误的同时，取代常人所相信的东西。赫克舍尔教授说：

假使从十字军东征一直到 18 世纪，常人对于货币以及贵金属的基本态度始终不变，可见这种观点是多么的根深蒂固。18 世纪以后，这种观念还继续存在，只不过不是到"怕货"那种程度而已。除了自由放任这一段时期以外，各个时代都未能摆脱这种观念。自由放任学说是那样的坚定、稳固，也只不过暂时克服了常人的信念。

在货币经济里，"怕货"是普通人最自然的态度，如果要摆脱这种态度，就要对自由放任学说有绝对信仰。但自由贸易主义却否认许多明显事实的存在，所以当自由放任学说不能再维系它的旧日信徒时，也一定会遭到众人的唾弃。

就拿波拿·劳（Bonar Law）来说，他在经济学家面前，总是十分恼怒，因为他确实不明白为什么他们不肯承认很明显的事实。我们可以把古典学派经济学说的势力比做某种宗教——恐怕是比宗教的力量还强，因为一般人要想否定明显的事实要比相信一个虚幻的东西困难很多。

# V 针对高利贷的各种意见

现在我们要讨论一种与此相关的、但全不相同的学说。自古以来，社会上开明舆论都认为这种学说无可厚非，但古典学派却不这样认为。为了表示尊重，这里需要再说明一下，在这里我所说的是这样一种学说，它认为利率不会自动调整到一种适应于社会利益的水准，相反，由于利率常有太高的趋势，所以有力的当局应当运用法令、习惯甚至于道义加以制裁及抑制。

经济法令中最早的记载之一就是防止高利贷的办法。由于灵活偏好过度，以至于摧毁投资引诱、阻碍财富生长的种种弊端在上古以及中古时代已很明显，因为当时生活上有种种风险，一方面降低资本的边际效率，

**推动联合国**

采取不受国际关系支配的利息率自主政策，同时又采取能使国内就业达到最佳水平的国内投资计划，正是利己利人的好办法。海关的设立正是为了更有效地保证国内市场的安全。图为美国最早出现的海关之一——列克星敦海关。

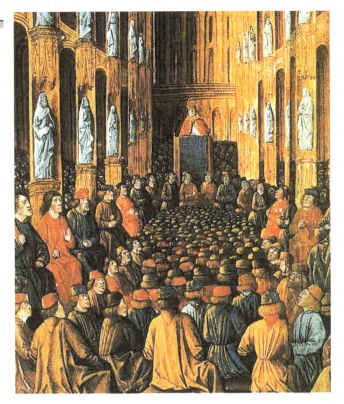

**煽动东征的教皇**

　　中古时期教会荒谬的利率论和耶稣教会关于报酬的诡辩，主要是为自己行为开脱和为教士们错误的理论寻找借口。就算是"上帝的代言人"——教士们，在面临巨大的潜在社会危机时，也会变得极为冲动。图为 1095 年 11 月 28 日，教皇乌尔班二世在克勒芒的教堂里，煽动骑士和教士们鼓起东征的热情。这次战争的目的正是为了解除国内难以抑制的种种危机。

另一方面增加灵活偏好，所以人人在社会中都觉得不安全，除非这个社会用尽各种方法来抑制利率，否则由于利率总是太高，会导致投资引诱不会充分。

　　曾经听其他人说过，认为中古时代教会对于利率问题的态度是完全荒谬的。中古时代中有许多巧妙的讨论，分辨贷款报酬与投资报酬的不同，但都只不过是些诡辩，想从谬论之中找出一条实际的出路而已。现在我再翻阅这些讨论，认为他们倒确实下了工夫，把被古典学派混为一谈的东西分了个清清楚楚：就是利率和资本的边际效率。我现在认为古典学派的讨论，目的在于找出一种方案，提高资本的边际效率表，同时用法令、风俗习惯以及道义制裁来压低利率。

　　亚当·斯密对于禁止高利贷法也持和蔼态度。因为他很清楚，个人的储蓄不一定用于投资，还可以用于放债。他赞成利率再低些，因为这样可以使储蓄用于新投资的机会更多些，用于放债的机会再少些。由于这些种种理由，所以他主张温和地运用高利贷法，而边沁对这一点严加攻击。边沁的主要意见是说亚当·斯密不愧是苏格兰人，因为他过分谨慎，对于"创办人"不免太严厉了一点：如果规定最高利率，那么所有负担正当的、对于社会有利的风险的人，他们收入的报酬将少得可怜。边沁所谓的创办人（Projectors），含义很广，"那些以追求财富（或任何其他对象）为目的，打算获得财富的资助，那些设法寻求新的发明途径的人，都属于这一类人；这些人都是以进步和改良作为目的。如果规定最高利率，那么这类人最受打击。总之，那些把人类的聪明睿智运用于财富的资助的事实，都将遭到遏制"。当然，如果法令妨碍了人民负担正当的风险，那么应当加以抗议。边沁继续说："在这种情形下，如果只是因为世故，而并不注重创办的好坏，那么归根结底就是他根本不想创办什么。"

边沁所说，是否是亚当·斯密的原意，却是一个问题，难道边沁是用跨世纪的口吻在说话吗？除非是在投资引诱最强的时代，否则他不会看不到：理论上可能的投资引诱不足。

# VI 格塞尔及其理论

我们在这里引用一个被人忽视的范例，西尔维奥·格塞尔（1862—1930）。在他的著作中，确实出现过许多见解，但都只是转瞬即逝，没有说到重点。在战后几年，他的信徒寄给我很多他的著作，但是由于他的论证显然有缺点，所以我当时没能发现他的著作的长处。而当我用自己的方法得出结论时，才开始发现他的著作有多么重要。也许没有经过自己的实践是很难认同已经现有的结论的。而在当时，我和其他学院派的经济学家一样，把他所讲的非常独到的见解都视为是奇怪的联想。我想在本书的读者中知道格塞尔的重要性的人也许不会太多，所以在

**格塞尔与阿根廷**

阿根廷对格塞尔而言，应该有非同一般的感情。因为，他曾在这片国土上成就了自己的经商传奇，也因19世纪80年代阿根廷的经济危机，触发了他研究的灵感，写出了许多流行的经济理论。图为位于阿根廷边界的基督雕像，格塞尔在当地也拥有许多信徒，这些人甚至像尊奉一个教派的先知那样尊敬他。

这里我要多讲一些。

格塞尔，德国人，在南美阿根廷经商，事业上很成功。19世纪80年代的经济危机，在阿根廷特别严重，所以他所研究的货币问题是从那里引发的。他的第一本著作，名为《币制改革为走向社会国家之桥》，1891年在布宜诺斯艾利斯出版；同年同地，他发表了他对于货币的基本观念，书名为《事物的精华》。此后，他还出版了许多书和小册子，一直到他退休为止。1906年他退休到瑞士，由于家境很好，所以只做一些他喜欢的事情：著作和农业实验。

这些著作中的第一部分，是1906年在瑞士日内瓦出版的，书名称为《全部劳动产物权之实现》；第二部分1911年在柏林出版，书名为《利息新论》，而合订本在大战时期（1916年）在柏林、瑞士两地同时出版，生前一共发行了6版，书名称为《经由自由土地和自由货币达到的自然经济秩序》，英译本称为《自然经济秩序》。1919年4月格塞尔加入在位很短的巴威里亚苏维埃内阁，当选财政部长，后来受到军法审判。在生前的最后10年中，他在柏林、瑞士两地做宣传工作，取了亨利·乔治（Henry George）的化名，由于吸引了一批具有宗教热诚的信徒，所以他被尊为一种教义的先知；其信徒分布于全世界，人数很多。1923年，德国及瑞士自由土地、货币协会以及其他各国的类似组织，在瑞士巴塞尔城举行第一次国际大会。从他1930年作古以后，能够像他这样被许多信徒所热爱的人是很少见的，而且至今还没有谁可以超过他。布希博士是英国这类运动的领袖，但他的文献又好像主要只从美国圣安东尼欧城分发出来。这一运动的主要领导者现在在美国。在学院经济学家中，费雪教授是唯一认识到这一运动的价值的人。

信徒们视他为一个先知，但格塞尔的主要著作还是用客观的、科学的语句写出来的，尽管全书不免充满了对于

> **另一种"先知"**
>
> 格塞尔在退休以后致力于土地改革的运动，并吸收了半宗教性的狂热分子，逐渐被尊奉为像饱含学识的但以理一样的先知，但这些人的热情并不能使格塞尔的理论具有真正说服人的力量。

社会正义感的热诚与崇奉，似乎（也许有人会觉得）与其科学家的身分不合。他从亨利·乔治继承下来的一部分理论，固然是这一运动产生力量的主要源泉，但只是次要的，不是这里讨论的主旨。这本书的目的，在于建立一个反马克思的社会主义，也是对于自由放任学说的一种反动。他的理论基础和马克思主义不同。第一，他否认古典学派的前提，而马克思是接受的；第二，他主张解除妨碍竞争的障碍，而不主张取消竞争。我相信后世人得自格塞尔的益处，不比得自马克思的少多少。读者只要读一下英译本《自然经济秩序》（The Natural Economic Order）序言，就可以知道它的好处了。因此，我认为要想讨论马克思主义，还得从该序文所指示的路线中去探索。

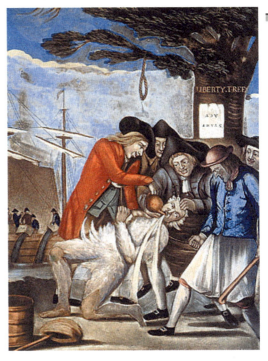

**讽刺印花税的漫画**

令格塞尔一举成名的还是他提出的"加印"货币方案，即流通货币或保险单必须每月加贴印花，才能保持其价值。当然，这也逐渐成为部分当局用来遮盖加重的国税的工具。图为一张讽刺印花税的漫画，一位征税官员正强迫波士顿的居民喝茶。

至于格塞尔在货币与利息论方面的特殊贡献是，第一，他把利率和资本的边际效率分别得很清楚；他说扩张速度是由利率限制的。第二，他指出利率完全是一种货币现象；而之所以货币利率会很重要，是因为货币有一个特征，即货币持有人所负担的保藏费是微不足道的；那些持有财富保藏费的人，也能获得收益，是因为货币能带来收益，且已制定了一个标准。他以各时代中利率的相对稳定作为证明，以此来说明被纯物质因素决定的绝不是利率，因为前者从一个时代到另一时代所经历的变迁，要远比利率的变迁大很多。用我的语言来说：利率与心理因素有关，而心理因素不大变化，所以利率相当稳定；至于变动极大的资本的边际效率表，不是由利率决定，而是由一个特定利率下真实资本的扩张速率所决定。

但格塞尔的学说有个很大的缺点。他指出，因为货币利率的存在，所以出让商品也能取得收益。他利用经济学上的最佳寓言之一，罗宾逊·克鲁索和陌生人的对话来说明这一点。但他在列举理由，以说明货币利率与其他商品利率不同，不能会是负数以后，却忽视了说明另外一点，为什么货币利率一定是正数；他也没有解释，为什么决定货币利率高低的，并不是（像古典学派所说那样）生产资本上收益的大小。由于他并不知道灵活偏好这个观念，他只建立了半个利率论。

由于他的理论不完备，因此他的著作并未受到学术界的注意。但是他曾根据自己理论提出实际的建议。他提出的方案，虽然可能无法实行，但可称得上是对症下药。他说，货币利率限制了真实资本的扩张，如果去掉这个限制，那么在最近时间内真实资本也将迅速扩张，在相当短的时期以内，利率要降到零点，才足够适宜。因此降低货币利率是目前最重要的事情；他认为让货币像其他商品一样有保藏费用，就可以降低货币利率。于是他想出了著名的"加印"货币（"Stamped" Money）这个方案，为此，费雪教授对他还很赞赏。按照这个方案，那么流通的钞券（当然必须包括几种银行货币在内）像保险单一样，必须每月加贴印花，才能保持其价值。印花在邮局出售，至于印花费用则根据情形而定。按照我的理论，应当先确定哪种新投资量与充分就业不相违背，然后求出这种投资量资本的边际效率，印花费用的多少大约就等于货币利率（不计印花费用在内）与该资本的边际效率的差数。格塞尔自己提议，应该每周贴 0.1%，每年贴 5.4%。由现在的情形看来，这个数目似乎太高，而正确的数目只能从尝试与错误中得来；而且也必须是经常改变的，不能不变。

加印货币背后所代表的思想是健全的，或许真可以找出方法，把这个办法小规模地实践一下。格塞尔还有很多问题没有设法解决。其中之一是，格塞尔并没有想到，货币并不是唯一有灵活升值的货物，其他商品也有这个特点，只是程度不同而已。货币之所以重要，是因为货币的灵活升值，要比任何其他东西大些。所以用加贴印花办法，消除流通钞券的灵活升值，那么会因此而出现许多替代品，例如银行货币、即期债务、外币、宝石、金银等等。我在前面说过，利率之所以提高，是因为以前也许有过一段时期，那时大家都想持有土地而造成的。但在格塞尔的体系中，由于土地是国有的，所以这个可能性倒可以免掉。

# VII 消费不足和大量储蓄引起的争论

上述的所有学说，大多都针对有效需求的构成之一的不足——也就是投资引诱的不足。而把失业的毛病归咎于另一个构成分子的不足，即归咎于消费倾向的不足，也已有很长的一段历史。后一种学说对于当代经济病症的解释，在 16、17 两个世纪还未能处于重要地位，只是后来才变得重要；但这种解释，并不被古典学派所赞同。

在重商主义思想中，对于消费不足的指责虽然地位并不重要，但赫克舍尔教授也举出很多例子，说明"奢侈有利，节俭有弊"也是一种根深蒂固的信念。节俭之所以被认为会导致失业，有以下两个理由：第一，大家都相信，如果货币不用于交易，那么真实收入将会有等量的减少。第二，人们所说的储蓄，就是把货币从流通过程中提取出来。1598年，拉斐玛斯在《置国家于繁华的金银财富》一书中，强烈批评了反对使用法国丝织品的人，原因是那些购买法国奢侈品的人都为穷人谋取了生计，而吝啬的守财奴反而使穷人贫困致死。1662年，配第为"穷奢极侈，建造凯旋门等等"辩护，认为这些费用最后还是会回到酿酒师、面包师、裁缝、鞋匠手中去的。福特雷也曾为华丽服饰辩护。施柔特（1686年）不赞成节约消费，希望服饰等等还要多讲究一些。巴邦在1690年说过："挥霍是把双刃剑，对于个人而言是不利的，但对商业来说却不是这样，而吝啬这个缺点，对于个人与商业都不利。"1695年加莱（Cary）也认为：假使每个人都多花一些，那么每个人的收入都要大些，"而且每个人都可以生活得舒服一些。"

**"利"于穷人的奢侈**

在今天看来不可思议的"奢侈有利，节俭有害"的观点，在重商主义者的思想里，却是根深蒂固的信念。因为他们坚信节俭在一定程度上阻碍了货币的流通和再利用。图中贵妇们洗澡时大摆奢华的举动，在重商主义者看来都是为穷人再造生计，避免穷人失去谋生之道而死于贫困潦倒的好心行径。

巴尔邦的思想，经由伯纳德·曼德维尔（Bernard Mandeville）的《蜜蜂之寓言》

**大量消费促成纽约的繁华**

　　曼德维尔在《蜜蜂的寓言》中宣称促使经济繁荣的是消费而不是储蓄，财富乃是"公共福利"，这种理论一度遭到正统经济学家的猛烈攻击。幸好今天的人们已经学会如何正视有效需求的不足，并学会以刺激消费的方法来维持经济的繁荣。

一书的渲染，变得非常流行。而这本书在人文科学史上，却一向以声名狼藉著称，1723 年，英国米德尔塞克斯州的大陪审官们曾宣判这本书是出版的败类。据说，只有约翰逊（Johnson）博士一个人曾为该书说过一句好话。博士说，此书没有让他感觉不清楚，相反却开拓了他的视野。这本书的谬误，可从斯蒂芬（Leslie Stephen）《本国人名辞典》对该书的摘要中看出：

　　曼德维尔对该书非常生气。该书用巧妙的似是而非的理论，宣扬一种含有讽刺性的道德观，而且颇为引人入胜。书中认为增加经济繁荣的因素，是消费而不是储蓄，这个学说也可列为迄今尚未绝迹的经济邪说之一。作者从两点出发：第一，他接受人类的欲望都是坏的这个看法，所以会推导出"私德不良"；第二，他又接受财富是"公众之福"的看法。从这两点，他很容易推出：有文明，即有恶习……

　　有一首寓言诗《蜜蜂的寓言》，其中讲的是有一个富有的社会，其中的公民突然都决定放弃奢侈生活，国家也削减军备，大家都共同致力储蓄，但结果却是一团糟。由于大家都崇尚节俭，导致奢侈品无人过问，而原有的奢侈品，如衣饰、车马、宫室之类，其所有者或变卖偿债，或根本不管，从而导致了土地、宫室等价格大跌，原本以供给奢侈品为生的人因而无法谋生；又因为各个行业都已人满为患，也不能改行。从上述陈述，我们可以得知：只依靠美德是不能使国家兴盛的；想要恢复古老的黄金时代，不仅要致力于俭朴，也要顾及到平民的生计。

我们在这里引用寓言诗的两则评语，来说明这首诗并不是毫无依据的：

因为在私人家庭中，处处节俭打算、从事储蓄，的确是致富的方法，于是有些人就想，不论国家的家底是厚是薄，如果每个人都实行上述这个方法，那么国家也可以致富。例如有人认为，如果每个英国人都仿照他的邻居的节俭方法，那么英国人会比现在还要富。这种观点我认为是错的。

曼德维尔的结论是恰好与此相反的：

如果国家能够给每个人就业机会，那么就会使国家兴盛富强。为实现上述目标，政府应当：第一，提倡各种制造、技艺、手工业等人类才智所能达到的工作；第二，奖励农渔这两种行业，普及到各个分支部门，使土地也能像人一样出力。依靠这种政策，国家才能变得伟大幸福；而用一些琐碎的规章制度来限制奢侈，提倡节约，其实是于事无补的。金银的价值可以自由涨落，社会享受的多少，取决于土地的出产以及人民的劳作这二者的联合，只有把两者结合起来才是更可靠的、真正的无穷宝藏，那么巴西的金、普多西的银，又怎么能得不到呢？

如此奇怪的说法，无怪乎会在两世纪以来，一直受到道学先生及经济学家的一致抨击。这两类人有自己

■ **价值低于土地的金银**

曼德维尔还认为，一切社会所享受之物皆取决于土地的果实和人民的劳动。两者的结合才是比黄金和白银更为可靠更为现实的财富。那么，以此推论，提炼白银这种耗时又费力的工程还不如种植田地来得实际。

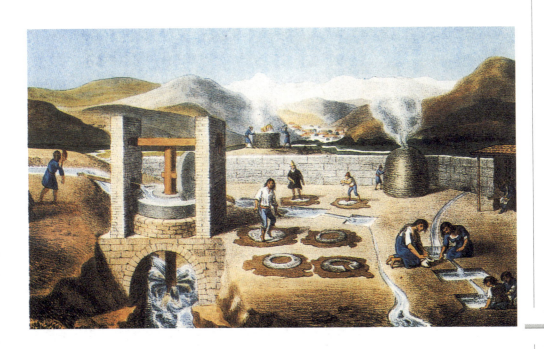

### 停滞不前的文明

亚当·密斯的节俭论固然正确，但他的储蓄论未免有极端的嫌疑。因为过分的储蓄往往会摧毁生产动机，产生不了对生产能力和消费愿望的诱导，如果人人都满足于最简单的事物、最朴素的服饰和最简陋的住房，那么人类文明将只停留在原始时期，不会再有进步。

的一套严肃学说，认为除了国家和个人都实行极度节俭以外，再没有更好的办法。由于这种学说的存在，所以他们认为自己能够胜人一筹。代替配第的"穷奢极侈，建造凯旋门等等"而起的，是格拉斯顿（Gladstone）的分厘必争的国家财政，国家不仅"无力举办"医院、广场、高贵建筑，甚至不肯出钱来保存历史古迹，更不要提倡发展音乐、戏剧了；这些只能由私人慈善事业来举办，或者由浪费成性的人来慷慨解囊，进行赞助。

一个世纪以后，曼德维尔的说法又在社会中出现。马尔萨斯晚年，曾正式用有效需求的不足这一概念来解释失业的现象。拙著《论马尔萨斯》一文中，对此已有详细论证，在这里我们引用几段来代表他的思想：

在世界各地，几乎都有大量生产力搁置不用，我对这种现象的解释是，由于实际收入的分配方法不太恰当，所以导致生产的动机不够充分。我认为如果人们想积累财富，而且还想积累得较快，那么不生产的消费一定大大减少，于是生产动机大受阻碍，财富的扩张也在时机未成熟时即遭到遏制。但如果努力积累财富的企图，在劳工与利润之间划下一条鸿沟，以至于在未来积累财富的动机与能力全部遭到破坏。而与日俱增的人口，也不能就业谋生，那么我们还能够说，这种积累财富的企图，或储蓄得太多，是对于国家无害的吗？

问题在于如果生产增加，但地主及资本家的非生产消费增加不能形成适当比例，以至于资本停滞，而后又导致劳动力的需求停滞，我们能够说，这种情形对于国家没有害处吗？如果地主与资本家的非生产消费，从一开始即与社会过剩物资相互配合，生产动机持续不断，对于劳动力的需求，既没有过度扩张，也没有突然缩减，那么这样的一种情形，难道不是比前一种情形更快乐、更富裕吗？

亚当·斯密说过资本是因节俭而增加，那么所有生活节俭的人，都应该被众人视为恩人。他又说财富是否增加，一定要看生产是否超过消费。这些命题大致都很正确、无可怀疑，但显然也不能是无限制的正确。如果储蓄过度，也足以摧毁生产动机。如果每个人都吃最简单的食物，穿最朴素的衣服，住最简陋的房屋，那么绝不会再有其他的食物、衣服及房屋的存在。这两个极端都很明显，因此一定有一点存在于两个极端之间，在这一点时，如果把生产能力以及消费意志二者都计算在内，那么财富的增加将受到最大鼓励。但恐怕政治经济学还不能确定这一点在哪里。

聪明人的议论很多，而以我所见，其中萨伊的立论是最不健全的，但又与事实最相符合。萨伊认为，用掉或毁掉一件物品，就等于堵塞一条出路。这是从商品与商品的关系而说的，而不是得自商品与消费者的关系。这里我们要提出一个问题，如果除了面包和水以外，一切消费都停止半年，那么商品的需求将会变成什么样呢？庞大的市场又在哪里呢？

但是李嘉图对于马尔萨斯的学说充耳不闻。等到约翰·斯图亚特·穆勒讨论他的工资基金理论时，这场论战又再一次地出现。穆勒是在这场论战中被熏陶出来的，他的工资基金学说，在驳斥马尔萨斯晚期思想方面，有着很重要的意义。后来者不接受穆氏的工资基金说，却忘了穆氏之所以能推翻马尔萨斯全都依据这一学说。再以后，这个问题便不成为论战对象，也不在经济学的讨论之中，这并不是因为这个问题已经得到解决，而是经济学家都不提到它。凯恩·克劳斯先生最近想从比较次要的维多利亚时代的作家中，寻求这个问题的遗迹，即收入比预期的可得还少。消费不足的学说一直潜伏着，到 1889 年，又在霍布森（J. A. Hobson）及穆默利（A. F. Mummery）两人合著的《工业生理学》（The Physiology of Industry）一书中出现。50 年以来，霍布森以百折不挠的勇气与热诚，著书攻击正统学派，然而完全没有用处。这本书是他诸多著作中的第一本，也是最重要的一本，现在已经没有人记得了。但在某种意义上说，这本书的出版，在经济思想史上具有划时代的意义。

这本书是他和穆默利合著的。霍布森如此叙述这本书的缘起：

在19世纪80年代中期，我的异端经济学说逐渐形成。亨利·乔治的攻击土地价值，各种社会主义团体暴露劳工阶级被压迫的情形，以及两位鲍斯（Booth）先生发表的伦敦的贫困状态，这些都在我的心灵上留下很深印象，但是都没有动摇我对经济学的信心。导致我对经济学信心发生改变的是偶然的因素。那时我在爱克塞特（Exeter）城的一个中学教书，认识一位叫穆默利的商人，这个人一直都以爬山技巧闻名。后来他发现了一

**佛罗伦萨商人为什么富有？**

合著《工业生理学》的霍布森及穆默利对正统学派关于储蓄使人致富的理论不屈不挠地抵制着，表现出十足的勇气和热情，但却始终未能撼动正统经济学派的理论。图为16世纪初期富裕的佛罗伦萨商人，他们是如何致富的，在当时曾产生热烈的争论。

条新路，可以上马脱红峰（Matterhorn），又不幸在1895年爬喜马拉雅山南加帕罢峰（Nanga Parbat）时死去。当然，我和他交往并不是因为这一方面，而是因为这个人的智慧也像爬山那样登峰造极，总是我行我素，而不顾其他人的看法。他曾和我辩论储蓄过度这个问题。他认为储蓄过度是商业不景气时，劳资双方的就业不足所导致的。很多次，即便我用正统经济学上所有武器来驳斥他的论据，但最后他总是能够说服我，于是我们合作著书，宣扬储蓄过度的理论，书名叫做《工业生理学》，于1889年出版。这是我公开踏上异端之路的第一步，当时我并不了解它的后果是这么大。那时我刚辞去中学职务，开始在大学课程普及部当讲师，负责教经济学与文学。而使我大吃一惊的是，伦敦大学课程普及委员会不让我再教经济学，是由于一位经济学教授的出面干涉；这个人读过我的书，认为这本书就像在证明地球是方的那样荒谬，本来就是如此，储蓄的点点滴滴，都会用来增加资

本结构，增加工资基金，储蓄的有用数量怎么会有限度呢？储蓄既然是工业进步的源泉，那么阻碍储蓄就是阻碍工业进步，所以理智健全的经济学家，对于储蓄竟可以过度的学说是深恶痛极的。这之后又发生了一件让我觉得仿佛犯罪一般的事情。我虽然不能在伦敦教经济学，但牛津大学课程普及运动还可以接受我在那里执教，允许我下乡演讲，不过要求我只讲关于劳工阶级生活的实际问题。当时有个慈善事业协会，正在计划一套系统演讲，专门讲经济题材，请我担任其中一门。虽然我已经表示愿意接受，但他们突然又说要解雇我。那时，我自己还不相信，由于怀疑节俭的美德，所以我已经罪无可赦。

在这本早年著作中，霍布森及其合作者对于古典经济学的批评，要比霍布森晚年的著作来得更直接了当一些。因为这一理由，而在这本书中他又是第一次把他的理论表述出来，因此我特别从书中引录了一段文字，指出这两位作家的批评与直觉是多么有道理，多么有价值。两人在这本书的序言中，说明了他们所攻击的结论具有一些什么样的性质：

> 储蓄不但能够使个人致富，还能使社会致富；而消费不仅使个人变穷，也使社会变穷。也就是说，一切经济福利的源泉是热爱金钱所导致的，它不仅使节俭者本人变得富有，而且可以提高工资，不再会有失业者，所有人都感受到这样带来的好处。从报纸到最新的经济学巨著，从教堂讲坛到国会议院，这句话说了又说，再三讲

**■ 资本丰厚之国的荷兰**

《工业生理学》直接了当的对正统学派的批评可谓惊骇世俗，使人们对究竟是储蓄致富还是消费致富有了更明确的认识。图为荷兰中产阶级的家庭，无论是房屋装饰还是人们的穿着都向我们传达着富裕、轻松的信息。18世纪荷兰富足的现象，成为许多经济学家致力研究的课题。

**善于储蓄的主妇**

霍布森错误的根源在于：他认为过度储蓄是导致资本实际积累超过所需数量的根本因素，其实这只不过是预测失误产生的次要原因。图为中世纪的英国妇女们正在洗布匹的情景。对于操持家务、主宰家庭生活命脉的她们来说，节省开支过度储蓄也是值得理解的。

述。而现在反而要对它提出质疑，简直就是犯上作乱。然而一直到李嘉图出版他的著作时为止，有识之士以及大部分经济思想家都否认这种学说，最后它之所以被人接受，是因为没法驳倒工资基金说。但是现在工资基金说已经破灭，而这种学说还依然存在，这只能说明这一学说的提出者声望很高。经济学批评家只敢攻击这个学说的枝节，却不敢触及这个学说的主要结论。在这里我想说：第一，这些结论不能成立；第二，储蓄习惯可能有些过度；第三，如果确实有些过度，那么社会就会变穷，工人失业，工资降低，整个工商界变成灰暗的局面，这就达到了不景气……

生产的目的，是为消费者谋取效用与便利。从处理原料起，一直到商品在消费者手上变成效用与便利为止，生产过程是连续不断的。而资本的唯一用处，在于帮助生产这些效用与便利，那么所用资本的多少，自然会随每日或每周效用与便利的消费量的改变而改变。储蓄具有两面性，一面增加现有资本总量，在另一面又减少效用与便利的消费量，因此如果储蓄被实行得过度，那么累积下来的资本数量将超过实际需要数量，发展为一般的生产过剩。

上面引述的最后这句话，似乎是由霍布森的错误的根源。他认为，假使储蓄过度，那么真正累积下来的资本将会超过实际所需要的数量。如果真是这样，倒只是预测错误所带来危害的次要方面；而主要危害则是，如果在充分就业的情形下，储蓄倾向大于实际所需资本数量，那么除非预测有错误，否则充分就业就不能实现。霍布森说的非常精确透彻，但是他忽视了一点，即利率的改变以及商业信任状态的改变可能产生什么影响。他似乎假定了这两个因素不变：

那么我们可以由此下一个定论，自亚当·斯密以来，经济学说所根据的基础即每年的产量取决于当年可用的天然要素、资本以及劳动力三者的总数量，实际上这是错误的。相反，这三者的总数量只决定了产量的最高限度。产量当然不能超过这一限度，如果因为储蓄过度，导致供给过多，影响生产，那么实际产量要比这个最高限度低很多。换句话说，在现代工业社会的正常情况下，是消费限制生产，而不是生产限制消费。

最后，霍布森也注意到，他这种学说与正统学派用来维护自由贸易的种种论据是否正确大有关系。

正统经济学家常用自由贸易的种种论据，来斥责美国以及其他实行保护主义的国家为白痴，在生意上毫无建树。由于这种种论据，都是建筑在"供给不能过度"这个假定上，所以现在不宜再作

### 越南水上市场

虽然霍布森的理论并不完备，但他明明白白地指出：资本的产生不是出自储蓄倾向，而是出自由现实和未来消费引起的需求。越南南部的水上市场是当地颇具特色的贸易集中地。随着人口和需求的扩大，在市场中，融汇与流动的资本数额也愈来愈大。

这种斥责了。

霍布森在这本书中所采用的论据是不完备的，但这是他第一次明白地说出：资本的由来，不是由于储蓄倾向，而是由于需求，而需求又来自现在的和未来的消费。下面所述的是由各种资料拼凑起来的，从中可以看出霍布森的思路：

假设一个社会的商品消费量在未来不会增加，那么在现在增加该社会的资本一定是没有丝毫利益。储蓄与资本每增加一次，而且增加后不再减退，那么最近未来的消费量一定会作相应的增加，这里我所说的未来消费并不是指10年、20年、或许多年以后；而是指距现在很近的那个未来。如果因为节俭和谨慎动机加强，那么人们在现在多储蓄一点，他们一定要在未来多消费一些。在生产过程的任何一点，合乎经济原则的可以利用的资本数量，一定不能限制提供当前必需的消费量。很显然，个人的节俭，对整个社会是没有任何作用的。而到底社会整体的节俭是由谁来决定，在以后我们会说明，社会上一部分人实行节俭，将迫使另一些人入不

### 储蓄和消费低的农民

霍布森和穆默利指出：如果利息率下降可以引起人们减少储蓄，那么这种减少必定是借助利息率下降促使消费提升或降低生产两种途径达成的。但无论如何，对于收入本来极低的贫困阶层，他们基本没有可能提高消费水平，也就无法为增加就业贡献任何力量。

敷出。大部分现代经济学家都否认消费有不足的可能，我们是否能够找出一种经济力量使得社会出现这种问题？如果能够找出，那么商业机构能否提供有效的遏制？下面我们将指出，第一，在每一个高度组织化的工业社会中，总有一种节俭过度的力量在推动。第二，一般认为商业机构所能提供的遏制方法，或者完全不起效用，或者不足以防止严重后果。李嘉图用来答复马尔萨斯以及查尔莫斯（Chalmers）二人的论证，虽然言辞很简单，但在以后却被人们所接受，认为它很充分。李嘉图说："用以购买产物的，无非就是产物和劳动力二者，而货币只是交易的媒介。所以当生产增加时，购买能力以及消费能力也会随之作相应的增加，所以不存在生产过度的可能（李嘉图：《经济学原理》，第362页）。"

霍布森与穆默利二人，知道使用货币要付出利息的代价。他们也很清楚，反对者会说："利率（或利润）会下降到一种程度，足以遏制储蓄，恢复生产与消费之间的正常关系"。他们在回答时指出："如果利润的下降可以诱使人民少储蓄一些，那么要达到这种途径只有两种方法：或者诱导人民多消费一些，或者引诱他们少生产一些"。至于第一种方法，他们认为当利润下降时，社会的总收入也减少，"我们没有理由说：当平均收入正在下降时，由于节俭可以得到的报偿也在减少，所以人民会增加他们的消费量"；至于第二种方法，他们则说，"我们承认，如果供给过度，利润下降，那么生产将受遏制；承认这种遏制的存在，正是我们论据的重心所在。"但是他们的说法并不完备，主要是由于他们没有形成一个自己的利率理论，所以霍布森（尤其在他以后著作中）常会对消费不足而导致的投资过度（指无利可图的投资）这一点过分重视，而没能说明如果消费倾向相当薄弱，那么将导致失业，因为一个过分薄弱的消费倾向，虽然需要但又得不到充分的新投资量来补救。当然，有时因为过度乐观的错误存在，这种大小的新投资量是存在的，但是通常来说，由于利率确定了一个标准，而利润低于利率，因此这种投资量根本不会发生。在大战以后，消费不足的说法很多，其中以道格拉斯少校的说法最为出名。当然，道格拉斯少校的说法之所以有名，大部分还是因为他所做的致命批评无法被正统学派回答。但另一方面，他的详细诊断，尤其是所谓 A＋B 定理，存在许多过分夸张的词句。如果道格拉斯少校的 B 项目理论，只限于雇主所提出的折旧准备金，那么，还有一定的道理。但如果这样一解释，我们必须要考虑到，其他方面的新投资，以及消费支出的增加，可与折旧准备金相抵消。道格拉斯少校比正统学派更有力的地方，就是他至少没有完全遗忘当代经济体系的主要问题，但是他不能和曼德维尔、马尔萨斯、格塞尔、霍布森等人相提并论，他在勇敢的异端军中，或许是一名小兵，却不是少校，后面提到的这些人，却宁愿仅凭直觉，对真理作一知半解的了解，而不肯信任逻辑。即使逻辑与推理是清晰的，且可以前后一致，但我们根据的假设却是完全与事实不符的，那又会怎样呢？

# 第24章

# 略论《通论》可以引起的社会哲学

## 本章要点

我们生活的经济社会的弊病；

储蓄诱导与利息率的关系；

对古典学派理论的辩述和个人主义传统的优点；

新经济体制的优势。

# ▌结语：略论《通论》可以引起的社会哲学

在我们的社会中，存在很多弊端，比如不能够满足充分就业，且财富的划分也不合理。前面所述的理论，与第一种缺点的关系是很明显的，而与第二种缺点的关系，也体现在相当重要的两方面上。

自从19世纪末以来，在收入税、超额收入税、遗产税等直接税上，在消除财富与收入的巨大差异方面，整个世界已经有了很大的进步，而英国最为突出。许多人都愿意把这些办法再向前迈进一步，但也存在两种顾虑。一部分当然是怕故意规避之风愈来愈盛，而且负担风险的动机也将大大削弱，但是主要顾虑还是因为人们相信，资本的积累缘于个人储蓄动机的强弱，大部分资本的增加是从过剩富人的收入中储蓄而来。这里我所说的论据对第一种并无影响，但就第二种来说，却有待人们对之加以更正。众所周知，在达到充分就业这一点以前，资本的积累并不导致消费倾向的降低，相反地，会因为它过低而遭受阻挠，只有在充分就业情形下，消费倾向低，才有利于资本的积累。而且，从经验可知，在当前的情形下，各种公私机关用偿债基金等方式所作的储蓄数额颇大，因此如果现在采取重新

**被捐赠的流水别墅**

假如国家将遗产税的收入用作经常开支，以致相应地减少了收入税和消费税，那么征收高额遗产税的财政政策就必会对消费倾向的增加起作用。流水别墅是由著名建筑大师赖特为考夫曼家族设计的，1963年被该家族捐献给美国宾州政府。根据美国的法律，只要财物捐赠给政府即可减免遗产税。

分配收入，来提高消费倾向，那么对于资本的生长或许是有利的。

认为遗产税使一个国家的资本财富减少，这种观念依然很盛行，这说明公众对于这些问题还不十分清楚。现在假设国家用遗产税税收作为经常性支出，因此降低或豁免了收入税及消费税，那么在这样一种财政政策下，高额遗产税也可以增加社会消费倾向。通常情况下，如果消费倾向是永久增加的，那么投资引诱也同时增加，因此常理下所作的推断正好与真理相反。

因此我们可以得到结论：在当代的情况下，财富的生长不仅不能导致富人的节约（像普通人所想像的那样），相反，还会因这种节约而受到阻挠。因此主张这种财富分布不均的人，也不再具备充分的理由。我并不是说，不受上述理论的影响，在没有其他理由的情形下，为某种程度的财富不均辩护；但是我们的理论，确实清除了以往的重要理由，尤其对于对我们影响很大的遗产税，因为有若干理由可以替收入不均辩护，却不能为遗产不均辩护。

就我个人而言，我相信的确存在社会的以及心理的因素，可以替财富与收入不均辩护，但是这种情形愈演愈烈，已经无法再为之辩护。人类有许多有价值的活动，一定要有发财这个动机，然而，在私有财产的环境中，才能充分地收效。而且，人类有许多危险性格，由于都想发财，所以会误入歧途，假使没有这条发财道路，那么这些危险性格也许会转为残暴、不顾一切地为个人的利益而唯利是图，或者狂妄自大。因此我们宁可让一个人做他银行存款的暴君，也不要让他做他同胞公民的暴君。所以，有人会说前者是后者的手段，但至少有时前者也可以替代后者。不过要鼓励这些活动，要满足这些性格，赌注不用下的像今天这么大。只要我们在游戏中减少筹码，那么一样可以达到目的。我们不要把改变人性和管理人性混为一谈。在一个理想社会中，人们可以因为教育、感召、环境等关系，对于赌注根本不发生兴趣，但如果一般人或社会上很大一部分人对于发财有强烈的愿望，那么让他们在规则与限制下玩这个发财的游戏，也许政治家会认为这是聪明之举。

**秒钟经济学**

## 高利贷

高利贷是以高额利息为特征的借贷方式，是最古老的信用形式，也是前资本主义社会中信用的主要存在形式。

## 分工

分工通常指人们在劳动过程中的社会分工，也就是各类社会成员在物质生产中专门从事的不同活动。

The General Theory of Employment, Interest and Money

# II 资本主义制度中的食利阶层

从我们论证中，还可以得出第二个与财富不均有关的推论，这个论证便是我们的利率论。到目前为止，一般人认为有必要维持相当高的利率，是因为觉得如果不这样，储蓄的诱惑力就将不够充分。但是前面已经讲过，有效储蓄的数量取决于投资数量，而在充分就业限度以内，鼓励投资者的是低利率。因此我们最好参照资本的边际效率表，降低利率到某一点，从而达到充分就业。

毫无疑问，用这一标准定出来的利率，一定要比现行的利率低很多。当资本数量逐渐增加时，资本的边际效率表要下降，以我们对后者的分析，或或多或少为了继续维持充分就业，利率大概还要继续下降，除非是社会全体（包括国家在内）的消费倾向会有极大改变。

我相信资本的需求是有严格限度的，这意思是说，资本数量很容易增加到一点，使它的边际效率降到最低。但这并不是说使用资本品可以不需要付出代价，而是说从资本品得到的收益，不但可以抵补折旧，所余下的一点还可以负担风险、行使技巧

### ■ 法国的食利者

因为赚钱机会和私有财产的存在，人类的危险性格或许会发展成为不顾一切地追逐个人势力或其他形式的狂妄自大。拿破仑在戴上王冠后，日益变成了一个极端的人物。与其如此，我们宁愿看到，在一个理性政策的限制下，人们可以以自己拥有的财产去冒风险。

与判断等功能所必需的代价。总之，持久性资产和其他寿命极短的商品一样，所产生的总收益，只能够抵补劳动力成本再加上一些风险成本、一些技巧与监督的代价。

这种情况，虽然与某种程度的个人主义可以不太发生冲突，但坐收利息这个阶级的确会慢慢自然死亡，资本家也逐渐不能再利用资本的稀少性来扩大他们的压迫力量。在当今情形下，利息与地租的性质相同，并不是真正牺牲的代价。资本所有者之所以能取得利息，是因为资本稀少，就如同地主之所以能取得地租，是因为土地稀少一样。但土地稀少还有理由解释，而资本稀少却没有。在长时期中内资本稀少的必要理由并不存在，而这里所说的必要理由，是指一种真正的牺牲，如果没有利息作报酬，那么也不会有人肯负担这种牺牲。譬如，如果资本数量还不十分丰富，而私人的消费倾向又想将充分就业下的全部收入都用于消费，丝毫不作净储蓄，那么资本稀少的确能获得真正的理由。但即使是这种情形，还是可以由国家来推行集体储蓄，使储蓄维持在一定的水准，让资本扩大到某一点，不再稀少。

因此我认为，资本主义体系中有坐收利息阶级，只是一种过渡时期的现象，它随着任务的完毕也就消失了。坐收利息的阶级一经消灭，那么资本主义就将好转。我的主张还有一个非常大的好处：坐收利息阶级以及毫无用处的投资者的自然死亡，并不是突然的，而只是把

### 迟早要摆脱食利者的工人阶级

食利者只是资本主义制度过渡期的特有现象，当完成自己的使命后便会退出历史舞台，资本主义也将因这个阶段的消失而大为改观，产业工人必定会成为社会的主人。斯科特的《煤与铁》并没有加入任何社会学或人类学中让人期待的元素，只是用最朴素和写实的手法表现了迟早会主宰自己命运的工人阶级。

The General Theory of Employment, Interest and Money

最近在英国已经可以看到的现象慢慢延长下去而已，所以并不需要革命。

因此在实际施政时，我们最好确立两个目标：第一，增加资本数量，使得资本不再有稀少性，那些毫无用处的投资者从此不能再坐收利益。第二，建立一个直接税的税收体系，使得理财家、雇主以及诸如此类人物的智慧、决策、行政技能等，可在合理报酬下为社会服务。由于这些人对于本行很感兴趣，所以即使报酬低很多，仍会愿意提供服务。

上述所说的两个目标并不很难执行。至于在什么样的范围内，国家（公共意志之代表人）应当设法增加并补充投资引诱？在什么范围以内，应当鼓励一般人的消费倾向，同时又可在一两个世纪以内使得资本不再稀少？这只能从经验中得来。也许，当利率下降时，消费倾向很容易加强，所以在充分就业的情形下，资本的累积速率并不比现在大。如果是这样，那么对大额收入以及大额遗产所收的税将会更重，这或许会带来某些失误—即当这一政策推动了充分就业时，资本的累积速率要比现在小许多。这里大家请注意，不要误认为我不承认有这种结果的可能性，或不承认这种结果很自然。在这些问题上，预先判断普通人在不同环境中有哪些反应，一定是过于草率的。然而，如果容易接近充分就业，同时资本的累积速率又比现在大一些，即使不大很多，那么也解决了当代一个重要的问题。至于在什么范围以内，采取什么方法，可以要求当代人能够多节约一些，以便为后人提供更多的投资环境，同时又与情理不相违背，那是另外一个问题，要另外再去解决。

# III 对古典学派理论的辩述和个人主义传统的优点

在其他几方面，上述这个理论的含义倒是非常保守的。当然有几件事情，现在被私人把持的，将由国家集中管理，但是还有许多的活动不会受到影响。国家一定要用改变租税体系、限定利率以及其他方法，来指导消费倾向。并且，我认为利率的变化不能只靠银行政策，因为它还不能最终达到最适度的投资量，所以，要想达到充分就业，唯一的办

**伊丽莎白一世女王**

弥补古典学派理论的缺点，应该着重投入到使经济力量或经济因素自由运行所需要的环境上，才可以实现生产的全部潜力。然而，这种经济策略在很大程度上都是由当局政府调控的。16世纪伊丽莎白女王曾以强劲有力的统治手腕带领英国走向富强，可她也有所疏忽，颁布了严重阻碍行业发展的《学徒法》。

法就是让社会来管理投资；但并不是没有折衷的办法，还有许多办法可以让国家的权威与私人的策动力量互相合作。除此之外，恐怕也再没有充分理由要实行国家社会主义，把社会上大部分经济生活包罗在政府权限以内。最重要的倒不是生产工具的国有；而只要国家能够决定（a）资源用于增加生产工具，那么它的总额应该是多少。（b）持有这种资源的人，他的基本报酬是多少，那么国家已尽到了它的职责。而且，实行社会化的很多必要步骤，可以逐步引进，不需要打断社会上的习惯。

我们对于古典学派理论的批评，并不是发现它的分析有什么逻辑错误，而在指出该理论所根据的几个潜在的假定，实际上很少或从未能获得满足，所以这种理论无法解决实际问题。但如果实行管理以后，总产量与充分就业下的产量相差不远，那么从这一点开始，古典学派的理论还是对的。现在我们可以假设产量为已知，或者假设决定产量多少的力量不在古典学派思想体系之内，那么古典学派所作的分析，譬如说私人为追求自己利益而决定生产什么东西，用什么方法（即怎样一种生产原素的配合比例）生产，怎样将最后产物的价值分配给各生产要素等，是不必加以讨论的。虽然我们对于节俭这个问题，有不同的看法，但根据现代古典学派的看法，在完全竞争以及不完全竞争两种情形下，公益与私利二者是怎样一种并行不悖的程度，也没有什么值得说的。因此，除了消费倾向与投资引诱二者必须由中央加以统制，使得两者互相配合以外，确实没有理由要使经济生活比以前更社会化。

就已就业的生产要素而言，我认为没有理由可以说，现行经济体系很严重地误用了各种生产要素。当然，预测不免有错误，但是中央统制计划下的错误也几乎不可避免。假使有1000万人愿意而且可以工作，而其中900万人得到了工作，那么我们没有理由说，这900万人的劳动力不能充分使用。我们对于现行经济制度不满，并不是因为这900万人应当去做别的事情，而是其余100万人也应当有事可做。现行制度的缺点，不在于实际就业者的工作方向，而在于实际就业者的数量上。

因此我同意格塞尔的学说，认为要补充古典学派理论的缺点，不在于把"曼彻斯特体系"（Manchester System）一笔抹杀，而在于我们能够找到在什么样的环境下，才能使经济力量充分发挥出来。当然，中央统制是充分就业所必需的，因此传统的政府机能已经被扩充了许多。近代的古典学派也曾唤起人们注意，在几种具体的情况下，经济力量最好

### 受益的欧洲

在有效需求非常充足的社会里，世界财富的增长量不是总低于个人正储蓄总量的，而且企业家们只要有一般的技艺和一般的运气，就足以赚到很多金钱。伊丽莎白一世的统治使英国空前繁荣，而企业家们长久以来关于世界市场的关注，也终于在这个时代的航海探险之中找到了解决的途径。

由政府掌管，而不要自行运用，但是还是有很大一片园地可以由私人负责，由私人管理。在这个园地以内，还可以继续保持个人主义的传统优点。在这里，让我们先停一停，回顾一下这些优点是什么。其中一部分当然是效率高，这是管理不集中以及追求自己利益的好处。决策不集中以及个人负责对于效率的好处，恐怕比 19 世纪时所设想的还要更大；而当代社会不时求助外力的动机，也似乎有点过火。除此以外，如果能够把弊端去掉，那么个人主义就是个人自由的最佳保障，就是说，在个人主义的影响下，个人可以行使选择权的范围，要比在任何其他经济体系下的选择范围更广泛。同时，个人主义又是使生活丰富但不单调的最佳保障，所以，广泛的个人选择使生活变得更加丰富多彩，而集权国家的最大损失就在于丧失了许多丰富的选择。如果生活有多方面，那么既可维持传统，取法古人；又可凭自己的想像，另辟蹊径，给现在的生活带来更多色彩。生活方式既然得益于传统、想像、实验三者，自然也容易加以改善。

要使消费倾向与投资引诱二者互相适应，恐怕政府机能不能不再扩大，这在 19 世纪的政论家看来，或由当代美国的理财家看来，恐怕要认为是对于个人主义的最大侵犯。但是我却不这样认为，因为它既是唯一切实可行的办法，又是必要的条件，它既可以避免现行经济形态的全部毁灭，又可以让私人策动力有适当的运用。

如果有效需求不足，那么不仅是资源的浪费、公众不能忍受的耻辱，而且如果私人企业家想运用这些资源，也一定会面临很多困境。企业这一种赌博有许多漏洞，如果赌徒们有足够的精力，把所有纸牌都玩遍，那么最终所有赌徒都会输。到目前为止，世界上财富的增加量，总小于个人正储蓄（Positive Individual Savings）的总数，二者之所以有差距，就是因为有人即使有胆量，有能力，但就是运气不特别好，技巧不特别高明，所以亏了本。亏本的数额恰好等于二者的差。但如果有效需求很充分，那么只要技巧和运气能够持平就行了。

当今的极权国家似乎解决了失业问题，但牺牲了效率与自由。有一点是肯定的，那就是世界上不能再长久容忍失业现象。依我看，除了简短的兴奋期间以外，失业现象和当今资本主义式的个人主义有着不解之缘，不过当正确分析问题以后，这种疾病也许可以医治，而我们也可以尽量地保留效率与自由。

# IV 新的经济体制

我曾偶尔提到过，这种新的体系也许比旧的体系更利于和平。它是值得再重复一遍的。

战争是由很多原因导致的。独裁者很容易利用人民的好胜心从事战争，从独裁者的角度看，战争是——至少在预期中是这样——一件愉快兴奋的事情。但是独裁者只能利用好胜心鼓动群众热情。除此以外，战争还有经济上的原因，即人口压力以及国家之间互相争夺市场。第二种因素在 19 世纪的战争中处于主要地位，而也许未来还会如此，所以应该在这里加以讨论。

在前一章中我曾指出，如果采取 19 世纪下半期的常规方法，对内自由放任，对外实行金本位，那么除了互相争夺市场以外，政府实在没有更好的办法可以减轻国内的经济苦痛。因为在这种体系下，凡可以解决长期的或时断时续的就业量不足的现象的种种办法都不能用，唯一的一个方法就是，改善国际往来账上的贸易差额。

所以，虽然经济学家一向称赞盛行于世的国际体系，认为在享受国际分工利益的同时，又可调和各国之间的利益，但在这种体系中隐藏着不和谐的因素。一部分政治家相信，如果一个富有的国家不注重市场的争夺，那么它的繁荣将不会维持太久。这些人倒是拥有对事情的正确了解和常识，不过如果各国能够利用国内政策提供充分就业，并且又能维持人口趋势方面的均衡，那么就不会有重大的经济力量导致国家间的冲突。在这种情形下，尽管还有正当的国际分工以及国际借贷的余地，但是已经没有向外推销本国商品或拒绝接受外国商品的迫切动机，这里之所以有这样一种行为，不是因为必须要维持收支平衡，而是故意造成收支的不平衡，从而形成利于自己的贸易差额。国际贸易的性质则不尽相同：国际贸易不再是一种冒险的办法，因为要维持国内就业量，就不能不限制进口，竭力向国外推销本国商品。这种办法即使成功，也只是转移了失业问题，使得邻邦的情形更加恶化而已。但国际贸易将不能总是这样，而应该是在互利条件下，各国自愿把商品与劳役互相交换。

### 实行公平的国际经济体制

虽然在适当条件下，国际分工和国际借贷仍留有余地，但在正统经济体制下，将不会再有迫切需要向外推销本国商品却拒绝接受外来商品的动机了。但直至目前，为保证自己国家的利益，免受其他强大国家的威胁，绝大多数政府向来是采取禁止或课以重税的方式，以阻止贸易逆差大的商品。华丽的波斯地毯和独特的民族服装虽受欧洲人民的喜爱，但却因为课税巨大而不容易买到。

# V 后论

要实现这样的思想是否只是空想呢？它会不会成为深入人心的原动力？这种思想所要压制的，是否要比其服务的，具有更明显的性质？

在这里我不想回答这个问题。至于应当采取什么样的实际办法，才能逐渐实施这些思想，即使是有提纲指示，也要有专门的一本书来讲解。不过假使这种思想是对的（作者本人必须有这一假定，才能着手这本著作），那么我敢预言，认为这种思想在未来不会产生多大作用的看法，一定是错误的。而在这个时候，大多数人都需要一个判断。撇开这种当代人的情绪不谈，经济学家以及政治哲学家的思想的力量是很大的，大得往往出乎我们意料。事实上统治世界的，就只是这些思想而已。许多政治家自认为自己不受任何理论影响，然而他们却成了已故经济学家的奴隶。狂妄的人得势，认为那是上天的意愿，而他的狂想的由来，是由于很多年以前的某个学人。我很确信，既得利益的势力不免被人过分夸大，但也远不如思想的逐渐侵蚀的力量大。这当然不是指这一刻，而是指经过一段时间以后；因为在经济哲学以及政治哲学这些方面，很少有人到了25岁或30岁以后，还会接受新的思想，所以公务员、政客、甚至鼓动家应用于当前时局的往往不是最近的理论。然而，无论是好是坏，危险的总不会是既得的利益，而是人们的思想。

图书在版编目（CIP）数据

就业、利息和货币通论 / (英) 凯恩斯著 ; 李欣全
译. -- 北京 : 北京联合出版公司, 2015.6（2025.10重印）
ISBN 978-7-5502-4513-6

Ⅰ．①就… Ⅱ．①凯… ②李… Ⅲ．①凯恩斯主义
Ⅳ．① F091.348

中国版本图书馆 CIP 数据核字 (2015) 第 132743 号

# 就业、利息和货币通论

著　　者　（英）凯恩斯
译　　者　李欣全
责任编辑　夏应鹏
项目策划　紫图图书 ZITO®
监　　制　黄利　万夏
营销支持　曹莉丽
装帧设计　紫图图书 ZITO®

北京联合出版公司出版
（北京市西城区德外大街83号楼9层　100088）
艺堂印刷（天津）有限公司印刷　新华书店经销
字数211千字　720毫米×1000毫米　1/16　23.5印张
2015年6月第1版　2025年10月第7次印刷
ISBN 978-7-5502-4513-6
定价：49.90元